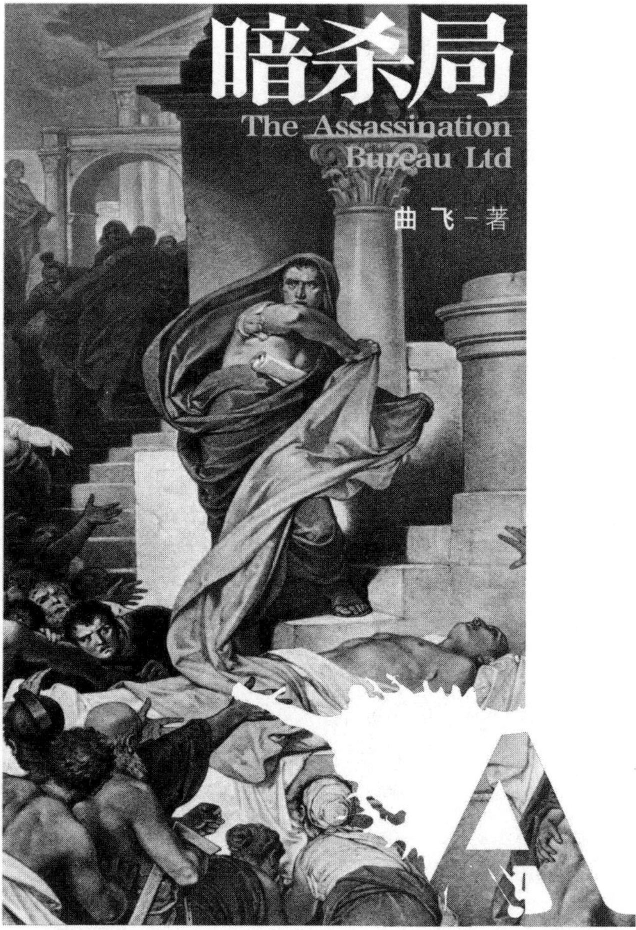

暗杀局
The Assassination Bureau Ltd

曲飞-著

陕西新华出版
陕西人民出版社

图书在版编目（CIP）数据

暗杀局/曲飞著.－－西安：陕西人民出版社，2024.6
 ISBN 978-7-224-15262-3

Ⅰ.①暗… Ⅱ.①曲… Ⅲ.①政治事件－史料－世界 Ⅳ.①D55

中国国家版本馆CIP数据核字（2024）第021633号

出 品 人：赵小峰
总 策 划：关 宁
出版统筹：韩 琳
策划编辑：王 倩
责任编辑：武晓雨
装帧设计：哲 峰 杨亚强

暗杀局
ANSHA JU

作　　者	曲 飞
出版发行	陕西人民出版社
	（西安市北大街147号　邮编：710003）
印　　刷	陕西隆昌印刷有限公司
开　　本	880毫米×1230毫米　1/32
印　　张	9.75
字　　数	196千字
版　　次	2024年6月第1版
印　　次	2024年6月第1次印刷
书　　号	ISBN 978-7-224-15262-3
定　　价	69.80元

如有印装质量问题，请与本社联系调换。电话：029-87205094

介绍一下这本小书。

这几年,我捡起了一个幼时的爱好:听评书。这里也套用一个评书的概念,如果把我之前的作品,讲述几十上百年历史的《逐陆记》算作长枪袍带,那么新作则近于短打公案,篇幅短,聚焦于历史事件的瞬间。我将这本书命名为《暗杀局》。

《暗杀局》(The Assassination Bureau Ltd),本是杰克·伦敦一部未完成的遗著,他晚年潦倒之际,花钱购得此书创意,打算靠这本书翻身,结果未及完稿,就不堪生活磨难仰药自尽,残稿由费殊(Robert Fish)依据梗概续完。杰克·伦敦是笔者初中时代的文学偶像,欧文·斯通为他写了传记《马背上的水手》,该传记名也曾是我刚接触网络论坛时用的用户名。后来因所学专业之故,我与少时的文字创作之梦一度疏离,不料一些阴差阳错的际遇,荒疏了专业知识,反倒又续上了当年的梦想,故此,借用昔时偶像的作品名称,聊表致敬与怀想。

不过我要写的《暗杀局》，内容上和杰克·伦敦的小说并无瓜葛，这本书写的是在世界历史上有重大影响，或有传奇色彩的暗杀、刺杀、谋杀事件。书名中的"局"，不是 Bureau（局机关）之意，而是指写作的着眼点在于事件之全局，既还原惊心动魄的凶案现场，又将其放在整个历史的坐标系里，挖掘台前幕后，剖析背景和影响，勾画刺杀者与被刺杀者的清晰形象。首辑含短文 10 篇，彼此独立成章，有读者相对熟悉的恺撒、林肯、甘地等人的遇刺，也有知名度很高读者却未必尽知其详的马拉之死、安重根击毙伊藤博文、萨拉热窝事件，以及本次修订版新增的日本元禄赤穗事件，还有相对不那么广为人知的刺杀瑞典国王古斯塔夫三世、沙俄末代妖僧拉斯普廷等。

不过不拘什么选题，这些事件都是前人有过无数精彩讲述的，这也是历史写作者的无奈：不同于文学创作可以天马行空、恣意汪洋，写历史，历史事件就那么多，岂有前人没写过的？所幸的是，这个时代有足够多的作者与读者，尽可双向选择。作者可以对历史进行独具个人风格和视角的重述与解读，读者也可依据兴趣，寻找适合自己口味的读物。

而且，依笔者个人经验而言，非科班出身的读者读历史，尤其是读外国历史，如果一上来就慕名去啃那些艰深的大部头，难免事倍功半；而若是以一些浅易生动、文字晓畅的通俗读物来作为兴趣启蒙，循序渐进，则终有"蓦然回首"的发现之快慰。纵不着眼于此，权当读来消遣，聊备"三上"之需，料也不无裨益。

当然，本书不敢说就是符合上述标准的理想读物，但确是以上述目标为方向来写的，文字上，仍以"正史底色，小说风格"为追求。全书近二十万字，比之我以前的作品，是显得短了些，但正因前作冗长，占用了读者太多时间，想来惭愧，故而本书尽量压缩了篇幅，以期提供一些"多快好省"的阅读快感。

几句闲言，书归正传——列位请了。

曲飞

2024年于北京

刺僭主者
· 001

I.
恺撒有他的布鲁图
——布鲁图刺杀恺撒
· 021

II.
诸神的黄昏
——安卡斯特罗姆刺杀古斯塔夫三世
· 044

III.
血色没有浪漫
——女青年科黛刺杀"人民之友"马拉
· 070

IV.
总统的保镖是靠不住的
——约翰·布思刺杀林肯
· 103

Ⅴ.
松水风萧
——安重根刺杀伊藤博文
· 134

Ⅵ.
后果很严重
——塞族青年普林西普刺杀斐迪南大公
· 167

Ⅶ.
暗杀局
——沙俄贵族刺杀妖僧拉斯普廷
· 197

Ⅷ.
你不暴力我暴力
——纳斯拉姆·古德斯刺杀圣雄甘地
· 225

复仇之剑
——赤穗四十七浪人刺杀吉良上野介
· 259

附录：年代表
· 297

后记
· 298

参考书目
· 301

刺僭主者

意大利的那不勒斯国家考古博物馆藏有一尊大理石雕像，名为《刺僭主者》，是西方美术史上的名品。雕像塑造的人物是公元前6世纪的两个雅典公民，其时雅典处在僭主统治下，终有两个热血青年拔剑而起，刺杀了僭主之弟，二人也因之牺牲。此事在雅典政坛引发的连锁反应，最终竟导致僭主政体瓦解、民主制度确立，开人类民主政治之先河。而此二人也得以化身金石，垂两千六百余年而不朽。

死生之大，匹夫之有重于社稷。江山鼎革之际，往往就会出现这样影响重大的小人物，他们流星般一闪而过，却将光芒长留于历史的天空。

1.

生命是如何诞生的，人类又是怎么来的？关于这个问题，在达

001

尔文的进化论大行其道之前,古希腊人曾有过一个退化论。

和其他许多民族一样,希腊人也认为人是由神创造的,并且,他们相信自己信奉的神的创造力非凡,不会像女娲或者耶和华那样,依照自身的模样克隆出一堆"微型自我"来应付了事。希腊人认为他们刚被研发出来的时候本是一款超级生物,各部零件的配备都双倍于其他神的作品:身体呈球状,有两张面孔、两对手足,雌雄同体,卵生繁殖,智力惊人。

但是,希腊的神很快发现,这个兼具犰狳、螃蟹、蚯蚓、鸭嘴兽,以及奥数班学生等多种生物特质的物种力量强大,难以控制。众神之王宙斯命令掌握气焊切割技术的太阳神阿波罗将肉球生物剖成两半,使其各自继承一个面孔、一套四肢,以及一个性别。如此一来,希腊人就退化成了现在的简配版普通人,但他们的脑中还残存着对被切割的另一半的记忆,于是游走于世间,寻觅自己的另一半,一旦找到就抱住不放,努力尝试与之重新合为一体——即便只能在短短的几分钟里。

本来,寻找另一半依据的是异性相吸,但也有个体在寻找的过程中产生了取向错位,找上了同性。据古希腊"喜剧之父"阿里斯托芬的考证[1],以上就是同性恋的来历。

在古希腊,此种取向非但不会受歧视,反而被视为品位脱俗,备受尊重,甚至,同性恋会被当作一种阶级特权,仅授予自由人以

---

[1] 见柏拉图《会饮篇》。

上的阶级，而不允许这种高贵情感"衹辱于奴隶人之手"。《荷马史诗》里的特洛伊战争第一英雄阿喀琉斯就是同性恋先驱，他最辉煌的壮举——与特洛伊主帅赫克托耳的那场"绕城大战"，就是为了给死于敌手的同性伴侣报仇；在有可稽考的历史人物中，一代贤哲苏格拉底、伯罗奔尼撒战争中大出风头的雅典将领亚西比德，也是一对"同道中人"。更夸张的是名城底比斯（又译忒拜，该城邦位于希腊中北部），在伯罗奔尼撒战争后期到马其顿崛起之前，一度横扫希腊无敌手，传统两强雅典、斯巴达都做过其手下败将。成就其霸业的，除了名将埃帕美农达的先进战术以外，还有全部由同性情侣组成的"底比斯神圣军团"，有赖士兵之间"与子同袍"的情谊，沙场之上，彼此心心相印的默契使他们配合无间，能攻善守，游刃有余。

总之，在古希腊，同性恋之风大盛，同性恋的地位超过异性恋。德国历史学家利奇德的《古希腊风化史》中说，古希腊人能理解妇女"失足"，但不能容忍男性也从事"特殊服务"，因为在他们看来，金钱会玷污同性之爱的神圣性；书中还说，在那个年代，如果一个发育正常的壮年男人没有同性伴侣，是很没面子的事，反之，如果少年郎身后没有一个大叔陪伴，也会被视为缺乏魅力，不堪造就。人们只有到了一定年龄，为了繁衍后代，才不得不移爱于异性。

古希腊人的口味何以如此之重？这个问题一直没有令人十分信服的解释。不过后世的法国大雕塑家罗丹有一段话或可提供启发，"思想者"曾谈到古希腊人的审美观："在他们眼中，最理想的不是善于思索的头脑或者敏锐的心灵,而是血统好、发育好、比例匀称、身手矫健、擅长各种运动的裸体。"也许这种审美情趣是跨越性别的吧。

天下有爱,趋于"大同",然而,由爱故生忧,由爱故生怖。同性之爱和异性之爱一样,会成为很多——如果不是全部——麻烦的来源,甚至一些影响历史的重大事件都与之有关。比如公元前6世纪末,雅典人驱逐僭主创立民主制,这样改天换地的大事,其源头就可以追溯到一场同性恋引发的血案。

2.

公元前6世纪,雅典正处在社会转型期,先后经历了贵族共和制、僭主制、民主制,而且几种政体又常彼此杂糅,翻来覆去,转型转起来没完。根据摩尔根《古代社会》中的说法,这是因为传统的氏族社会正在朝政治社会过渡,旧的组织模式和阶级划分都在被颠覆,社会也在尝试朝各种方向改组。

这么既宏大又微妙的事,不是三言两语说得清的,总之,雅典在这一个世纪里的政治沿革大体如下:民众权利提升→利益集团斗争→政治明星登场→夺权励精图治→世袭腐化堕落→政变重建共和。

除去一头一尾,这中间的部分其实和中国历代王朝的兴衰周期率比较吻合。

这个过程,与几位重要人物密不可分,第一位,就是梭伦。梭伦是雅典自传说中的创建者忒修斯以来头一号的贤人，其言其德，足堪风世，希罗多德、亚里士多德、普鲁塔克等人对此均有记载，这里也不过多介绍了，只说他在雅典搞政治改革的几个要点：首先，为了缓解两极分化、遏制人口兼并，梭伦下令禁止以人身自由为抵押的借贷，什么卖身葬父、卖身葬夫、卖身葬全家之类的，统统不许搞了，梭伦以此来保住雅典共和制的主体——公民阶层的规模与独立；其次，梭伦免去了穷人某些名目下的公私债务，为民减负；最后也是最重要的，梭伦给了全体公民对官员的起诉权和法庭上的陪审权，这使得民众凭借其数量优势，在法庭上获得了极大的话语权，面对不法官员，可以拿法律当挡箭牌，还使得雅典权力结构更趋多极化，官员也要向民权机构负责。

此外梭伦还废除严刑峻法、提倡执政清廉，等等，不过他的改革也就到此为止。他并不想，更不可能做到让所有人在所有方面都平等（前边说的奴隶不许同性恋的规矩就是他定的），也不想彻底颠覆主要依据财产多寡而形成的雅典阶级序列和官员选拔制度，因为他认为那样只会导致雅典变成一个民粹主义者和流氓无产者的城市。用他的话说，他要做一个手持盾牌的人，挡在贫富两个阶级之间，不许他们伤害彼此。[1] 他在雅典政坛将近三十年的时间里，确实尽职地扮演着这样的角色。

不过另一方面，富人不满债权凭空蒸发，原本惦记着"打土豪

---

[1] 普鲁塔克《希腊罗马名人传·梭伦传》。

分田地"的无产阶级也埋怨梭伦革命不彻底。两头不讨好的梭伦索性挂冠而去，离开雅典四海云游。梭伦走后，雅典政坛冒出三大派来抢占权力真空，分别是代表"地主阶级"的平原派、代表"海商资本家阶级"的海岸派，以及代表传统穷光蛋、新晋破落户（因梭伦免债而破产的前富人）、血统不纯者等边缘人大杂烩的山地派。而最后胜出的，就是山地派，这要归功于他们的核心人物庇西特拉图。

庇西特拉图是继梭伦之后又一个决定雅典政治走向的人物，此人年轻时是个小帅哥，传闻梭伦还跟他有过暧昧，虽然亚里士多德在《雅典政制》中指出他们二人的年龄差距来证明该说法不可能成立，但这则绯闻流毒甚广，普鲁塔克的《梭伦传》仍将之作为信史收录。从中也可以看出，庇西特拉图确实是个花样美男。

不光如此，庇西特拉图还秀外慧中，颇有政治手腕。比如刚步入政坛时，有一次他自残肢体，然后说是遭到了政敌袭击，以此为由要求政府给他配卫队，并最终如愿。后来庇西特拉图的政治生涯几起几落：公元前560年第一次取得了政权，之后两度被放逐又两度复起，最终用经营银矿的钱请来其他希腊城邦的雇佣军，在雅典城北的马拉松平原，打败平原、海岸两派的军队，武力夺回政权，这是公元前533年的事。

庇西特拉图流亡期间，雅典两派的政绩都乏善可陈，市民本就对他们没什么留恋，而庇西特拉图又有底层的群众基础，因此这次兵革进展顺利。随着庇西特拉图如愿重夺政权，雅典的政体又为之一变，成了僭主制，庇氏也就成了僭主（Tyrannos），即不经选举而掌权的人。

由贵族共和而僭主专制,这算是开历史的倒车了,但平心而论,庇西特拉图在僭主岗位上成绩斐然,不但在经济外交等方面有所发展,甚至在民权民生方面,也比梭伦时代又有提高。他进一步分割贵族田产,分给穷人,改善其生活质量——当然,按亚里士多德《雅典政制》中的说法,他这是为了让民众满足于物质生活水平提高,从而听任他的统治。

总之,庇西特拉图干得不错,但这种"唯以一人治天下"模式有个最致命的弊端,再仁慈再聪明再勤勉的君主也克服不了,那就是,当他不可避免地死掉之后,权位只能依据血缘关系来世袭。他生前的善政会否人亡政息,这就不是他能控制得了的了。

3.

下面终于说到了正题。

话说公元前527年,"平易仁爱"[1]的僭主庇西特拉图去世了,继位的是他的长子,希庇亚斯。

对希庇亚斯,希罗多德的评价是"有政治家风度,又生性聪敏",此时他已年逾不惑,比较成熟稳重,政治上效法乃父,亦步亦趋,一度倒也兢兢业业。从年龄上看,希庇亚斯大约过了喜好男色的阶

---

[1] 亚里士多德《雅典政制》。

段了，不过，他还有两个弟弟。

希庇亚斯一早被确立为家族接班人，兄弟们也就很现实地朝其他方向发展。对于这些官富二代来说，还有比吃喝玩乐更合适的发展方向吗？

希庇亚斯的二弟希帕科斯有时会参与政事，但更多时候沉迷酒色，又喜欢附庸风雅，结交了一批文化圈的朋友，包括当时初露头角的诗人西摩尼得斯——后来著名的温泉关墓志铭就是他写的。老二是个骚人，老三塞塔洛斯则是个浑人，他是希庇亚斯与希帕科斯的异母兄弟，年纪比两位兄长小得多，其母来自伯罗奔尼撒的名城阿尔戈。该城邦曾出兵助庇西特拉图打回雅典，是僭主一家的重要外援，不知是不是仗了这个势，塞塔洛斯为人鲁莽残暴，横行雅典欺男霸女——说"欺男霸女"，还多少有点冤枉他，前面讲过古希腊世界的性观念，像他这么有身份的人，一般专挑男的下手。而他们家族的灾祸，也就源于此。

时间到了公元前514年，如流星划过天际，雅典城一位青春偶像闪亮登场。此人名叫哈摩狄俄斯，出身于盖庇拉部落。这个部落是雅典的外来户，来自海外埃维亚岛的埃雷特里亚，希罗多德在《历史》中考证认为，该部落可能还混有腓尼基人的血统。因此，想必哈摩狄俄斯身上也带着那种混血儿的别样魅惑气质，他被誉为全城头一号的美少年，令雅典的老少爷们为之垂涎倾倒。

哈摩狄俄斯的艳名也让塞塔洛斯动心，塞塔洛斯很快就寻了个机会，意图不轨——修昔底德在《伯罗奔尼撒战争史》中说塞塔洛斯想诱奸哈摩狄俄斯，细节方面语焉不详，留待读者自己想象。

但此举并未得逞，哈摩狄俄斯绝不肯逆来顺受，他严词力拒塞塔洛斯，并向对方郑重申明，自己已心有所属。

这不是托词，哈摩狄俄斯确已名"花"有主，此人就是盖庇拉部落的年轻贵族阿里斯托盖顿，他在部族中地位重要，在雅典也有一定名望，或许正因此，塞塔洛斯不得不有所顾忌，没敢霸王硬上弓。

这边厢，塞塔洛斯悻悻而退，回家自想办法。另一头，哈摩狄俄斯也找到阿里斯托盖顿，将遭遇与他说知。两人都知道，被僭主的弟弟缠上，事情棘手，虽然他们最终隐忍不发，选择息事宁人，但阿里斯托盖顿心下已有了计较，决不因畏惧权力而放弃爱人。如果塞塔洛斯动用他僭主哥哥的权势强抢哈摩狄俄斯，他将奋起一搏，即便与整个僭主家族为敌，也在所不辞。

4.

果然，不久后，贼心不死的塞塔洛斯再度骚扰哈摩狄俄斯，又被拒绝。虽然哈摩狄俄斯和阿里斯托盖顿再次容让，但很快塞塔洛斯就逼得他们忍无可忍。

雅典是一座宗教氛围浓厚的城市，祭祀神明的各种典礼是雅典人生活的重要组成部分。僭主的职责之一，就是举办或主持祭典，代表城邦祈求神灵赐福，尤其对于被奉为城邦守护神的智慧女神雅典娜，祭礼要格外隆重。而对民众来说，能作为演职人员在典礼上露个脸，就是极高的荣誉。

又一年大典将至，哈摩狄俄斯的妹妹这天忽然跑回家，兴高采烈地宣布自己被选为泛雅典娜节大祭典上的提篮女。

这是庆典上的一个重要职位，负责手提盛着祭祀法器的竹篮，走在游行队列前头，备受瞩目，只有品貌兼优的雅典大家闺秀才有望担任。因此不消说，非但中选的小姑娘会像今天当了环球小姐那么兴奋陶醉，连她的家族也与有荣焉。哈摩狄俄斯与亲人们分享小妹的快乐，举家尽欢。

然而令人意想不到的是，接下来剧情很快反转。当哈摩狄俄斯的小妹满脸幸福地赶去参加典礼彩排时，负责人员却当众宣布，她贞洁有亏，根本没有资格担任提篮女，更羞辱她说，以她家的门第资质怎么敢存此痴心妄想。

人前受辱的小妹羞愤无比，回家诉说委屈。此事让哈摩狄俄斯整个家族颜面大损，他意识到被人算计了，着手调查内情。不出意外，此事正是塞塔洛斯主使。

原来，两度没能得手后，塞塔洛斯大受刺激，心态变得扭曲，他不再谋求得到哈摩狄俄斯的青眼，转而决定羞辱报复他，并且选择了被拒绝的求爱者最没品最下作的手段：打对方家人的主意。

显然，塞塔洛斯虽为哈摩狄俄斯神魂颠倒，但并不真的了解他，塞塔洛斯嘲笑他生活如同女流，却不知道后者的性取向丝毫无碍其男儿血性。哈摩狄俄斯家门被辱，决意报复，找阿里斯托盖顿商议，而后者对几次三番纠缠自己爱侣的塞塔洛斯也早憋了一肚子火，正是时候，冲冠一怒为蓝颜。

当时是公元前6世纪，人类热血冲动的青春期，讲究快意恩仇，尚未习惯后世的蝇营狗苟，爱与荣誉不容侵犯，无论对方是什么样的权势者。

5.

按照今天的历法，这大概是公元前514年7月末8月初的某一天，但在古代雅典历法中，此时是1月，一年之始。

四年一度的泛雅典娜节如期而至，这是雅典持续了近千年的传统节庆，历史之悠久超过奥林匹克竞技会，节日期间除了烹羊宰牛祭祀女神以外，还会举办游行、竞技大会和歌咏比赛，是古希腊世界最重要的文化活动之一。雅典的泛雅典娜节原本每年都办，庇西特拉图主政期间改为四年一届，次数减少了，人们的胃口却被吊得更高。经过四年的引颈而盼，雅典市民们准备用一场隆重的祭典作为开年大戏。

今年，在庆典游行队伍里，哈摩狄俄斯和阿里斯托盖顿手捧着金桃花枝，身怀利刃，混迹其中，神情凝重，这就是他们的复仇计划——在全城瞩目的庆典上手刃仇人。

修昔底德在《伯罗奔尼撒战争史》中说，他们选择在庆典上动手是因为根据规定，这一天游行时可以携带武器；而亚里士多德在《雅典政制》中纠正称，允许带武器游行的规定是在僭主制被推翻之后才有的，希庇亚斯时代尚未实施。姑且不考证谁的说法准确，但密集的人流和节庆的气氛，对他们来说总是绝佳的掩护。

同时，不难想到的是，负有主办之责的僭主希庇亚斯也必会出现在庆典上，塞塔洛斯正是仗着僭主家族的权势欺凌他人的。所以，如果有可能的话，不妨连希庇亚斯一起干掉，直接推翻僭主制度。

这需要的人手就更多，除了哈摩狄俄斯和阿里斯托盖顿两位当事人外，还将有数位盖庇拉部落的同伴参与行动。当然这种事人太多了也不行，阿里斯托盖顿非常谨慎地挑选了同谋者，严格控制消息的传播范围，以免走漏风声。所以，当他们随着人群行进到位于雅典城外西南部的陶器区时，眼前的情景让他们的心猛地一沉。

只见不远处，在卫队簇拥下希庇亚斯正与一人交谈，而那个人，正是他们的同谋者之一。

"已经被出卖了吗？"哈摩狄俄斯和阿里斯托盖顿心思电转。虽不能确定，但看着僭主身边荷戟而立的卫队，他们不能不做最坏的打算。眼下还不是动手的时机，但也不能坐以待毙，两人转身走向别处，还来不及招呼混杂在人群里的其他同伴。

哈摩狄俄斯和阿里斯托盖顿缩首潜行，并不知该去哪里，只往远离希庇亚斯卫队的地方躲去，正慌不择路时，抬眼忽见一座神殿，那是利俄克里翁神殿，用于纪念古代的殉国者，毗邻陶器区香火最旺的阿波罗神庙。此时，循着神殿里传出的声音望去，就见那熟悉的面孔，熟悉的排场——在神殿里的正是僭主家族成员：希庇亚斯的弟弟、塞塔洛斯的哥哥——老二希帕科斯。

原来前一天夜里，希帕科斯被一个噩梦惊醒，梦中一个高大英俊的男子对他说出如下难解的诗句：

用狮子一样的耐心来忍耐那难耐的苦难吧，
世上的任何人做了坏事，最后都要得到报应。

混乱迷离的梦境，这两句古怪的诗却记得格外清楚，虽不知具体所指，但语意显然是凶非吉，希帕科斯于是忙来求神问卜，阴差阳错，正巧被哈摩狄俄斯和阿里斯托盖顿撞见。

由于希帕科斯平常也为长兄协理政务，雅典人很熟悉他，哈摩狄俄斯和阿里斯托盖顿立刻认出了他。本来他们这次刺杀行动在很大程度上来说就是冲动的产物，虽也经过谋划，但显然对变故考虑不足。此时疑心计划败露，两人方寸已乱，眼下仇人塞塔洛斯寻不见踪影，希庇亚斯在卫队簇拥下也不可能得手，反倒是与希帕科斯狭路相逢。该怎么办？

或许是因他的兄弟而迁怒于他，或许是认定图谋暴露再不下手将一无所获，又或许根本什么都没考虑只是凭着一股报仇的怒意，哈摩狄俄斯和阿里斯托盖顿立刻做出了抉择，金桃花枝飞撒漫天，藏在其中的匕首挥起，两人扑向目标。还来不及弄清状况，希帕科斯已被刺中。大概自知这是唯一的机会，两人出手狠辣，务求必杀，希帕科斯被刺伤要害，倒在血泊中，眼见无救——果然梦中的催命诗应验了。

神殿里惊叫声四起，场面大乱，卫队也惊呆在当场，来不及救护，等他们回过神来之后，立即扑向哈摩狄俄斯和阿里斯托盖顿。二人且战且退，手中的匕首抵不过全副武装的卫队。不一刻，哈摩狄俄斯在乱刃中倒地，伤重不支，一代美男的生命就此消逝。

阿里斯托盖顿则在混乱中逃离现场，隐没在了神殿外尚不知情的狂欢人群中。

6.

消息很快被报告给希庇亚斯，此时这位僭主表现得十分冷静。他面色镇定地假装要发表节日演讲，将人群聚拢，然后让卫队排查身藏武器者，将可疑人等全部控制起来。

哈摩狄俄斯名满雅典，尸身身份很快被确认，顺藤摸瓜，逃掉的阿里斯托盖顿也在一天后归案。

至此，这起其实并不成功的刺杀事件告破，案情清晰，如修昔底德所说，事件是"因为伤了一个爱人的情感而引起的，而他们的冒失行动是一时恐慌的结果"。

但作为政客，希庇亚斯不能相信事情原委就是这么简单，弟弟的死给了他极大刺激，联想起雅典一直存在反对他们家族的政治势力，他深信这起事件与之有关，刺客背后必然隐藏着更大的阴谋。一时间他觉得雅典处处是潜伏的敌人，准备随时取他性命，越发惶惶不可终日——这种受迫害妄想症，是窃据权柄者的通病。

监牢里，阿里斯托盖顿饱受酷刑，人心似铁，官法如炉，终于挺刑不过，一个个同谋者的名字被供出来，这些人旋即被希庇亚斯镇压。当阿里斯托盖顿供出了全部实情，已经招无可招时，希庇亚斯的疑心病仍无法开释，他报复般地不断命令加大量刑，想从阿里斯托盖顿嘴里撬出更多消息。

体无完肤的阿里斯托盖顿在绝望中想到了一个残忍的对策。这天起他忽然又开始指认新的同案犯。希庇亚斯每听到一个名字就条件反射地下令捕拿，却没有留意到，这些人悉数来自雅典有影响力的大家族。

在阿里斯托盖顿的胡乱攀扯下，希庇亚斯将有实力的雅典望族都得罪了个遍，其中甚至有些本来还是他的朋友。所有无故得咎者，终于都成了他们家族和僭主制度的真正敌人。当觉得这个反僭主统一战线已经构建得足够强大了，心头暗喜的阿里斯托盖顿开始为自己寻找解脱。一天他对亲自来审问的希庇亚斯说要告发更多的人，以换取宽待，他称情报极其重要，所以在说出来之前，要请希庇亚斯与他握手为誓。

不知是计的僭主走上去，握住阿里斯托盖顿的手。忽然后者纵声大笑，仿佛在嘲笑世界上最愚不可及的上当者："就是这只手杀死你弟弟的，你居然和杀弟仇人握手！"

在笑声中，希庇亚斯面容扭曲。其实和他的囚徒一样，这些天来他内心也时刻被囚禁在恐惧和仇恨等不良情绪中，心态已处在崩溃的临界点，此时再也承受不住，怒火决堤而出。希庇亚斯拔出佩剑，直刺进阿里斯托盖顿心口。

笑声骤然终止，审讯室只剩下希庇亚斯粗重的喘息声。

7.

对于接下来发生的情况，希罗多德、修昔底德、亚里士多德的记载相当一致：

希庇亚斯成了雅典人的僭主，而且，由于希帕科斯的死而更加虐待起雅典人来……

——希罗多德《历史》

此事发生以后，僭主政治对于雅典人更加压迫了，现在希庇亚斯更加害怕，所以处死了许多公民。

——修昔底德《伯罗奔尼撒战争史》

自此以后，僭主政治开始变本加厉；希庇亚斯为着替他的弟弟报仇，处死和流放了许多人，结果他自己变成一个多疑而苦恼的人。希帕科斯死后的第四年，城市情况日趋恶劣。

——亚里士多德《雅典政制》

哈摩狄俄斯和阿里斯托盖顿并没有伤到希庇亚斯分毫，却摧毁了他的安全感，他近乎疯狂地清除异己，消灭一切隐患，却忘了有些人是不该，也不能得罪的。

雅典有一个可以和僭主家族匹敌的政治门阀：阿尔克迈翁家族。当年庇西特拉图的主要政敌海岸派就以该家族为骨干，他们崇尚贸易，手握雄财，同时不乏政治抱负。僭主家族早视之为隐患，此时希庇亚斯的假想敌名单中，自然更少不了他们。希庇亚斯借故放逐了当时阿尔克迈翁家族的掌门人克里斯提尼，但后者并非易与之辈，离开雅典后在希腊世界奔走求援，终于在公元前509年，借助猛男之国斯巴达的力量，打回雅典。

由于这三年的倒行逆施，希庇亚斯早已众叛亲离，连他的女儿都不齿他的行为。面对敌军，在简短抵抗之后，希庇亚斯弃城出逃，渡海来到小亚细亚半岛，投奔当地的僭主姻亲，又经其介绍，辗转投效到波斯帝国统治小亚细亚的吕底亚总督麾下。

至于希庇亚斯家族的祸根塞塔洛斯，史书中都没有提及他的下场。

克里斯提尼重返雅典，废除了僭主制，恢复民主制，在梭伦和庇西特拉图的基础上又进一步改善政治民生，并几次顶住了雅典的僭主制复辟势力以及外来势力的干预。反动派被打倒，希庇亚斯夹着尾巴逃跑了，翻身做主人的雅典公民掀起了民主体制建设高潮。

8.

故事讲到这里还不算完。

雅典的示范效应，让小亚细亚半岛西部的一干希腊城邦受到鼓舞，也开始驱逐僭主，尝试建立民主制。变革引起波斯人的干预，也将希腊本土卷入其中，波斯帝国与希腊诸城邦之间持续近两百年的大战就此揭幕。

公元前490年，波斯大流士大帝出兵入侵希腊，年迈的希庇亚斯作为向导从征，进而从一个失败统治者堕落为协助异族侵略同胞的鹰犬。但希庇亚斯枉做恶人，他将波斯大军带到当年庇西特拉图打过胜仗的马拉松平原，却在这里被以寡敌众的雅典军队杀得大败。雅典人赢得了马拉松战役，留下万世英名，希庇亚斯家族则永远失去了重返雅典政坛的机会，希庇亚斯本人也客死异乡。

胜利后的雅典人更觉僭主的卑劣和民主制的可贵，于是饮水思源，纪念起哈摩狄俄斯和阿里斯托盖顿。虽然他们拔剑而起只是为了捍卫自己的爱与尊严，未必有"追求民主"的崇高动机，但毕竟最早动摇雅典僭主制度的，正是他们那次不太成功的刺杀行动。如柏拉图在《会饮篇》中假借哲学家阿里斯托得姆之口评价：

> 统治者不希望臣民醉心于高尚的思想、缔结坚实的友谊和发展亲密的交往，而爱情是最能引发这些事情的。那些在雅典篡夺政权的人从惨痛的经历中得到相同的教训，因为正是由于阿里斯托盖顿的爱和哈摩狄俄斯的友谊使他们的统治告终。

古希腊雕塑大师安忒诺耳，以此为题材创作了一组铜像。雕像原件毁于公元前480年的第二次波希战争，但此后直至罗马时代，都不乏各种材质的复制品。随着他们的事迹在口耳相传中不断走形与被夸大，雕像干脆被称为"刺僭主者"。这个名字广为流传，以至于到了修昔底德写《伯罗奔尼撒战争史》的时候，不得不特别纠正，他们杀死的其实是僭主的弟弟，而非僭主本人。[1]

除了雕像外，希腊文人也为他们献上诗文礼赞，包括与希帕科斯有交情的西摩尼得斯。不过传世最广的作品，还要数两百年后的另一位诗人卡里斯特拉图的《阿里斯托盖顿和哈摩狄俄斯赞》，该诗经过后人不断加工润色，流传至今。其中一个近代英译版本，笔者摘录并试译如下：

| Hymn to Aristogeiton and Harmodius | 阿里斯托盖顿和哈摩狄俄斯赞 |

I

Wreathed in myrtle, my sword I'll conceal,
Like those champions devoted and brave.
When they plunged in the tyrant their steel,
And to Athens deliverance gave.

1

金桃花枝中藏着我的剑刃，
怀着斗士的勇敢和坚忍。
当钢锋刺入暴君之身，
雅典的救赎就此来临。

II

Beloved heroes! your deathless souls roam,
In the joy breathing isles of the blest;
Where the mighty of old have their home,
Where Achilles and Diomed rest.

2

敬爱的英雄！你不死的魂魄仍在徘徊，
在神佑的小岛上自在开怀。
那里是古圣先贤的家园，
阿喀琉斯和狄俄墨得斯，将与你同在。

---

[1] 修昔底德的《伯罗奔尼撒战争史》没有提到塞塔洛斯其人，书中称招惹哈摩狄俄斯的就是希帕科斯。亚里士多德的《雅典政制》则称塞塔洛斯才是祸首，鉴于该书成书更晚并经过更多考证，本文采信亚氏之说。

III	**3**
In fresh myrtle my blade I'll entwine,	金桃花枝将我的锋刃缠绕,
Like Harmodius, the gallant and good.	就像哈摩狄俄斯,倜傥美好。
When he made at the tutelar shrine,	他在守卫森严的圣地出击,
A libation of Tyranny's blood.	用暴君之血献上祭告。
IV	**4**
Ye deliverers of Athens from shame!	将雅典人从耻辱中拯救!
Ye avengers of Liberty's wrongs!	为被夺去的自由复仇!
Endless ages shall cherish your fame,	无尽的岁月里,传颂你的英名,
Embalmed in their echoing songs!	随歌声回荡,永垂不朽!

这个英文版本,出自埃德加·爱伦·坡的手笔——那是在1827年,他年方十八,审美情趣还不像后来那么黑暗。

随着希腊古风被基督教文化取代,直到现代之前,同性恋都被视为禁忌,不容于主流社会,哈摩狄俄斯和阿里斯托盖顿这对"不朽情侣"也被岁月尘封,人们渐渐忘了同性恋群体曾有大功于后世。其实,无论是异性还是同性之间,对爱的选择都是最可贵的个人权利与自由,而推动历史进程的,岂不正是这种人对权利不断地捍卫与坚守?

恺撒有他的布鲁图
——布鲁图刺杀恺撒

时间 / 公元前 44 年 3 月 15 日
地点 / 罗马
遇刺者 / 罗马独裁官盖乌斯·朱利乌斯·恺撒
刺杀者 / 马可·布鲁图 等

奥林匹斯山巅,神殿的大门已向他敞开,持着金手杖的墨丘利扇动脚踝上的翅膀,轻捷地穿行在前面,不时回头,示意他跟上,此时这位商业保护神的面上也透着商人那种客气热情甚至带点儿奉迎味道的笑意。

他就跟着神使,御风而行,泠然善也,脚下层云掠过,日月星辰各就其位,延迎道旁,远远望去,前方的神殿里,坐着众神之王朱庇特。

神王唤他近前来,坐在自己身畔,与他握手。这样的殊遇让他有些惊异,一时间无所适从,但心绪很快又恢复平静——他是恺撒,盖乌斯·朱利乌斯·恺撒,罗马的终身独裁官,作为人界的至高者,应该当得起神界的至高者的礼待。

忽然间，朱庇特的脸变得模糊，神殿也开始晃动，眼前的景象如同有人将石头丢入水中，倒影随之摇曳凌乱，直至混沌一片。待一切恢复平静，眼前的殿宇、云霞和神祇都已不见，只剩卧室的大理石穹顶——原来适才是在梦中，回想起梦境，恺撒怅然若失。

1.

恺撒梦见朱庇特的这天，是公元前44年3月15日，距离他的56岁生日还有三个多月。此刻他独自躺在床上，身边没有妻子卡尔普妮娅，也没有那位艳名盖世的情人——埃及艳后克娄帕特拉。年轻时风流成性男女通吃的恺撒，近年来兴趣已不全在肉欲上，倒不是因为年齿渐增，而是拥有太多权势享乐太多之后，他已开始追求更诱人的新目标：不朽。

这个命题，大约人人都曾偶尔念及，但不同于绝大多数人远眺华厦式的遐想或瞎想，恺撒确有资格将"不朽"作为一个切实的目标来思考——自罗马建城以来的七个世纪中，也许还没有一个人比他更接近这个目标。

恺撒出身名门，家族血统据说可以追溯到美神维纳斯。公元前84年，十六岁的恺撒以朱庇特祭司的身份进入公众视野，弱冠之年就随军东征小亚细亚，因功被授"公民之冠"；此后历任司法官、度支官、营造官，在每个职位上都政绩斐然，也曾赴任共和国边远省份西班牙，镇抚当地蛮族；公元前60年，四十岁的恺撒已成罗马政坛第一序列的人物，与另两位军政大佬克拉苏和庞培势成鼎足，一番纵横捭阖，三人缔结"（前）三头同盟"，共同制衡久为大贵族派把持的罗马元老院。

缔盟次年恺撒首次当选执政官，但他自知羽翼未丰，很快明智地抽身北上高卢，开辟自己的地盘。史载，在行军中恺撒很少乘马，多是与士兵一道徒步负重。[1] 公元前58年起，九年之间他栉风沐雨戎马倥偬，军旅踏遍高卢，还曾跨海登陆不列颠，拓地凡六十余万平方公里，不知多少骁勇的蛮族首领在他面前俯首。

此期间，庞培和克拉苏也分赴西班牙和叙利亚。公元前53年，克拉苏在东方阵亡，他的死让三角形的稳定结构不复存在，余下恺撒与庞培这对宿命之敌直面彼此。恺撒曾娶庞培之女庞培娅为续弦夫人，庞培娅不幸早逝后他仍试图维系与庞培的亲密关系，这一回干脆翁婿对调，恺撒将自己的独生女儿嫁给了庞培。但无论关系怎样变幻，政治联姻从来都不会让两位枭雄真正合成一家。公元前50年，恺撒高卢总督之职任满，已和庞培达成一致的元老院敦促他交出兵权返回罗马。

此时恺撒面临着人生中最重大的抉择：或是遵令自解兵柄，归国安享退休生活，同时就此淡出权力场甘老林泉；或是行险一搏，以背负叛国罪名为代价，问鼎罗马世界的权力巅峰。

---

[1] 苏威尼托乌斯《罗马十二帝王传》。

次年1月，恺撒做出了选择，他回了罗马——带着他身经百战的军团。大军渡过山南高卢与罗马本土的边界卢比孔河。河水清浅，一鼓可渡，但踏出渡河的一步却意味着将再不能回头，恺撒感慨地在忠诚追随他的军队面前声泪俱下，后世剧作家为此情此景配了一句格外贴切的台词："Alea iacta est"（骰子已经掷下）。[1]

这场豪赌，恺撒最终赢了。此前打遍地中海的庞培也被凯撒的大胆与高效震慑，不敢在意大利本土直撄其锋，只好退往他自认根基雄厚的东方，以为还能卷土重来，却不想一招棋错。恺撒先于当年8月闪击西班牙打败庞培之子，兼并其部众；公元前48年，又掉转兵锋东征希腊，经过两场苦战，在该年8月的法萨隆战役中消灭庞培主力。后者逃亡埃及寻求庇护，却被埃及人割下首级，献给追踪而至的恺撒。公元前47年，恺撒从已臣服的埃及出师北上小亚细亚，在今土耳其境内的杰拉轻松击溃博斯普鲁斯王法尔纳克。曾写下《高卢战记》等鸿篇的恺撒此时已不

恺撒胸像

---

[1] "骰子已掷下"，是恺撒渡过卢比孔河时的名言，苏威尼托乌斯《罗马十二帝王传》和蒙森的《罗马史》中都曾引用，但不见于恺撒本人讲述这段历史的《内战记》。汤姆·霍兰的《卢比孔河》中称此语最早出自希腊剧作家的剧本。

屑铺陈笔墨，他驰书罗马元老院，只有简单的三个单词："VENI，VIDI，VICI"（我来，我见，我征服）。

接下来恺撒又用半年时间肃清了北非和西班牙的敌对力量，公元前46年七八月，庆祝恺撒在高卢、埃及、杰拉、北非历次胜利的四场凯旋式在罗马城连轴举办，盛况空前。罗马人意识到，他们的共和国有了一位旷古绝今的新主人。

早在公元前48年，刚从高卢返回罗马的恺撒已被任命为独裁官，任期十年，此时元老院更不吝将包括终身独裁官在内的各种官衔和尊号一并授予这个不久前还被他们宣布为"公敌"的人。他成了第一位和平时期仍保有"统帅"（Imperator）头衔的人，还兼任了主管意识形态的风纪官，他的名字被加上了"伟大的"前缀，他的家族名"朱利乌斯"（Julius）被用来命名新的历法[1]，甚至他的雕像也会在节庆日被抬着游行，与诸神比肩。

罗马还从没有人有过这样的风光，但距离真正的巅峰，恺撒始终差着一步。这是因为，有别于地球上同时期的汉帝国等其他强权，罗马的国体是共和国。

将近五百年前，罗马先民放逐了末代国王，此后贵族和平民两大集团达成妥协，建立共和制。但这种体制太过超前，在当时的技术条件下只适用于小城邦。当罗马人走出城邦开始征服周边，贵族便借公民从军、家中田地抛荒之机收购其地产，使其变成佃户甚至

---

[1] 即"儒略历"（Julian calendar），"儒略"为朱利乌斯之别译，该历法通行西方一千六百余年。

奴隶。久之，共和制两支柱之一的公民阶层成为贵族阶层的附庸，贵族把持的元老院也渐显出"高门无下品"的板结化特点，共和制事实上已变质为被利益集团操控的寡头制。

恺撒虽也是贵族出身，但政治立场更接近平民派，对"朽木为官""禽兽食禄"的元老院十分愤恨，试图改革，但此时悖论出现了：要拔除元老院盘根错节的政治势力，他需要更大的、不受限制的权力——也就是说，要再造共和，他唯有通过更独裁的手段才能达到目的。如果罗马世界还有比独裁官更强大的权力与法统，那只能是五百年前被他们赶走的——国王。

枭雄界的中国后辈同行曹孟德在铜雀台述志云："……或见孤权重，妄相忖度，疑孤有异心，此大谬也。……但欲孤委捐兵众，归就所封武平侯之国，实不可耳：诚恐一解兵柄，为人所害；孤败则国家倾危；是以不得慕虚名而处实祸也。"

此时恺撒的心境大抵与之相通。生长于共和体制下，他也本能地怀有罗马人对王制的抵触，他曾数度拒绝手下的劝进，遇到呼他为"国王"（Rex）的人，他还会纠正"我是恺撒，不是国王"，半是谦退，半是高傲；但另一方面，使命感使他不甘为了形式上的共和将权力让渡给元老院，内心深处的权力欲也在时刻感召着他——大柄若在手，清风满天下！

恺撒是否确有称王的计划，现在已难考证，不过清楚的是，若他真想迈出这一步，则需要更大的军功。视野之内，罗马已无敌手，但在遥远的东方，还有一个他们从未征服的敌人——帕提亚。

2.

帕提亚就是中国史书中的"安息",在公元前后,和汉帝国、贵霜帝国(今印度北部),以及罗马,并列为亚欧大陆上自东向西的四大强国。

这个位居当年波斯帝国故地的强邻,是罗马唯一忌惮的对手,他们矫捷的骑射手佯退诱敌时,反身射出的箭雨遮天蔽日,是罗马人的噩梦。克拉苏就是在与帕提亚人交手的卡雷战役中兵败授首,是役被俘的上万名罗马士兵,仍在东方充任奴工。重振声威、解救战俘的计划一直在罗马的日程表上,恺撒也将之作为下一场,甚至可能是一生最后一场战争,悉心准备。

除了强敌以外,还有另一件事令他费神。

在罗马的档案馆中,藏着一部据说已有数百年历史的神秘图谶:女巫西比尔预言书。相传这个传承十代的女巫家族早在半神话的特洛伊战争时代就以卜筮为业,其末代女巫将预言书卖给了罗马的最后一位国王"傲王"塔昆,书中准确预言了他的王位将被推翻。"傲王"被黜后,元老院接管书籍,收藏起来秘不示人,但据说书上的每个预言都应验了。令恺撒感兴趣的是,预言书中载有如下一条:

唯有国王,才能征服帕提亚。

这是确有其事，抑或是篝火狐鸣之类的把戏，已难考证，但谶言流传甚广，在罗马几乎尽人皆知。克拉苏兵败于帕提亚，他不是国王，那么，如果由"国王"来统军，再战帕提亚，结果又会如何？

预言不可避免地对恺撒产生了心理暗示，无论他能否以国王的身份出征帕提亚，至少归来时，他将有足够的功绩摘取王冠。

天已大亮，恺撒离开床榻，远征帕提亚的日子就定在3月18日——三天之后。根据日程，今天他该去同元老们会面，敲定出征最后的事宜。

3.

早餐的时候，恺撒对妻子说起梦中情景，他谈兴甚健，卡尔普妮娅听着，忧形于色，待恺撒讲完，她也说起自己昨夜的梦。

她说她梦见屋子正面的三角形装饰墙坍塌了，那是元老院特别授予恺撒的荣誉，更可怕的是，她还梦见了恺撒，浑身浴血，倒在自己怀中。

两相对比，卡尔普妮娅的梦当然十分扫兴，但恺撒也只一笑置之，卡尔普妮娅却好像很当真，又讲了很多听来的不祥预兆，试图论证她的梦并非无因。最后她恳请恺撒，今天务必留在家中，"别忘了今天是什么日子"。

今天？这一提醒，恺撒忽然记起来了，几天前一位占卜师斯普林纳曾对他说，近期会有血光之灾，最迟不晚于3月15日，也就是今天。

本来恺撒不以为然，但此刻想来，莫非这平平无奇的一天竟真的是大限之日？命运杳然难测，谁敢不心存敬畏，恺撒眉头微蹙，在这么几分钟里，他居然有些迟疑了，打算取消出行留在家中，哪怕是给妻子安慰也好。就在此时，仆人来报，有访客求见。

回廊尽头垂手侍立的，是德奇姆斯·布鲁图，他身穿一袭体面的托加长袍，神态亲切而谦恭。看到德奇姆斯，恺撒的心绪平复了许多，这是早在高卢时就追随他左右的得力助手，精明强干深得他的赏识。不需德奇姆斯说明，恺撒已知其来意，他是来接自己去参加议事会的。职位低者每天要到长官家中迎接长官上班，这是当时罗马官场的通例。

恺撒将自己的顾虑与德奇姆斯说知，后者劝慰他的统帅说，元老们都已如约迎候，不要为虚妄的梦境和预言延误了军国大事。作为心腹，德奇姆斯精准地搔到了恺撒的痒处，事关出师大计，确是不容轻忽，若因妇人一梦而废政务，岂不贻笑于人？果然，对无常命运的担忧一闪即逝，恺撒决定，按照原计划赴会。

4.

一乘肩舆行走在罗马的大街上，顶上坐着恺撒，紫罗袍月桂冠，透着卓尔不群的尊荣。根据他的规定，在罗马城内除非有紧急军情，否则不可乘马坐轿，所有人都要步行，但他自己是例外，他已愈发习惯坐在抬舆顶上俯视众生的感觉。

身后，二十四名戎装卫士远远跟随，本来他的卫队要庞大得多，但他已将他们解散。他无意在自己的城市里还重兵护卫如临大敌地生活，那未免显得太隔膜，也太心虚，尤其是在元老院已集体向他宣誓效忠之后。

德奇姆斯·布鲁图随行在侧，在他们的目的地等着的，是另一个布鲁图——马可·尤尼乌斯·布鲁图。

马可跟德奇姆斯同龄，都是四十上下的年纪，两人是远房堂兄弟。他们这个家族倾向于认为自己的姓氏源自卢修斯·尤尼乌斯·布鲁图，即罗马驱逐国王之后的首任执政官，被罗马人视为共和国之父，一如乔治·华盛顿之于美利坚。事实上无论是德奇姆斯还是马可，都不大可能与那位先贤有血缘关系，因为那位先贤最著名的事迹就是在自己仅有的两个儿子卷入塔昆的复辟阴谋后，下令将之处死，就此绝了后。但在内心里，马可·布鲁图深以卢修斯·布鲁图继承者自居，愿意效仿前辈公而忘私，为捍卫共和制不惜牺牲一切，包括恺撒。

马可·布鲁图头像

马可·布鲁图与恺撒的关系密切又尴尬：他的母亲塞维利娅是恺撒诸多情妇中的一个，二人的关系在罗马不是秘密，甚至有流言据此衍生，说布鲁图是恺撒的私生子。考虑到他们只有十四五岁的年龄差距，这则流言的可信度不高，不过恺撒对布鲁图确实可称视同己出。在内战中布鲁图追随庞培去了希腊募兵对抗恺撒，但恺撒严令部下，在战斗中不得伤害布鲁图；平定希腊后，恺撒将他平安送回母亲身边，还帮他谋取了山南高卢总督之职；继庞培之后反恺撒阵营的核心人物政治家——小加图，是布鲁图的舅舅，但恺撒也并未因此猜忌布鲁图，公元前46年小加图在北非势竭自尽，次年布鲁图从山南高卢任满归国，恺撒又助他担任了首席法务官。

如此看来，马可·布鲁图可算是恺撒当权的既得利益者，但或许是由于自小读多了圣贤之书，他生性中带着一股迂劲儿。他的生父死于庞培之手，他却认为恺撒与庞培之争是君主制与共和制之争，毅然放下私仇，支持庞培。小加图死后，马可更认准了家族中从祖先到舅舅，均为了共和一门英勇牺牲，而恺撒，显然是企图颠覆共和的祸胎。因此，他非但不领情，反而暗怀怨望。其时的罗马，不少人和布鲁图有同样心思，这些人都或真或假地打着捍卫共和的旗号，时常抬出卢修斯·布鲁图，借古讽今，后者的雕像底座常被涂鸦，诸如"布鲁图，你睡着了吗？""布鲁图赶走国王，做了执政官；恺撒赶走执政官，做了国王"……看到这些字句，马可·布鲁图守卫共和的使命感便如地下的岩浆，在内心涌动欲出。

这情景被一个人看在眼里——盖乌斯·卡修斯·朗基努斯。此人是马可·布鲁图的内弟，又是他的同僚下属，其实当初他也曾意属布鲁图的首席法务官之职，论资历，他比布鲁图更能胜任，而最终屈居其下，正是由于恺撒对布鲁图的偏袒。这其中除了亲疏有别以外，还有卡修斯的一桩案底令恺撒十分不齿的原因。卡修斯曾作为勤务官随克拉苏出征帕提亚，却在主帅陷入苦战时率本部逃走，他对克拉苏的败亡不无责任。这种行为是恺撒不能容忍的，但最终恺撒仍宽待了他，予以叙用。卡修斯却自感怀才不遇，认为不消灭恺撒，自己将永无出头之日。

卡修斯靠拢因竞选而一度关系紧张的布鲁图，高帽迭出："民众对其他的法务官，期盼的东西是赏赐，但他们对你怀抱更高的期许，就是根绝暴政，这是你与生俱来的责任，只要你明确表示不会辜负他们所托，他们已准备好，愿意为你忍受所有的痛苦。"[1]

被捧到救世主高度的布鲁图，顾不得思考卡修斯代表罗马人做出的表态究竟有多少民意基础，只觉得自己若不挺身而出，如苍生何。布鲁图激动地拥抱卡修斯，两人遂放下嫌隙，准备共同谋反恺撒。

不少政界人物被拉进布鲁图与卡修斯的圈子，共有七十余人，其中有的和布鲁图一样，怀有拯救共和制的高尚理想；有的是暂时委身恺撒伺机而动的庞培旧部；有的本是恺撒亲信，却因未获预期的优待，远之则怨，比如布鲁图的堂兄，德奇姆斯·布鲁图。

经过商议，各色人等都认定，想阻止恺撒只能采用最极端的办法：消灭肉体——恺撒必须死！

---

[1] 普鲁塔克《希腊罗马名人传·马可·布鲁图传》。

公元前44年,早春二三月,关于恺撒"打算借出征帕提亚之机称王"的流言在罗马城四起,甚至说恺撒在3月15日的出征筹备会上就会宣布称王。"布鲁图－卡修斯俱乐部"也感到形势逼人,是时候将所谋划者提上日程了——就在最后的时机,3月15日。

5.

不同于今日慵懒的意大利人,古罗马先辈们勤于劳作,清晨即起,通常一上午就将全天的活计忙完。恺撒去会场的时候,正是罗马最繁忙的早高峰,一路上市民熙来攘往,不时有人仰头向抬舆上的恺撒问候致意,后者挥手为礼,面带着微笑,就像一个娴熟的现代政治家。

他很享受被拥戴的感觉,尤其是在罗马城里,于他,这里不单是生养他的桑梓之地,也是他最初指点江山勾画蓝图的布景台。城中的广场、神庙、街道,很多壮美的景观就出自他的手笔,那时候他是营造官,司职城市建设,任内大兴土木,非但不借承办政府工程之机敛财,反而时常自掏腰包操办庆典,广修场馆,并且驱使斗士搏命,掘地为池,操演战舰攻杀。这些排场用以取悦的对象不是某个达官显贵,而是全体罗马公民。当时民众的欢呼礼赞,仍历历在目,无论是回忆还是现实,都让他感觉,自己就是这个城市的主人。

正如柏拉图睿智的预言,暴君来自人民[1],在一个政治领袖成

---

[1]Tyrannos,即前文中提到的"僭主",在古希腊语境中该词不是指残暴的君主,而是指不经选举程序自我授权者。

为全民偶像且民众又拥有表达权的社会，统治者完全有机会凭借民意化国为家，而兵不血刃。

由于并非出身第一序列的大贵族之家，步入政坛伊始，恺撒就意识到自己的力量和资本应该来自平民阶级，他注重放手发动群众，力主恢复此前被限制的平民阶级利益代言人"护民官"的职权，塑造亲民派形象。恺撒有理由期待，民众会回报以拥戴，即便这个愿望刚刚受到挫折：在不久前的牧神节祭典上，担任年度执政官的部将马可·安东尼自作主张，将一顶王冠戴到恺撒雕像的头上，现场爆发出一片嘘声。但这也许是一些人出于积习，仍不习惯一个君王出现在自己的城市里，而且罗马城在恺撒眼中虽然重要，却绝不是唯一，此时很可能一个世界帝国的蓝图已在他心中展开，他可以同时是罗马城的独裁官和整个罗马帝国的君主[1]，就像当年希腊哲学家伊索克拉底为亚历山大大帝的父王腓力二世献计：同时做希腊人的统帅和东方人的王。

出行的队伍已接近目的地——战神广场。那里原本处在罗马城墙之外，但经过恺撒大手笔的城市改造，已经是热闹的新开发区。广场上有一座带回廊的大剧院，是当年庞培掌权时所建，回廊里立着庞培的全身雕像，因此这里也被称为庞培大厅，庞培被逐走后，这尊雕像也被推倒。恺撒本人却不屑于这般小气，下令为老对头重塑金身，将之放置在原位。

---

[1] 相关分析见维克托·艾伦伯格《恺撒的最终目标》。

元老院并无固定会议场所，今天的会议，就定在庞培大厅召开——庞培，斯故一世之雄，而今安在哉？而恺撒，就将在你的雕像的注视下起步，迈向权力顶峰。

6.

庞培大厅已经在望，忽然眼前人影闪动，恺撒的目光被吸引，定睛望去，人群中站着占卜师斯普林纳，后者也正望向他。

一路上恺撒已恢复了状态，晨起时的一丝不安早就消退殆尽，想到自己竟差点被这术士的一句无稽之谈吓住不敢出门，他不觉失笑。恺撒看着斯普林纳，高声对他说："看吧，3月15日已经到了。"语带揶揄。斯普林纳没有回避恺撒的目光，抬头对答："是啊，但3月15日还没过去呢。"四目相接之际，恺撒看到占卜师眼中完全没有把戏被拆穿的惶恐与尴尬，相反，他不卑不亢，从容之中似乎还透着一丝笑意，似意犹未尽，却欲言又止。

这莫测高深的神情让恺撒心念为之一动，但不待他多想，斯普林纳已闪身退走，眨眼间隐没在人群深处。恺撒的心思也从他身上移开，"多半是江湖术士肉烂嘴不烂的遁词罢了"，恺撒这样宽慰自己。

此时，已是上午十点钟光景，目的地到了。庞培大厅的台阶上三三两两聚着一些人，都穿着托加袍，显然是一会儿将与会的元老。他们等候的，自然是恺撒。

恺撒下了抬舆,正待拾级而上,不知从哪儿跑来一个小厮,自称是元老阿特米多勒斯家的奴隶。他呈上一个莎草纸团,说是主人的便笺,内有要事禀告,请恺撒立即查看。但或许是递信者太过人微言轻,恺撒并不展信,只随手将之放进袍袖口,继续举步前行。

庭院深深,回廊一眼看不到尽头,廊柱的侧影里,马可·布鲁图和卡修斯一干人等已经就位,个个战战兢兢,汗出如浆。排除了多个方案之后,他们选定这个场合行刺,庄严郑重的会场多少可以让阴谋诡计显得堂皇一些,而在古老的元老院会议上暴君伏诛,更别有一番戏剧效果。

由于担心势单力孤,布鲁图和卡修斯之前一直暗中扩大反恺撒的共同阵线,他们严格遴选,为免"秀才造反十年不成",甚至将拥有极大影响力的恺撒反对者罗马文胆西塞罗都排除在外。但谋及众人,难免泄露,那张奴隶交给恺撒的字条,其实就是阿特米多勒斯对他们阴谋的检举。至于占卜师斯普林纳,也很可能听到了风声,鉴于恺撒与布鲁图的关系,疏不间亲,不便明言示警,故而托词鬼神。这些都没能引起恺撒的警醒,但箭在弦上的布鲁图等人却已惶恐无比,毕竟他们要暗算的是恺撒,他战无不胜,权势熏天,正走进庞培大厅,步态从容,似乎有恃无恐,这是不是意味着他已探知了他们的图谋?

看着他们的猎物一步步近前,布鲁图等人不免心脏狂跳,卡修斯举目望向厅堂里的庞培雕像,默默祈祷他在天之灵的佑助。诸人的托加袍下暗藏着利刃,此刻冰冷的刀锋都已被焐热。

7.

恺撒走进来了，气宇神色一如平常，德奇姆斯·布鲁图在他身前引路，再向他身后看去，卫队并未跟随，一同如约前来的马可·安东尼在殿门口处被人缠住搭话，这是马可·布鲁图的计划。原本卡修斯提出将安东尼一并干掉，但众人忌惮他高超的武艺，决定由曾在西班牙与他共事过的军官盖乌斯·托雷波尼乌斯以请示军务为由将他拖住，隔离他和恺撒。

目前为止，计划进展顺利，诸人心神稍定，恺撒也并未觉出什么异状。他雄视阔步，走向会场中心他的专属座椅，两侧的人如海水一样分开，为他让道，又在他身后悄悄地围拢。一道道目光在恺撒察觉不到的身后交相闪烁，诸人目送着恺撒坐进会堂主位，如同猎人看见猛兽走进了陷阱。根据计划，一位名叫提利阿斯·辛布尔的同谋者贴上前来，和恺撒搭话。

如同雷达接通，戎马经年养成的对危险的预警系统骤然开启，从辛布尔不自然的表情里恺撒已窥见了异常，不待他开口，便挥手示意他闭嘴站定，不要靠近。

图穷匕见的时候到了，辛布尔冲上前去，伸手试图按住恺撒的肩膀。恺撒闪身向后躲避，却发现身后的退路已被一群人用身躯堵死，退无可退，余光扫过之处，似乎可以看见这些人的托加袍褶皱间隙里闪动着寒光。大概此时恺撒终于意识到问题的严重性，脚下移动稍一迟滞，辛布尔已经欺近身来，牢牢抓住恺撒的衣袍。

"这是暴力！"恺撒奋声叱道，似乎想以此震慑辛布尔等辈，毕竟，他们都曾经发誓效忠恺撒，保护他的人身安全。然而此时众人杀机已动，哪里还有秩序可言，恺撒的呼喝反倒成了提醒，此前提心吊胆的众人被这一吼带进了猎杀状态，一拥而上。

恺撒竭力从辛布尔手中挣脱，忽听脑后金刃破风，本能地侧身躲避，一瞥之下，但见卡斯卡兄弟中的一人，咬牙切齿挺剑刺来。这对兄弟是庞培旧部，兵败投降，获得了恺撒的宽宥。此时，恺撒或许会后悔自己的宽大，他还来不及看清是哥哥盖乌斯，还是弟弟帕布里乌斯，短剑已经刺到。恺撒已完全明白了自己的处境，但终是武将本色，不甘就死。他侧头避开剑锋，同时反手挥出，手中铁尖的书记笔刺入了对方体内，致其惨呼倒地，但他的后颈处也被对方的剑刃划开一道伤口。

名震天下的罗马短剑（Gladius），在战场上刺死砍伤，令敌人闻风丧胆，这一次却饮下了罗马统帅之血。恺撒血溅当场，刺杀者更陷入亢奋，围住目标乱刃齐施。

真正的暴行这才开始，漫天刀光罩住恺撒，转瞬间他已身被数创，虽自知不免，仍奋力自卫。忽然，肋下一凉，一把剑刃从肋骨缝隙间插入腹腔，随着痛楚，恺撒本能地侧头一看，顿时全身的血仿佛都冷了下来——这把剑的剑柄，就抓在马可·布鲁图的手中。

伤口的疼痛变成了惊愕、愤怒、寒心与惋惜，恺撒似乎不敢相信——

"还有你吗？布鲁图！"

意大利画家文森佐·卡穆奇尼的画作《刺杀恺撒》

　　这就是罗马的主宰盖乌斯·朱利乌斯·恺撒被史册记下的最后一句话。随着这一声，恺撒放弃了抵抗，他已失血太多，全凭一股求生的本能在乱刀之下挣扎，但始料不及的亲人背叛，让支撑他的最后一息元气被抽空。恺撒委顿在地，勉强拉起袍袖遮住脸，松开袍带下摆覆盖住两脚，算是保留最后的尊严，哀莫大于心死，他已无意抵抗。

　　求生的欲望随着血液一点点流失而消减，意识也渐渐模糊。昨晚，他在与部下骑兵统帅埃米利乌斯·雷必达商讨军务之余，曾谈起对死亡的看法。恺撒豪气干云地表示，最理想的死亡方式是突如其来的，"这远远好过活在提心吊胆中"。不知此时的恺撒是否会记起这句话。

已近癫狂的刺杀者们仍没有罢手,由于空间狭小,还有人被同党乱挥的刀剑误伤。终于,地上的恺撒已经一动不动,伤口流出的血将他的紫袍染成猩红。

诸人渐次停手,恺撒倒伏之处,正在大厅里那座庞培雕像的脚下。

恺撒死了,他们的计划成功了,不论出于何种目的参与刺杀的人,都狂喜过望。千年以后,莎士比亚模拟他们此时的对话:

布鲁图:命运,我们等候着你的旨意。我们谁都免不了一死;与其在世上偷生苟活,拖延着日子,还不如轰轰烈烈地死去。

卡斯卡:嘿,切断了二十年的生命,等于切断了二十年在忧生畏死中过去的时间。

布鲁图:照这样说来,死还是一件好事。所以我们都是恺撒的朋友,帮助他结束了这一段忧生畏死的生命。弯下身去,罗马人,弯下身去;让我们把手浸在恺撒的血里,一直到我们的肘上;让我们用他的血抹我们的剑。然后我们就迈步前进,到市场上去;把我们鲜红的武器在我们头顶挥舞,大家高呼着:"和平,自由,解放!"

卡修斯:好,大家弯下身去,洗你们的手吧。多少年代以后,我们这一场壮烈的戏剧,将要在尚未产生的国家用我们所不知道的语言表演!

布鲁图:恺撒将要在戏剧中流多少次的血,他现在却长眠在庞培的像座之下,他的尊严化成了泥土!

> 卡修斯：后世的人们搬演今天这一幕的时候，将要称我们这一群为祖国的解放者。[1]

但在现实中，众人的喜悦可能不会持续太久：当他们举着带血的刀剑跑到罗马街头高呼"暴君死了！""罗马的自由保住了！"百姓并没如他们预期的那样一道欢呼响应，相反，听到消息的人都如同躲避瘟疫一样从他们身边逃开，跑回家里，关门闭户。

对"群众的革命觉悟"的失望，很快转变为对自己行为的怀疑：事情并非那么简单，他们向往的"共和"不会因为杀死了恺撒而自动尽复旧观。恰恰相反，恺撒的死意味着罗马秩序的坍塌，会有多少试图当下一个恺撒的人竞逐他留下的宝座？罗马城，乃至罗马共和国又将为此遭受多大的代价？

高潮很快退去，前途叵测的巨大压力让他们无心庆祝。众人躲进罗马最神圣的卡庇托尔山神庙，试图寻求天意，但事到如今，掌握着他们和罗马命运的并不是天神，而是恺撒。

8.

恺撒的尸体被遗落在庞培大厅，以勇力见称的马可·安东尼发觉出事，立刻夺路而逃，没来得及多看垂危的恺撒一眼。后来三个

---

[1] 莎士比亚《裘力斯·恺撒》。

忠心的奴隶将恺撒的尸体抬回了家，尸检显示，他身中二十三刀，但只有一刀是致命的——后世的文学作品普遍将这一刀记在马可·布鲁图名下。

次日，安东尼在恺撒家中宣读他的遗嘱。恺撒无子，他不满二十岁的甥孙、当时尚不为人所知的屋大维，被指定为继承人，将以养子身份接管恺撒的权力。安东尼对自己竟然不是继承人感到惊讶和失望。另一个出乎安东尼意料的人选是德奇姆斯·布鲁图，他被恺撒指定为屋大维之后第二顺位的继承人。

恺撒将名下的几处地产赠予全体罗马市民做公园，外带一笔按人头分配的巨款，只要是罗马公民，人人有份。这份遗嘱由安东尼在3月18日恺撒隆重的葬礼上公之于众，之前对恺撒"独裁"不乏微词的罗马民众顿时再次念起这位慷慨雄主的好处，一城垂泪。后来，在为恺撒举行火葬的罗马广场上竖起了一根纪功石柱，上书："献给祖国之父。"

民心如水，水无常形。自以为为民除暴的马可·布鲁图等辈，此刻也就站在了"人民对立面"，罗马人的怒潮使他们无法再在城中安身，参与刺杀恺撒的二十余名骨干分子相继去国流亡，并全部在两三年内死去。其中马可·布鲁图和卡修斯在叙利亚招兵买马准备反抗，于公元前42年被屋大维和安东尼击败，死于军中。

对于刺杀恺撒，马可·布鲁图至死不悔，认为自己除掉了危害共和制的暴君，但历史的发展与他的构想完全相悖。恺撒之死没有挽救共和制，反而加速了古老共和国向君主国的转型。屋大维、安东尼、雷必达组成的"后三头同盟",共同继承了恺撒的政治遗产。其后,少年老成的屋大维击败安东尼,迫使雷必达归隐,独执牛耳,于公元前 23 年,以"奥古斯都"(Augustus)之称号,开启了罗马的帝国时代。

布鲁图们的共和之梦也就此封存,留待百代之下有条件驾驭这种政体的后辈拾取。

马可·布鲁图更不会想到的是,历史向来由胜利者书写,失败者的自说自话不会为人所注意,他身后的名声,在相当长的时间里十分不堪。公元 1 世纪的希腊史家普鲁塔克在《希腊罗马名人传》中虽肯定他的动机,却认为他的做法不合时宜,当时的罗马需要恺撒,需要君主制;另一位后人就远没有这么客气,在但丁的《神曲》里,马可·布鲁图与卡修斯作为背叛者的代表,在地狱最底层被三头巨魔卢奇非罗(即撒旦)咀嚼在口中,和他们一同受刑的难友更是大名鼎鼎:背叛耶稣基督的犹大。

直到近代革命风起,"弑君者"马可·布鲁图的形象才被重新赋予时代意义。在 18 世纪的美国独立革命中,以"不自由,毋宁死"闻名的"美利坚喉舌"帕特里克·亨利在一次演讲中向英殖民当局示威,公然以布鲁图自比:"恺撒有他的布鲁图,查理一世有他的克伦威尔,而乔治三世(当时的英国国王)有我!"

自此,"As Cesar had his Brutus"(恺撒有他的布鲁图)成了一句西谚,无论是非功过如何评说,恺撒与马可·布鲁图都如硬币的两个面,被浇铸在一起,你中有我,我中有你,不可分离。

II.

诸神的黄昏
——安卡斯特罗姆刺杀古斯塔夫三世

时间 /1792 年 3 月 16 日
地点 / 瑞典·斯德哥尔摩
遇刺者 / 瑞典国王古斯塔夫三世
刺杀者 / 雅各布·安卡斯特罗姆

凡物莫不有死,不仅凡俗的生灵,连伟大的神祇也概莫能外。

主宰一切的奥丁神也步入了他的暮年,神界阿斯加德的力量已不能慑服邪恶,这时,饿狼在天空追逐太阳和月亮,毒龙在地下啃噬生命之树的根基,被放逐的恶神洛基、驾着死人指甲之船的死亡女神海拉、魔狼芬里尔、火巨人苏尔特尔、海洋巨蟒伊门格尔……各路妖魔邪祟蜂拥而至。奥丁和雷神托尔,以及瓦尔哈拉神殿中众多的精英武士奋力激战,奈何终究敌不过早已注定的命运,正邪双方最后在毁灭一切的大火中尽归尘土。

这就是北欧神话著名的终曲:诸神的黄昏。苍凉肃穆的宿命感,一如瓦格纳的同名歌剧。或许是由于生活在环境严酷的北极圈,北欧先民为他们的神设定了如此悲壮的结局，而这也似乎预示着，存世的万事万物皆有尽时。

1.

奥丁神的年代早已远去，千载之下，爰有瑞典？

瑞典人是当年奥丁子民维京人的嫡传后裔之一，瑞典大约在公元 11 世纪形成国家雏形，16 世纪成为近代意义上的独立王国。在 18 世纪晚期，这个国家曾有一位国王，被称作古斯塔夫三世。

古斯塔夫三世，根据欧洲王室的命名惯例，这个称号说明在他之前瑞典君王谱系上曾有过两位叫"古斯塔夫"的国王。那两位"古斯塔夫"都非凡品，第一位是瓦萨王朝的开国之君古斯塔夫·瓦萨。他在少年时就经历了 1520 年丹麦人针对瑞典贵族的"斯德哥尔摩大屠杀"，作为幸存者，冰天雪地里孤身逃亡，最终竟拉起义旗驱逐外敌，脱离丹麦主导的"卡尔马联盟"独立建国。此后王统虽然数度更易，但瑞典作为独立国家的基础，可说是此公一手奠定。第二位更了不得，是古斯塔夫·瓦萨之孙，17 世纪的"三十年战争"中威震全欧的古斯塔夫二世·阿道夫，整个瑞典史上军功最盛的君主、唯一一位"大帝"（den Store）称号获得者、现代线性步兵阵的创始人。在他的时代，瑞典几乎化波罗的海为内湖，很多人认为他就是诺查丹玛斯的奇书《诸世纪》里预言的那位"北欧雄狮"。

至于古斯塔夫三世，与两位同名前辈间的血缘关系其实很远。

他的父系出自德意志诸侯国荷尔斯泰因－戈托普，他祖母的祖母是古斯塔夫·瓦萨的重孙女，故而当瑞典王室后继乏人时，他的父亲阿道夫·腓特烈被选定为储君。那是在1743年，古斯塔夫三世要等三年之后，才来到世上。

这样算来，古斯塔夫三世身上只有一百二十八分之一的血统来自瓦萨，而与古斯塔夫二世则根本不在一个支系上。尽管如此，古斯塔夫三世却颇以这两位前辈为豪，自幼便渴望建立自己的功业，成为与他们比肩的一代雄主。

但随着年纪渐长，他开始意识到此时的瑞典，已不是彼时的瑞典。

2.

古斯塔夫三世的父亲阿道夫·腓特烈入继瑞典王统，从血缘关系的角度来看是比较勉强的，他的登基是一系列意外所致。

第一个意外并非关乎他本人，而是出在他的前任身上。1718年，时任瑞典国王卡尔十二世在挪威的一次小规模平叛作战中意外身亡，年方三十六，身后无嗣，此时享有继承权的只剩下他的妹妹——二十岁的乌尔丽卡·埃勒欧诺拉。但这位公主已于1715年远嫁黑森伯国（德意志诸侯国之一），此时年纪尚轻，在瑞典国内全无政治根基。瑞典议会抓住时机大敲竹杠，迫使乌尔丽卡签署了大量限制王权的条款，这才助她成为瑞典女王。乌尔丽卡的夫婿黑森伯爵腓特烈，以伴王（Prince Consort）身份，与她一同实施统治。两年后乌尔丽卡让位,腓特烈转正为国王。[1]腓特烈登基次年,瑞典就向俄国割让了波罗的海沿岸的大片土地,这让他从一开始就缺乏统治威望;加之身为外来者,没有足够的民意基础,凡事只得更依赖议会支持,代价则是让渡更多的王权。贵族、教士、城市居民和农民代表组成的"四级会议"[2]成了瑞典最高立法机构,平时,则由参政院主持日常政务,国王的权力被大大削弱,在参政院表决中仅拥有两票。

此时瑞典政坛的掌控者,是一批少壮派军官和新兴贵族、商人集团,被称为"礼帽党"[3]。这派政治势力最初是古斯塔夫二世扶植,用以制衡旧有的贵族势力的,此时他们果然排挤掉了旧贵族、僧侣组成的"便帽党"[4],成为议会的主导力量。

礼帽党秉政下,瑞典社会的政治经济活力被激发,这段时间被称为"自由时代";但在对外方面,礼帽党给瑞典带来了灾难。1741年,他们狂热的领袖卡尔·吉伦伯格起兵伐俄,历时三年,瑞典再败。这次失败催生了另一个意外:俄国人这回在领土要求上还算客气,但对瑞典王位提出了意见,战争期间即位的女沙皇伊丽莎白·彼得罗夫娜希望下一任瑞典国王是位亲俄派。

和卡尔十二世一样,腓特烈与乌尔丽卡也没有子嗣,问题应该

---

[1] 称腓特烈一世,或"黑森的腓特烈"。
[2] 类似于法国的三级会议,但在瑞典,城市居民和农民是两个不同等级。
[3] the Hat faction,也称"戴有檐帽者"。
[4] the Cap faction,也称"戴无檐帽者"。

出在女方，因为腓特烈不乏私生子女，但显然他们都不具备继位的资质。瑞典议会最终物色的人选便是阿道夫·腓特烈，除了前述与瑞典王室的一丝血缘关系外，阿道夫还与女沙皇沾亲带故：当时伊丽莎白·彼得罗夫娜已确定自己的外甥——十五岁的荷尔斯泰因－戈托普公爵卡尔·彼得·乌尔里希为未来继承人[1]，而阿道夫正是彼得的亲叔叔兼监护人。

通过这么一大串的复杂关系，阿道夫·腓特烈被确立为瑞典储君，并在1751年"黑森的腓特烈"去世后嗣位为王。同为没有根基的外来者，他与前任面临的局面十分相似：议会掌控着国家，国王没有实权。阿道夫不甘于只当一个虚君，在1755年议会党争激烈之际，他曾趁机谋划政变夺权，但计划泄露，政变流产。此后国王被更严格地控制起来，被认为唆使了未遂政变的王后被迫与国王隔离，计划参与者中的非王室成员都被礼帽党处死。

不久后"七年战争"爆发，战火遍及欧美，瑞典也被卷入，站在法国、奥地利一方与普鲁士作战，试图夺取波罗的海南岸的波美拉尼亚，最终却一无所获。得不偿失的战争导致瑞典民生凋敝，礼帽党权势大挫，便帽党趁机反攻，原本无足轻重的国王成了两党竞相拉拢的对象。但此时年过六旬的阿道夫·腓特烈已无力再有什么作为，大权旁落，只能化悲痛为饭量。1771年2月12日，他在斯

---

[1]即未来的俄国沙皇彼得三世，其父荷尔斯泰因－戈托普公爵卡尔·腓特烈是阿道夫·腓特烈的亲哥哥，其母是彼得大帝长女安娜·彼得罗夫娜。彼得的父母均早亡，他由叔父阿道夫·腓特烈抚养长大。

德哥尔摩的王宫中死去，官方说法是死于中风，而坊间传闻说，他是因为一次暴食，撑破了肚皮。

国家困顿，先王晏驾，议会内乱，这样的局面对王储古斯塔夫来说，正是最理想的登台时机。

3.

"自由时代"，失去王权的瑞典君主们移情于文艺，因此 18 世纪也是瑞典宫廷艺术与建筑的黄金时期。古斯塔夫自幼在这样的环境里成长浸淫，性格中不可避免地富有浪漫色彩，对戏剧、舞蹈、建筑、绘画，以及法国、意大利、中国等各色异域文化都十分感兴趣。

但古斯塔夫三世的浪漫不只限于风花雪月，对于政治，他同样怀有浪漫的想象。

对他那个年代的瑞典人来说，大国的记忆还行之未远，不要说古斯塔夫二世的"北欧雄狮时代"，就是半个多世纪前卡尔十二世在位时，瑞典还是能与彼得大帝统治下的俄国争雄的北方强国。而自从王权衰颓，瑞典的国运也大不如前，在欧洲正逐渐沦为二线国家。古斯塔夫夙夜忧叹，亟盼瑞典能够重振雄风，并且，他相信这必须由一位英明神武又乾纲独断的强力君主来实现，而他本人，正是当然人选。

这不难理解，毕竟以他那个年代的认知范围而言，大国的崛起通常需要强大的君主与君权，无论是古斯塔夫二世的瑞典、彼得大

古斯塔夫三世画像

帝的俄国，还是他舅舅腓特烈大帝的普鲁士，莫不如此。而他5岁起就被立为王储，注定将君临瑞典，又自幼天资聪慧，在那些担任他导师的瑞典第一流学者的赞誉中长大，这样的心理暗示使他早就相信国家兴衰将系于自己一身。

1768年，初涉政坛的王储古斯塔夫血气方刚，试图继续他父亲十几年前未竟的夺权斗争。他召集特别会议，要求当时掌权的便帽党修改宪法，重新划分国王与议会的权限。但无论是便帽党还是在野的礼帽党都不希望王权卷土重来，两派协力抵制，使得古斯塔夫这次莽撞的尝试落空。他十分失望，并更加坚定地认为瑞典目前的颓势是王权不振、议会误国所致。

到了1771年，阿道夫·腓特烈去世，此时的古斯塔夫正在巴黎，之前他已遍访欧洲各国，路易十五绝对君权的法国模式是他最赞赏的。其实，古斯塔夫并不是那种嗜权如命的旧式君主，他也深受当时欧洲的启蒙运动影响。在启蒙运动的诸子百家中他最欣赏的是伏尔泰的"开明专制说"，虽然该学说只是设想由一个"开明并深谙哲学的君主"来自上而下地主导社会改革，以控制变革期的秩序和改革成本，但包括古斯塔夫在内的君主们显然更关注这个学说中强调"君权"的部分。眼下，他的机会终于来了，丧父之痛掩不住一丝如愿以偿的欣慰，在征得了法国以及普鲁士的支持后，古斯塔夫返回斯德哥尔摩，准备将他的志向付诸实施。

5月29日，古斯塔夫加冕为王，时年二十五岁，自此他的名字后面正式有了"三世"的称谓。不同于前两位来自德意志只会说德语的国王，在加冕典礼上古斯塔夫三世一口纯正的瑞典语，为他赢得了不少人气。

国家的主宰者仍是议会，而除了在演讲中呼吁两党和衷共济外，新国王似乎并不急于尝试改变现状，一切运转如常。但表面的平静下暗流汹涌，一场瑞典版的陈桥兵变正在酝酿。

4.

伏尔泰曾盛赞"自由时代"的瑞典是"最自由、国王最无实权的国家"[1]，但当时议会政治在全球范围内尚属新尝试，瑞典人也并无经验，制度远未臻完善。议会虽吸纳了全国四个等级的代表，但占优势地位的仍是新旧权贵礼帽党和便帽党，他们都可凭借权柄为小团体营私。况且这个大半领土在北极圈内的国家，在尚未开始工业化的18世纪，经济基础还很薄弱，支撑不起过于超前的上层建筑。在阿道夫·腓特烈统治末期，几场天灾导致农作物歉收，很多瑞典人陷于贫困，进而萌生出对执政者无所作为的不满。

如前所述，当时把持朝政的便帽党是一个传统世袭贵族组成的利益集团，和礼帽党相比，更具保守性和封闭性，对商人、官吏等新晋力量挤进利益集团分一杯羹的企图一向十分排斥，因此他们也树敌颇多，那些权力斗争的失意者便很自然地向国王靠拢。而在对

---

[1] 伏尔泰《风俗论》下卷。

外方面，便帽党唯圣彼得堡马首是瞻的亲俄外交路线也很挫伤瑞典人的民族情感。这些都为古斯塔夫三世创造着条件，当便帽党顶在前面承受民众怨愤时，年轻的国王在谋划一次行动，以收复王权。

计划是这样的：与便帽党敌对的男爵雅各布·马格努斯·斯普伦特伯顿将与国王协作，在自己位于芬兰的领地策动军队哗变，占领芬兰最大的海防要塞瑞典堡[1]，并佯装进攻首都。军事威胁可以让国王有足够的理由打破制度设置调动军队，古斯塔夫可以借此机会在首都集结禁卫军，取得其效忠，伺机调转枪口对付议会，在控制首都后颁行将权力收归国王的新宪法。除了男爵以外，古斯塔夫的弟弟卡尔公爵和出身将门的约翰·克里斯托弗·托尔伯爵，也将在首都以南斯科讷省的克里斯蒂安斯塔德城堡发起同样的行动作为呼应。

计划虽需借重军方之力，但有一个重要的注意事项是：这必须是一场不流血的政变，因为这不仅关乎古斯塔夫三世接下来在国民面前的政治形象，也是之前和法国、普鲁士等方达成的默契，是后者支持古斯塔夫夺权的前提条件。他们也不希望自己日后的盟友是嗜血暴君，否则那会给他们的外交政策平添道德负担。

1772年7月下旬，斯普伦特伯顿男爵从斯德哥尔摩返回芬兰，计划暗暗启动。在首都的古斯塔夫开始着手在禁卫军中寻找效忠者。

一切进展顺利，8月6日，托尔伯爵在克里斯蒂安斯塔德城堡

---

[1] 位于赫尔辛基以南的几个小岛上，18世纪中叶由瑞典工程师修建，当时芬兰是瑞典属地。现已易名为芬兰堡（Suomenlinna）。

053

起事，首都震动。卡尔公爵以平叛之名，率兵南征，但抵达后即与托尔伯爵兵合一处。

十天后，斯普伦特伯顿也在芬兰得手，大造声势，扬言要进攻斯德哥尔摩。但接下来出了点意外，波罗的海持续不断的西风，使芬兰方面的舰队无法驶向瑞典。

此时的斯德哥尔摩，国王表面上仍在部署平叛事宜，但便帽党方面已经看出，国王和作乱者们其实是一伙的，于是便帽党以安保之名，动用首都警备力量加强对王宫的监控。古斯塔夫很明白自己的处境，两处外援远水难解近渴，一旦便帽党率先撕破脸，自己就被动了，倒不如先下手为强。

8月18日晚上，国王在宫中安排舞会，这是他热衷的娱乐项目，任谁都不会觉得异常，但宾客中有一批他精心物色的禁卫军军官。借着舞会的热闹，古斯塔夫将这些人悄悄召集到一间守卫室，说出了自己的计划，并向诸人保证："若诸公愿效仿令祖上辅佐先君瓦萨、阿道夫，追随于我，则我将不惜生命与血肉，拯救祖国瑞典。"

一干少壮军官被他说得热血沸腾，当下一人答道："我等皆愿沥血舍生，效忠陛下！"余者众口一词，毫无犹疑。古斯塔夫便与众人盟誓，免除了他们效忠议会的誓言，军官们则重新发誓，今后只听命于唯一的"合法国王古斯塔夫三世"。君臣相约，明日举事。

舞会尽欢而散，次日清晨，还蒙在鼓里的便帽党党魁、枢密院议长图尔·卢德贝克被拿下，紧接着其他要人也纷纷被控制。差不多一个上午，政变顺利成功，整个过程果然没有流血冲突。中午，在卫队簇拥下，古斯塔夫三世跨马游街。眼见年轻的国王神采奕奕，举手间就颠覆了民怨极大的便帽党，首都民众不由得为之折服。8月21日，政变成功的第三天，古斯塔夫三世在王宫召集四级会议，发表重要讲话：

> 我治理国家要使人们享受自由，我绝不想侵害你们的自由，我们要废除的只是党派的暴政，我要建立一个坚实稳固的整体，来替代专横暴虐的统治，这种坚实的政体是瑞典古代法律所规定的，是我最伟大的祖先时代的惯例。[1]

所谓"祖先时代的惯例"，自然就是指瓦萨和古斯塔夫二世时代的实权君主制，这意味着瑞典将由议会政治退回王权政治。但当时的瑞典人久乱思治，对政党倾轧民生多艰的"自由时代"也并不怎么留恋，而古斯塔夫三世表现出的久违的"英主风范"，反倒更令人期待，于是政变得到了国人的认可。一时间，政变中禁卫军作为身份标识缠在左臂上的白丝巾成了时新打扮，风行于首都；文思迅捷者抢作的新曲《古斯塔夫祝酒歌》，则成为最新的流行歌曲广为传唱。

芬兰和南部的"兵变"自然不了了之，事前已达成默契的法、普等主要邦交国也乐见政变之成，没有干预，国家很快恢复平静。

---

[1] 尹建平《古斯塔夫三世政变》。

瑞典画家卡尔·古斯塔夫·皮洛奉命创作的油画《古斯塔夫三世加冕》

随后古斯塔夫三世组织通过了新的宪法，以法律形式大大扩张了国王权限；同时，趁着人气正旺，组织各种形象工程，包括请画家绘制以他加冕礼为题材的恢宏油画，通过艺术的包装，强调自己"受命于天"。

自此，"便帽党""礼帽党""自由时代"统统成了历史名词，瑞典历史以古斯塔夫三世为主角，另开新篇。

5.

毋庸讳言，为期二十年的"古斯塔夫三世时代"是一个君主专制的时代，但从实情上看，至少不像字面上那么糟糕。

平心而论，古斯塔夫三世的执政有惠于民。上台之初，他就革除了长期以来的党争弊病，降低关税以鼓励出口，将贵族们垄断的酿酒等一些高利润行业收归国有，一方面增加了政府财政收入，另一方面也避免了饥年中酿酒造成的粮食浪费。他明白政变和这些举措得罪了贵族阶级，所以更多、更主动地寻求与平民阶级的结盟。他出台了一系列举措，例如在他颁行的第二部宪法（1789年《联盟和安全法》）中明确"所有的臣民享有同样的权利"，赋予平民在任何等级法庭上的陪审权；破天荒地允许有经济条件的平民购买并任意使用贵族，甚至王室名下的土地，以此打破社会阶级的固化；提倡宽刑省法，废除诸多中世纪流传下来的残酷肉刑，禁止审讯时的刑讯逼供；此外他还对贫民实施救助，对天主教徒、犹太人等少数信仰群体也给予了一定的宗教自由，这些在当时的世界属闪耀人性光辉之举。甚至在一段时间内，古斯塔夫还曾出台法律保障新闻自由，直到这种自由波及他本人，才又将之废止。

文化方面，素以风雅自赏的古斯塔夫结交并资助了一大批当时瑞典的艺术家、剧作家、建筑师、科学家，使之各尽其才，虽被人以奢靡诟病，但不可否认，他在位期间的瑞典迎来了文化繁荣。武功方面，古斯塔夫一向以重振北欧大国为念，着力重建波罗的海舰队，添置舰船整饬海防，除了家门口以外，还试图在加勒比、西非、印度等殖民者乐园为瑞典拓展势力范围，只是这些尝试都难称得上成功。

国王允武允文，臣民的保王主义热情自然高涨。三角形的定律就是两边之和大于第三边,三个社会层级中,处于最上层级的国王和最下层级的平民在政治上的联合,使得夹层中的贵族风光不再,参议院由最高权力机关退化成了国王的咨询机构。

但信奉"开明专制说"的古斯塔夫三世,他的权力欲有其边界,多少还为议会保留了一定权限,包括最重要的税收权。此外宪法还规定,国王虽有对外宣战之权,但须经过议会同意,正是这一条款,为国王与议会未来的新一轮权力交锋埋下了伏笔。

6.

1788年7月,平静了几十年的北方战火重燃,古斯塔夫尽起水陆大军,东征俄国。

16世纪起,俄瑞两国围绕波罗的海的争霸战已持续两百多年,最近两次,卡尔十二世对决彼得大帝的北方战争以及前文提到的1741年礼帽党发起的第六次俄瑞战争,瑞典人都输惨了。所以,古斯塔夫三世此次东征其实是俄瑞争霸的惯性延续,但也是他不得不为的一次力量宣示。他亲政已十六年,从议会收回了大部分权力,但贵族们始终不甘心权力被褫夺。近年来,古斯塔夫主导的开拓西非殖民地和酿酒业国有化这两项倾注巨大国力的尝试,都以失败告终,这在一定程度上动摇了他的威信,新成长起来的一代贵族阶级蠢蠢欲动,国王迫切地需要一场胜利来重塑"一代英主"的形象,而没有什么胜利,比战胜宿敌俄国更有说服力。

古斯塔夫相信自己找到了绝佳的时机。一年前，俄罗斯帝国与奥斯曼土耳其帝国为了克里米亚半岛的归属，各起倾国之兵在黑海和东欧展开激战，虽然土军战事不力，但也将俄军的大部分精锐牵制在了南线，北方空虚。当年卡尔十二世败于彼得大帝之手后，一心联土抗俄，却不逞身死，此时机会自动送到古斯塔夫手上，他不免觉得受到了历史的眷顾，于是在发出一封明知不可能被接受的对俄通牒之后，就出兵杀向俄国在芬兰的领地。

但他碰上的对手和彼得大帝一样难缠——女沙皇叶卡捷琳娜二世，以下事实足以说明这个女人的段位：在俄国历史上，被尊称"大帝"的一共就两位，一位是彼得大帝，另一位就是她。

这位女沙皇和古斯塔夫是远房亲戚，都有黑森血统，她已故的丈夫彼得三世则是古斯塔夫的堂兄，前面提过，彼得三世是自小在古斯塔夫的父亲的监护下长大的。1762年叶卡捷琳娜发动禁卫军政变推翻彼得三世自领皇位，在政变这件事上，她堪称古斯塔夫的前辈，而作为一名外来女子竟能有此手段，亦足见其不凡。此时虽然手边兵微将寡，但这个强悍的女人毫不示弱，当圣彼得堡人竞相逃离时，她仍放言"即便瑞典人占领了圣彼得堡甚至莫斯科，也要率领军民在帝国的废墟上与之决战到底"[1]。另一边，古斯塔夫选择了合适的时机，却没选对具体的时间点。此时叶卡捷琳娜为了黑海战事而新组建的波罗的海舰队尚未起航，在海面上仍有力量周旋，当瑞典陆

---

[1] 亨利·特罗亚《风流女皇——叶卡捷琳娜二世》。

军在芬兰长驱直入时，俄国舰队在芬兰湾的霍格兰岛海域击败瑞典人，截断了他们的海上补给线。

远征功败垂成，试图通过军功来化解的国内压力反而加大，之前急于建功的古斯塔夫对俄宣战没有经过议会许可，此时一批瑞典贵族抓住这个程序漏洞，试图弹劾国王。而由于军事失败，一向站在国王一边的军方此次也有不少人参与弹劾。1788年7月，这个反国王的小团体在安雅拉庄园密谋，试图绕开国王与俄国停战，共有一百一十三名参与者，但由于消息走漏，他们未及行动就被古斯塔夫镇压。并且，已深谙民意操控技巧的国王，抓住民众对"战争期间窝里反"的本能反感，成功掀起了一轮反贵族的爱国主义运动，并于次年通过了前述的进一步削弱贵族权力的第二部宪法《联盟和安全法》。

1789年俄军反攻，8月，俄国舰队在来自荷兰王室旁支拿骚-锡根家族的卡尔王子的指挥下，凭借近乎双倍的兵力，在斯文斯科松海战中重创瑞典海军。次年春天，古斯塔夫三世亲临芬兰前线，此时瑞典舰队的力量已仅及俄军一半，被迫转入守势，以近海的划桨船和海岸炮台辅助主力舰队，总算在7月8日至10日的第二次斯文斯科松海战中，赢得一场大胜，以四艘船沉没三百人伤亡的代价，击沉、俘获俄舰六十四艘，杀伤、俘获俄军七千五百人，是为瑞典海军史上最辉煌的胜利。但大胜换来的也只是停战谈判的机会，因为瑞典远洋舰只损失严重，已基本失去了主动攻击的能力。另一边，在俄土战争中俄军也胜利在望，主力看起来很快能从南线班师（事实上持续到1792年），而作为俄国的盟友，瑞典的另一宿敌丹麦也准备参战。

在俄方做出一些让步后，古斯塔夫与叶卡捷琳娜言和，8月14日两国签订《维雷尔和约》，各自退回战前领土（次年的补充条款中俄国支付了瑞典一笔钱）。这意味着，古斯塔夫三世雄心勃勃的争霸战，最终徒劳无功。而在"安雅拉阴谋"之后，古斯塔夫和反对者之间的裂痕已不可弥合，一场更激烈、更直接的行动，已在暗暗筹谋。

7.

1792年3月16日，斯德哥尔摩，王宫北面的皇家歌剧院，一干宫人正紧锣密鼓，筹备当晚将在这里举行的盛大舞会。

这座堂皇的歌剧院落成已有十年，出自瑞典一流建筑师阿德尔克兰茨之手，据说古斯塔夫三世本人也参与了图纸设计。因此，他格外钟爱这座剧院，这里带给他作为国王和艺术家的双重满足感。

古斯塔夫常在皇家剧院举办化装舞会，对这种社交活动的喜好，或许来自他最推崇的法国宫廷文化。舞会上大家都以面具覆面，隐藏起真实身份，没有了尊卑之别，无论是否真的辨认不出彼此，都能以此为借口脱略形迹，拟把疏狂图一醉。"面具遮住了脸孔，却解放了灵魂。"

作为一名浪漫主义者，这样的氛围自然很合古斯塔夫的心意，对他来说这是操劳国事之余难得的放松减压。特别是近来，他对这种休闲活动的需求大增。与俄国的战争虽然结局还算体面，但劳民伤财，而战争结束后同仇敌忾的民族情绪随之消退，瑞典人此前被掩盖的种种不满便都浮现出来。不同于1740年那一轮对俄战争，当时的国王并不掌权，可以安居幕后看议会的笑话，而此时，作为决策者的古斯塔夫却无人分谤，要直面举国的民怨。

同时，国外的最新形势也让古斯塔夫头疼，1789年法国爆发了大革命，被他视为理想样本的法式全权君主制被颠覆。这对古斯塔夫和其他欧洲君主都是极大的震动，深恐革命势成燎原，当时还在交战的古斯塔夫和叶卡捷琳娜都曾公开表示关切。1791年瑞俄停战后，古斯塔夫联系法国保王党，劝法王路易十六从巴黎潜逃到夏隆，但事情败露，导致路易十六的处境更加糟糕。对此古斯塔夫焦虑万分，深恨法国革命者，尤其是最激进的雅各宾党，甚至打算牵头组织各国君主成立"十字军"镇压法国革命，叶卡捷琳娜为此还资助了他一笔钱[1]，可是瑞典国势如此，他也有心无力。

在国内外的重压下，为免步他的朋友路易十六"被人民推翻"之后尘，古斯塔夫未雨绸缪，重施1789年的故技，试图再次修宪，进一步削夺贵族的特权，以换取另外三个社会等级的支持。1792年3月，新的四级会议召开，国王和各等级代表就上述议题激烈博弈，古斯塔夫不会不知这是饮鸩止渴，必将激起贵族更强烈的反抗，但

---

[1] 诺曼·戴维斯《欧洲史》。

浪漫主义者总习惯对未来做出乐观的推断，他相信，局面还在掌控之中。因此，这样的时局下，一场盛大舞会已不仅是声色消遣，更带有彰显王家胸有成竹谈笑用兵的政治宣示效果。

3月16日这天的舞会日程早早排定，舞会将在晚间举行，直至午夜。是日上午，古斯塔夫离开斯德哥尔摩城北风景区哈加（Haga）的居所返回王宫，等着晚上的盛会，此时，忽然有人递上一张便笺请他过目，这张匿名的便笺用法文写就，大意如下：

谨奏陛下：

请允许一个知名不具者，在内心良知的感召下，以最大的诚意向陛下您斗胆进言：有一个仇视您的组织，势力正蔓延在首都和全国各省，他们只要一息尚存，就会与您为敌，并试图复仇，不惜采用任何极端手段来不利于您，包括谋杀。

上一场化装舞会时他们就试图行动，但没能得逞，所以当他们得知今晚又将举行舞会，他们高兴地视之为新的机会。这些匪类不会在明处下手，所以舞会上的黑暗和化装将是他们最好的掩护，我谨此向您揭发他们，以世间一切神圣起誓，恳请您推迟这场不祥的舞会，对您而言，这是当下最有利于您的明智之举……

当时古斯塔夫并不知道匿名信的作者是谁，后来才查证，信来自他的一名禁卫军军官，卡尔·莱利霍恩。而信中没有提及名字的举报对象，是另一名禁卫军官，雅各布·约翰·安卡斯特罗姆。

确如匿名信所言，国王的反对派在当时的网络已很庞大。1788年粉碎"安雅拉阴谋"后，古斯塔夫处死了主谋海斯泰斯克上校，对余党大都采取宽大处理。但这些人并没消散，而是变得行事更加隐秘、更具组织性。最近几年在战争和政策调整中利益受损的贵族、军官，很多人都被这一组织吸纳，贵族雅格·冯·恩格斯特罗姆是其中的理论家，他们秘密设计未来的新宪法与政府。而对于最大的障碍古斯塔夫，他们中多数人都主张，用暴力手段铲除之。

时年三十岁的约翰·安卡斯特罗姆就是该暴力行动的具体执行者。他出身于一个军官世家，不到二十岁就参军服役，并获上尉军衔，可以说前途远大。但在随部队驻守霍格兰岛时，大概是由于环境艰苦，安卡斯特罗姆时常口出怨言，以至于在1783年以涉嫌"谤君罪"被举报。他逃离驻地躲到斯德哥尔摩的家中，半年后被抓回霍格兰受审。虽然庭审时以证据不足被释放，并且仍获得了

安卡斯特罗姆画像

留在军界的机会，但安卡斯特罗姆就此深恨国王，后来加入了军中反对国王的秘密团体。当弑君计划出炉，安卡斯特罗姆自告奋勇。当时他是国王卫队成员，条件便利，便被委以重任。他与同谋者商定，就在可以名正言顺掩去真容的假面舞会上动手。

对这封匿名的示警信，古斯塔夫仅仅一笑置之。类似的警告他已听到过不少，有些甚至来自占卜师的预言，但无一应验。不知是因此过于自信，还是觉得在这样的压力中更需要放松，古斯塔夫没有采取任何防范措施。

一切按部就班，此时的斯德哥尔摩，残冬尚未消退，天黑得还很早。皇家歌剧院华灯初上，国王似乎兴致很高，早早到场。他身穿一袭青灰色礼服，领口袖口饰以蕾丝花边，腰缠一条缎带，左胸前佩戴象征六翼天使的银色皇家勋章，外罩黑色大斗篷，头上是与之配套的三角帽。他戴着金色假面，遮住了整张脸，仅露出双眼，面具上没有任何纹饰，看起来既尊贵又不十分扎眼，和全身的装束相得益彰，透着低调的奢华。

宾客们陆续到场，大厅舞池中很快人影攒动，乐声响起，人们随之翩然起舞。气氛渐入佳境，古斯塔夫也十分尽兴，并没察觉到，有三个人正向他缓缓围拢过来。

来的正是安卡斯特罗姆和他的两个同谋者，克拉斯·霍恩与阿道夫·里宾伯爵。这二人也是禁卫军成员，里宾还曾是古斯塔夫的朋友，但四年前他们的友谊破裂了。当时里宾与国王的另一位近臣汉斯·埃辛伯爵同时追求一位姑娘，而在国王的帮助下，埃辛伯爵最终胜出，里宾愤而同埃辛伯爵决斗，并将之击伤。此举令国王震怒，国王处罚了里宾，二人友尽于此。当得知安卡斯特罗姆和霍恩的弑君计划，里宾也要求加入，三人中他与古斯塔夫接触得最多，因此负责在一屋子戴着假面的人当中指认目标。

很快，里宾通过胸章和肩带认出了古斯塔夫，再一看更喜出望外，国王身边负责保卫工作的，就是自己的情敌埃辛伯爵——想必今晚他的护驾不力之责是逃不过去了。里宾滑动舞步，向目标靠拢，近看之下，更加确信无疑，想到国王的性命即将落入自己手中，他欣喜难耐。里宾凑近古斯塔夫，假装随意问候道：

"Bonjour, beau masque！"（你好啊，俊美的面具客！）

这是一句法语，正符合高档社交场合的情调，古斯塔夫没发觉异常，远处的安卡斯特罗姆却知道这是暗号：目标已确认。于是他立刻从人群中移动过来，国王浑然不觉，仍在舞蹈，后心就在他眼前。安卡斯特罗姆拔枪开火，偏巧此时古斯塔夫的舞步滑

古斯塔夫在舞会当晚的礼服与面具，陈列于斯德哥尔摩博物馆

向一侧，让过了致命的心脏，子弹从后面射入了古斯塔夫的左臂。

随着枪响，惊叫声四起，古斯塔夫倒地惨呼："有人伤害我，快抓住他！"——此时他用的仍然是法语。旁边的埃辛伯爵等人忙招呼卫兵封住出口，另有人救治国王，场面混乱。安卡斯特罗姆等三人都溜出了歌剧院，但次日相继被捕，并且供认不讳。

安卡斯特罗姆虽没能一弹功成，但他们的目的算是达成了，古斯塔夫经过抢救暂时保住性命，但伤口感染发炎，3月29日，在遇刺后的第十三天，国王终于在王宫中疲倦地睡倒，再也没能醒来。

之前，神志不太清醒的古斯塔夫断言，行刺他的主谋是法国雅各宾党人，并表示赦免安卡斯特罗姆。但他死后这条遗命没有被执行，安卡斯特罗姆遭鞭笞游街，然后被处决。本来里宾也被判死刑，但后来获得赦免，移居法国。

古斯塔夫三世身后，褒贬俱来。在宪政之路已露曙光的18世纪，他对君权的强化可以说是倒行逆施；但同时也不能否认，古斯塔夫的文治武功，造就了瑞典王权时代最后的辉煌。他靠政变阴谋而掌权，又因一场政治暗杀丧命，仿佛顺应了"君以此兴，必以此亡"的宿命，更具戏剧性的是他遇刺的地点与场合，正是他生平所爱。

这些传奇色彩激发了文人们的灵感，半个多世纪后，意大利剧作家朱塞佩·威尔第以此事件为蓝本创作了歌剧名作《假面舞会》(Un ballo in maschera)。虽然迫于当时的政治压力，故事背景被换成殖民时代的波士顿，古斯塔夫被改写为该城总督"里卡多"，整个事件也被简化为一场情杀案，但该剧仍成为经典——只可惜酷好戏剧文艺的古斯塔夫三世本人已无缘欣赏。

8.

古斯塔夫三世去世后，十四岁的王子古斯塔夫·阿道夫即位，称古斯塔夫四世，由王叔卡尔公爵摄政。古斯塔夫四世儿时曾被祖母怀疑不是古斯塔夫三世亲生，虽无证据，但起码在政治上他确是没能遗传到其父的本领。他亲政后瑞典国势大衰，1808年，第八次、也是最后一次俄瑞战争中瑞典再败，次年他被军官集团废黜。卡尔公爵被议会扶上王位，史称卡尔十三世，作为回报，他任内签署自由宪法，废除了王权专制。

英国学者塞缪尔·芬纳在《统治史》中认为，在古斯塔夫三世的时代，欧洲的专制君主制已达到巅峰，必将盛极而衰。古斯塔夫三世和叶卡捷琳娜二世、腓特烈大帝，都试图以"开明专制"为君权延命，但受制于这种制度本身的局限性——芬纳将之概括为宫廷政治模式的反复性和个人统治的事必躬亲——终于失败。

至此，瑞典的王权专制时代落幕，不再有鹰扬伟烈的君主降临此土。卡尔十三世上台后不久割让芬兰给俄国，瑞典领土缩减三分之一，他去世后，王位也莫名其妙地被拿破仑的手下元帅贝尔纳多特以"养子卡尔十四世"的身份继承。王统改易，"北方雄狮"的时代一去不返。

就这样，在列强争霸中出局的瑞典开始偃武修文，结果反倒柳暗花明。他们放弃帝国梦想，不再参与纷争，专注于国内。发展至今，瑞典竟在廉政、福利、文教、环境、国家形象等方面，都成当世之翘楚。

放弃权力的瑞典王室，也渐渐淡出政治舞台，专心扮演礼仪性的国家元首，其位置反倒更加稳固，即便在"一座座火山喷发一顶顶王冠落地"的20世纪，也能幸免于举世若狂的革命冲动，直至今日，仍广受爱戴，正是"退处宽闲，优游岁月，长受国民之优礼，亲见郅治之告成"。

——岂不懿欤！

这正如悲怆的《诸神的黄昏》其实还有一个很光明的尾巴：灾难平息后，诸神中的幸存者走出森林，重建家园，他们成为人类之祖。一个新世界，在他们面前展开。

III.

血色没有浪漫
——女青年科黛刺杀"人民之友"马拉

时间/1793年7月13日
地点/法国·巴黎
遇刺者/法国政治家让·保罗-马拉
刺杀者/夏绿蒂·科黛

不难想见,这档子事儿要是出在今天,媒体的标题多半会是"美女刺客浴室行凶""政坛明星裸死家中""衣冠不整,他死前发生了什么?"之类,总之,挖空了心思领着人往三俗方向捉摸。

但事发现场的画面绝对能击碎一切低级趣味的想象:死者头缠白浴巾,躺卧在浴桶中,水面之上的半截身子斜倚着桶沿儿,头颈向后仰着,露出锁骨下方致命的刀伤。创口处又窄又深,利刃的穿刺感让人一见之下感同身受。血已凝结,但显然此前流了太多,将浴桶里的水都染作一摊猩红。死者双手各持纸笔,右臂无力地垂在桶外,苍白病态的肤色全无生气——看到这样一条"白臂膊",纵是再善于触类旁通的人怕也难有兴致顺着脉络跃进到"私生子"什么的。

这就是 18 世纪法国大画家雅克－路易·大卫的油画名作《马拉之死》,如其所示,这桩凶案只有血色,没有浪漫,而且,可以说此案的发生,揭开了法兰西浩浩史书中最不浪漫的一页。

1.

1793 年 7 月 13 日,马拉死在巴黎。这年早些时候,巴黎死过一个来头更大的人:国王路易十六。

那是在 1 月 21 日,巴黎一年中最低温多雨的时节,不久后,这个月份被恰如其分地更名为雨月[1]。那天没下雨,但天也很应景地阴沉着。清晨,巴黎东北的丹普尔堡,两辆漆成墨绿色的马车一前一后驰出,其中一辆马车里坐着的就是路易十六——从前的国王,现下的囚徒。自从近半年前举家迁入这座监狱般的古堡以来,这还是他第一次被获准离开,也是最后一次——此行的目的地,就是设在革命广场上的断头台。1789 年革命爆发以来,他先失去了王权,从至高的国王变成君主立宪体制下的虚君,继而又在 1792 年 8 月的"二次起义"中失去了王位,变成被罢黜幽禁的废帝、新生的法兰西共和国的一介平民,再到如今,变成待死的"人民公敌",即将失去

---

[1] 法国革命期间,为去除宗教痕迹,废除了由教皇颁行的格里历(即公历),重新编制历法,以气候特点命名十二个月份,是为共和历。其中公历的 1 月 20 日至 2 月 18 日被编为"雨月"。这套历法实行于 1793 年 10 月至 1806 年 1 月,之后被废止,改回公历。

仅剩的一颗头颅。

革命风起,王纲失统,整个法国社会也随之失范:国内,财富分配和物价等直接诱发革命的痼疾并没如预期那样,随着特权阶级被取消而得以扫除,反倒激起了更多的、更非理性的仇恨。1792年9月巴黎发生了大屠杀,近两千人被"革命群众"杀死,其中一些贵族被当街肢解;国外,革命亦引来友邦惊诧,虽然奥地利与普鲁士发起的第一轮军事干涉被打退,但一干强敌仍环伺在侧。

很难说路易十六要为革命以来的乱局负多大的责任,阿克顿爵士《法国大革命讲稿》的开篇令人印象深刻:"法国的财政收入已经达到两千万了,可路易十六仍然觉得不够花,要求国民继续掏钱。"虽然几行字之后作者就调转笔锋,指出这背后的深层原因是财富增长使得社会分配的结构性不均被放大,但这些复杂问题是时人无暇思考的。作为"旧制度"的象征,"国王"自然是一切矛头所向。

而身处暴风眼中的路易十六,无论谋国谋身,几乎步步棋错:1791年,他不明智地轻信国内外保王势力的怂恿,在安全毫无保障的情况下从巴黎化装出逃,结果在途中被截获,威望大挫;1792年他在议会中共和派得势、刚刚建立的君主立宪制岌岌可危时,又轻率妥协,致使忠于他的将军和卫队丧命,君主立宪制破产,他全家也命悬人手;接着各种指控纷至沓来,路易十六人心尽丧,连他臃肿的身材,都被视为耗国肥己的实证。加之他出身奥地利王室的王后玛丽·安托瓦内特被指向奥国干涉军出卖军情,连带路易十六也被定性为卖国贼。新政府成员们竞相表现"革命性",对前国王的审判，政治意义已远大于法律意义。在雅各宾派领袖罗伯斯庇尔"路易必须死，因为法国必须生"的呼声中，路易十六的命运就此成定局。

路易十六固然才具平庸，但实在算不得大奸大恶之徒，人类历史上真正该杀的暴君昏君，数一百个也未必数得着他。不同于他奢华成性的老婆，笃信宗教的路易十六其实自奉甚薄，更不乏爱民之心，例如《旧制度与大革命》中摘录的他取缔徭役的敕书[1]，简直让人感动。然而，这其实也是路易十六的宿命，他的祖上太阳王路易十四有云："朕即国家。"此言既出，波旁王朝的法兰西王国就不能被视为一家有限责任公司，盛世时君主享受无限王权，乱世里也就必须"万方有罪，罪在朕躬"，以生命来作为鼎革之际的祭礼。

1月21日这天，路易十六被押赴刑场，较之一般死囚，他仅有的优待是被免于游街示众。处刑地点革命广场本来叫作路易十五广场，不久前才改成现在的名称。但路易十五的雕像还在，新政府似乎有意让路易十六死在他的"祖父"的眼前。"我死后，哪管洪水滔天"，很多人乐意将这句名言记在路易十五名下，其实真正的出处是他宠爱的情妇蓬帕杜夫人，这二位都早已作古，眼下果真"洪水滔天"，或许他们会庆幸自己死得其时。

断头台上，主刀的是夏尔·亨利·桑松，传奇的刽子手世家第四代掌门人。桑松家族世受王恩，他本来极不愿手上沾染王室之血，但最终还是决定以自己的精湛技艺尽可能干净利落地送别国王，以

---

[1] 托克维尔《旧制度与大革命》第三编第五章。

免国王落到生手刀下,更受零碎苦头。路易十六被撕开衣领,剪去长发,双手被手绢倒缚,押上断头台,经过神甫此前一夜的开导,此时他已恢复平静,行刑前,他对台下围观的群众喊话:"人民啊,我是无辜的,我宽恕杀死我的人,我死后,求上帝不要让法兰西再流血……"

监斩的巴黎国民卫队队长桑泰尔此时下令击鼓,鼓声暴起,吞没了路易十六最后的遗言。

铡刀落处,身首异处。桑松之子亨利代替已经崩溃的父亲,依照惯例,提起人头传示台下。欢呼的人群一拥而上,争抢着用衣物去蘸国王的血,狂欢节般的气氛达到高潮。

"共和万岁!"

2.

西出巴黎,一百多公里外就是诺曼底,田园风致恬静安闲,气氛迥异于狂躁的首都。

今天的法国下诺曼底大区,奥恩省阿尔让唐市附近的小村圣萨图宁(Saint-Saturnin),一片绿草如织的田野上,木头篱笆圈出一座院落,中间有一栋三开间的砖房,红瓦白墙,依稀当年旧貌,只是日久年深,墙垣都已被藤萝占据。就在这座乡间农舍里,诞生了本章的女主角——玛丽·安娜·夏绿蒂·科黛·德·阿蒙。

那是在1768年,那一年,王座上坐着的还是路易十五,法国

位于圣萨图宁村的科黛故居

从热那亚手中割取了地中海第四大岛科西嘉岛，一年后，让整个欧洲天翻地覆的拿破仑就将出生在这个岛上。

和拿破仑一样，科黛也堪称世家子弟。她的家族底蕴深厚，尤其是母系，祖上出过一位大剧作家皮埃尔·高乃依，夏绿蒂·科黛正是这位古典主义大师的五世外孙女。然而，正所谓"君子之泽五世而斩"，到了科黛这一代，除了血统以外，高乃依遗留给后人的已不剩什么。科黛的父亲弗朗索瓦是个小乡绅，由于不是家中长子，没能继承到什么遗产，空有贵族头衔、几亩薄田，以耕种为生，家境仅是小康。夏绿蒂·科黛是父母第四个孩子，幼年时就被送到乡村教会学校寄读，与家庭隔离的环境使科黛自幼性格独立，同时，也得以将更多的志趣与精力投入学习。学校的神甫是科黛的表亲，眼见小姑娘敏而好学，便找来其祖高乃依的作品，为她讲习。

九岁那年，科黛的母亲杰奎琳遭遇难产，母子俱亡。弗朗索瓦无法排遣丧妻丧子之痛，自知照顾不了女儿，便将科黛和她的妹妹送到诺曼底大城市卡昂，请亲戚代为抚养。自此，科黛便寄身姑妈布雷特维尔夫人家中。但姑妈的照料并不太尽心，科黛多数时间在当地的女子修道院度过，这更加重了她本就有些孤僻的性格。

当时，法国启蒙运动已兴起，在青年，尤其是在知识青年群体中，伏尔泰、卢梭等人令人耳目一新的学说显然比老旧的宗教神学更有市场，阅读、谈论这些新知不唯是智识上的享受，更隐含着引领潮流的摩登感，于是法国的知识阶层竞谈哲学，咸与维新。科黛的兴趣也很快被吸引到启蒙主义哲学上，虽然家庭出身和早期教育都更趋近"旧社会"，但科黛却颇能自新，很快变成了共和主义的信徒。

光阴荏苒，科黛出落成亭亭少女，风姿绰约。在当时的法国，十六七岁已是适婚年龄，而她却似与情爱绝缘，二十多岁的桃李年华，仍孑然一身，恋爱史完全空白。我们已无法查证科黛是否曾有过追求者，但想是蕊寒香冷蝶

科黛画像

难来,即便有,也都在她"绝世而独立"的高冷气质面前知难而退了。不过好像科黛也不以为意,仍旧潜心于哲学和时事,任由韶华流逝,"青春的花开花谢",让她"疲惫却不后悔"。

1789年,法国大革命爆发。诺曼底的乡民起初大多带着农家特有的保守与木讷,觉得首都的革命风潮与己无关;科黛却不同,作为一个对革命满怀浪漫憧憬的知识青年,她热切地关注着巴黎,相信书里描绘的美丽新世界即将如期而至。然而自彼时起,不断偏离预想的情势让她感到一点点幻灭。从1792年的"九月大屠杀",到1793年初处死国王,接着,失控的暴力四处蔓延,卡昂也架起了为政治犯准备的断头台。而第一个被押上台的,正是曾在科黛母亲临终前为她主持弥撒的贡博神甫[1]。仅仅因为神职身份,他就丢掉了脑袋。

血腥与混乱愈演愈烈,科黛陷入痛苦迷惘:革命不该是这样,究竟是什么地方出了问题?

这年6月,一群巴黎来客,带着她寻求的答案,走进了卡昂城。

3.

巴黎。

王权覆灭,自有新来者填补空缺,作为最高立法机构的国民公会,

---

[1] 爱德华·耐普曼《世界要案审判》。

顺理成章兼并了短命的 1791 年宪法中划归国王的行政权，成为法国最高权力机构。正是国民公会议事大厅的座次分布，决定了从那时起直至今日两百多年间我们的政治表述习惯。

当时，坐在大厅右侧的，是国民公会初期的掌枢者，后世被称为吉伦特党[1]的政治派别，这是"一大群业主及有教养的公民"[2]，财产状况和知识水平决定了他们的思维方式。在经济问题上，吉伦特党反对政府限制物价和工资，倾向于由市场主导的自由主义经济；政治上，则对底层过度参与革命怀有抵触，尤其不满群体革命中的暴力行为；同时，作为外省来客，吉伦特党与革命后成立的巴黎市政机构巴黎自治会[3]关系紧张，不认同后者在整个法国革命中的特殊地位。吉伦特党的骨干分子，多是自革命伊始就活跃在公众视野中的高光人物，明星光环使他们在 1792 年的选举中赢得了国民公会超过百分之二十的议席，成为公会主导力量。

大厅最左侧高台上与吉伦特党遥相对坐的，是山岳党。该党喜欢登高而坐，故此得名。但比起精英化的吉伦特党，这是一个草根化的党派。他们坐在左边的习惯，就源自三级会议上第三等级坐在国王左侧的传统。该党派成员并非都来自社会底层，但他们的立场

---

[1] 因其后期主要成员多来自法国西南的吉伦特省而得名，他们并不如此自称，当时因为其领袖布里索而更多地被称为"布里索党"。"吉伦特党"的称谓来自后世法国作家拉马丁的《吉伦特党史》，该书问世后，研究者渐渐使用这个名词，而其时距这些人活跃的时代已过了半个多世纪。

[2] 马迪厄《法国革命史》转引弗朗索瓦·多努。

[3] Paris Commune，1789 年至 1795 年巴黎的管治机构，也译作巴黎公社。

是底层性的，多怀着一腔悲天悯人的朴素救世情怀，痛感于社会贫富不均，主张让底层享有与富裕阶层同样的福利，并认为政府应致力于此，必要时不惜以强制手段消除阶级差别，促成"平等"。所以，山岳党十分清楚自己的政治基础必然来自底层。米涅在《法国革命史》中评价山岳党："他们的知识经验差一些，也不如吉伦特党人那样擅长口才，但是他们比较机智坚决，采取手段毫无顾忌。他们认为极端的民主就是最好的政府，他们说的人民，即下层阶级，是他们经常赞美和热情关心的对象。"不同于习惯高谈阔论的吉伦特党，山岳党更具行动精神，在历次革命中"发动群众"，出力不小。

位于议事大厅的开阔地带的，是介于二者之间的中间派，其人数最众，达到国民公会半数以上，但他们并没有吉伦特党或山岳党那样明确统一的主张，只能充当沉默的大多数，被形象地称为"沼泽派"。

从上述诸派的政见及人员构成已不难看出，我们今天所谓"左派""右派""中间派"，源头即出于此。左派激进，重平等讲公正；右派保守，尚自由求秩序；中间派作为变量，充当整个社会的稳定砝码。以今天的认知水平不难承认，"左右中"各自代表的理念都是一个健康社会不可偏废的，但在当时，人们并无此经验，右派吉伦特党和左派山岳党都试图在王国废墟上勾画新蓝图，向左走，还是向右走，这是你死我活的路线斗争。

法国大革命缘起于第三等级反对第一、第二等级的特权，所以从某种意义上说，"平等"是这场革命的原教旨精神，因此，坐在高处的山岳党也自恃占有道德制高点，不满吉伦特党先天的知识分子的迂阔和商人的势利与滑头，常欲取而代之。处死国王后，两党彼此攻讦不休，吉伦特党指责山岳党煽动促发了1792年9月的大屠杀，力主追惩责任人[1]；山岳党则反诘吉伦特党人在审判路易十六时骑墙观望，与主张君主立宪的斐扬党甚至保王党勾结，"革命不彻底"。

从双方的政治基础就不难判断，山岳党人稳操胜券，因为他们依靠的是为数众多的社会底层，尤其在巴黎，有一支不可忽视的力量——"无套裤汉"（Sans-culotte）。在十七八世纪，法国上层社会时兴的男士下装是浅色的紧身裤袜，外罩宽松的短套裤，在齐膝处收口，这种套裤被称为culotte，多为贵族穿着；身份低微者，则直接穿长至足踝的pantalon，接近今天的长裤。这种穿着差异几乎是两个不同身份群体间的鸿沟，就如同咸亨酒店里的长衫客与短衣帮。革命以来，原本卑贱的pantalon一跃成为革命的象征，其穿着者满怀越穷越革命的豪壮感，打响了无套裤汉的招牌，在巴黎的历次革命或曰动乱中，无套裤汉总是中坚力量。从阶级属性上看，无套裤汉是山岳党的天然盟友，前述的吉伦特党政见则与他们的利益多有抵触，他们控制的巴黎自治会屡屡与吉伦特党主导的国民公会斗法，后者虽是最高权力机构，但毕竟强龙难压地头蛇，占不到什么便宜。

---

[1] 其实当时吉伦特党一些要人也对动乱持肯定态度，如当时的巴黎市长佩蒂翁。

内外掣肘下，吉伦特党的政绩自然不会好看，政治明星的人气急速流失。雪上加霜的是，支持吉伦特党的军官夏尔·杜穆里埃在1792年抗击反法联军，原本节节胜利，到了1793年战事却急转直下，杜穆里埃兵败比利时，这更连累得吉伦特党声望大跌。为挽回战局实施的征兵，又激起了旺代地区的民变，局势更趋混乱。

山岳党借机发难，策动无套裤汉起义，以"平定旺代叛乱"名义召集起来的义勇军中途折回，要求"先惩办巴黎的卖国贼"。6月2日，吉伦特党的议员们终于走出被大炮瞄准的国民公会，交权下野。

其实当时处于转型期的法国，不拘左派还是右派，都缺乏足够的经验与智慧，革命时勇于破旧，掌权后却拙于立新。吉伦特党人的自由主义主张并不得其时，尤其对明显影响社会稳定的囤积居奇行为也加以宽纵，这显然是其失去底层支持的要因。终于，一度独领风骚的吉伦特政府垮台。

不过，这群职业政客不甘心政治生涯就这样终结，打算离开巴黎去山岳党影响力薄弱的边区发展力量，以求东山再起。其中有人将目的地选在了诺曼底，卡昂。

4.

1793年6月的某一天，卡昂城中首屈一指的旅馆——独立饭店前，仿佛开起了一个临时布道场，人群中几位演讲者衣冠楚楚，正慷慨陈词。

他们便是来自巴黎的下野党吉伦特党要人，其中有律师出身的政论家弗朗索瓦·蒲佐、剧作家让-巴普蒂斯特·卢韦，还有当过巴黎市长的热罗姆·佩蒂翁。从职业特征中不难想见，他们个个能言善辩，但一干人里最引人注目的还要数夏尔·让·巴尔巴鲁。

这是一位新晋的国民偶像，出身马赛，在1792年的"二次起义"中，他带领数百同乡组成马赛义勇军驰援巴黎，途中高唱的《莱茵军战曲》后来以《马赛曲》的别称风靡法国，巴尔巴鲁也就此一举成名。巴尔巴鲁相貌俊朗，吉伦特党最负盛名的成员罗兰夫人曾将他与欧洲第一美男子——古罗马的安提诺乌斯[1]作比。但较之那位皇帝的男宠，想必他还要多一分阳刚。因此，另一位吉伦特党同仁里昂律师盖代的赞誉应该更贴切：巴尔巴鲁就像太阳神阿波罗。这一年他刚满二十六岁，青春鼎盛，光彩照人，吸引着卡昂城无数长妇少女的炙热目光。

顾盼之际，巴尔巴鲁也在众多注视者中瞥见

巴尔巴鲁画像

---

[1]Antinous（约110—130），古罗马皇帝哈德良的同性恋人，以美貌著称，死后被哈德良宣布为神。

了特别的一位。静女其姝，眉目如画，脸上闪现着会意的神色，透出一股知性，没有大城市闺阁小姐的稚弱之态，身材结实，面色红润，带着诺曼底乡村生活的印迹，这种种气质集于一身，使她看起来与众不同。

这便是夏绿蒂·科黛。

只是因为在人群中多看了你一眼……这本该是一个艳俗浪漫故事的样板式开头，然而时事残酷，浪漫无所遁形。巴尔巴鲁是"6月2日事件"中最后撤出国民公会的，在那之前他一度决心以身殉职，因此，他对山岳党和无套裤汉的愤恨超乎群伦。就像特洛伊战争中的阿波罗将一支支毒箭射向希腊联军阵地，此时巴尔巴鲁也尽情挥洒着他的愤激与怨毒，从他的词锋所向，科黛记住了一个名字：让-保尔·马拉。

自这一次起，科黛成了巴尔巴鲁等人的忠实拥趸，时常造访他们下榻的独立饭店，每当他们组织演说，她更是最热心的听众之一。几乎每次集会，都会变成吉伦特党人对政敌的控诉大会，反复宣讲下，科黛渐渐觉得自己是他们中的一员，同样地将马拉等辈视若仇雠。

这期间，科黛与巴尔巴鲁的走动也渐渐增多，已难考证他们之间是否另有某种情愫。但窈窕淑女君子好逑，巴尔巴鲁很乐意有科黛这样一位倾听者——尽管他开口就是男女之间最煞风景的政治话题——有时他还会略带轻佻地叫她"漂亮小妞"。听到这样的称呼，科黛并不像一般的"为悦己者容"的小女生那样暗爽不已，相反，很可能她感受到的是轻视而非奉承。她非庸脂俗粉，不能容忍别人看重自己的外貌胜于内涵。终于有一天她在吉伦特党人的聚会中向座上诸公放言,要做一件令他们刮目相看的事。

从6月初来此,巴尔巴鲁一行人逗留卡昂已有月余。7月9日这天,他忽然收到一张便笺:"永别了,亲爱的议员先生,我去了巴黎……"

字迹娟秀,正是科黛的手笔。

5.

巴黎,科德利埃大街20号。这是一处公寓,主人潘恩夫人是一位寻常的巴黎包租婆,租住的房客中却有一位大不寻常,他便是马拉。

巴尔巴鲁和佩蒂翁他们究竟说了马拉什么坏话、有多少是出于私愤的不实之词,已难查证,但至少在外表方面,无论他们怎么形容马拉,应该都不至构成人身攻击。勒诺特尔在《法国历史轶闻》中称,马拉生就如下尊容:

> 身高不满五尺,不成比例地长着一颗奇大无比的脑袋,脸上没有一点肉,塌鼻子,歪嘴巴,皮肤呈铅灰色,而且又驼背,走起路来一瘸一拐,难看极了。他不修边幅,又脏又臭——活像一个"穷困潦倒的马车夫"——身上披一件绿色大衣,赤脚穿着一双大鞋子,腰里别着一把长剑和几支手枪,头上不是戴一顶红帽子,就是扎一块散发出醋味的手帕。

关于马拉的相貌，弗朗索瓦·蒲佐的毒舌无出其右："他像是大自然为了把人类的所有缺陷集中到一个人身上而创造的产物，他丑陋得如同犯罪。"

说"相由心生"，并无科学依据，但反过来看，人的外表确实将在一定程度上左右其际遇，进而对其性格的形成产生影响。以马拉为例，他的人生可谓坎坷，1743年马拉生于瑞士西部的法语区城市纳沙泰尔，是法意混血儿（其父来自意大利撒丁岛），自幼聪颖上进，十六岁离家，先后留学于法、英两国，但学业不顺利，最终只通过函授在苏格兰圣安德鲁大学混了一个"同等学力证明"，并没去该校上过一节课；1777年马拉返回法国，据说他在呼吸科和眼科方面确有些造诣，可惜学历不够开馆行医，只能屈就于贵族府中当兽医，但因为性格桀骜，很快失业；此外他对物理也有涉猎，并以此自负，曾撰文批评牛顿理论，颇有点儿"凤歌笑孔丘"的狂人之态，他还试图投身法国科学院，未果反遭羞辱。直到革命爆发的1789年，马拉仍一事无成。

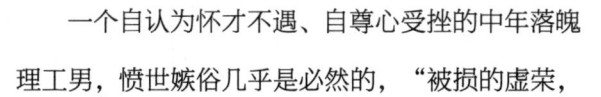

一个自认为怀才不遇、自尊心受挫的中年落魄理工男，愤世嫉俗几乎是必然的，"被损的虚荣，

马拉画像

弥补以脾气的发作和伟大的幻想"[1]。并且，马拉不仅是自怨自艾，还将他的愤懑投向外部的世界。1774年留英期间，马拉就出版过一本名为《奴隶制的枷锁》的小册子，批判法国的等级制度，到了1780年，不得志的马拉更将郁结付诸笔墨，此时他已不再停留在檄文批判上，而是开始为理想中的新社会做路径设置，例如1780年的《刑事立法计划》（英文版）、1789年的《奉献给祖国》。对于旧制度下法国不同等级间财富、社会地位和机会的种种不平等，马拉通过所见和所历，都已深有体会，加之受卢梭、孟德斯鸠等启蒙主义哲学家影响，马拉认为这些不平等是法国社会的最大弊病，并基于此，认定消除这种不平等就是最高的正义。

无照医生马拉于是愈发将兴趣点转向政治，加入了著名的民间政治学术团体科德利埃俱乐部，后又加入更著名的雅各宾俱乐部，并频频撰文针砭时弊，对旧制度大加挞伐。如果在承平之世，或许他只能作为一个异见者，写写文章发发牢骚，偶尔喝高了之后骂几句政府或国王，愁苦而终穷。但风云际会的时代带给了他机遇，1789年大革命爆发，各种宣传革命的新兴报刊纷纷涌现，马拉也乘时而起，于该年9月创办了新报《人民之友》[2]。

这个刊名，可以说就是马拉的自我定位，本来他也是个向往超越阶级的民主共和的普世主义者，在成名作《奉献给祖国》中，他还在畅想涵盖所有社会等级的泛"人民"概念。但革命以来，阶级

---

[1] 威尔·杜兰《拿破仑时代》。

[2] 初名《巴黎评论家报》。

斗争的红线在马拉脑中愈加清晰,他心目中的"人民"定义,已修正为第三等级的代名词。马拉以底层代言人自居,言必称颂"人民群众",视其为天然的正义代表,称其"是在所有阶级中,民族的唯一健康的、唯一珍爱自由的、唯一渴望公共利益的部分"[1]。马拉进而认为,为确保"人民"福祉,应该冲破道德束缚,不惮使用暴力,更不必顾惜"阶级敌人"的身家性命,并且,杀人越早越好,"否则将不得不杀死更多"。

在社会变革期的种种思潮中,左派具有先天的市场优势,《人民之友》为生民立命的姿态,被底层视为福音,终获成功。马拉尽管一度因此遭人所忌,被抓被关,但凭着早年在磨难中养成的一股韧劲儿,越挫越勇,《人民之友》后来最高发行量达到三十万份,这已是一笔相当可观的政治资本。借助报纸,马拉变身为一个颇具人望的民意领袖,1792年的"二次起义"之后,他被选为国民公会议员。

此时的马拉志得意满,不可一世,他对抽象的"人民"概念,极尽关怀与颂扬,而对具体的个人,则十分倨傲,尤其对庙堂人物,更是见大人而藐之,随口将议会同僚们呼为"傻子""猪猡",以至于在国民公会里他虽不乏崇拜者,却几乎没有朋友,不拘哪个政治派别,都对他敬而远之。后世经常与他并称的雅各宾派领袖丹东、罗伯斯庇尔,虽然时常需要借重他的力量,但对他全无好感。

---

[1] 王令愉《论马拉、丹东和山岳派》。

但从政见上看，马拉毕竟属于山岳党一派，并且，他是左派中的左派，从旧制度到君宪制再到共和制，每个岔路口上，马拉都会自觉选择更激进的一途。当 1792 年革命形势出现反复，"胜利果实"面临被"大资产阶级"吉伦特党窃取之虞，马拉疾呼继续革命，号召消灭"人民的敌人"。"九月大屠杀"中，马拉起初曾试图控制事态，但当惨案发生，他转而为之叫好，毫不顾忌地抒发对流血的赞美，认为这是巩固革命成果所必须经历的。

对暴力的赞美与鼓吹，是马拉思想中最引人注意的部分，因此无论是当时还是后世，马拉都被视为法国大革命中最激进最狂热的革命者，相应地，吉伦特党也将他看作最危险最可憎的敌人。1792年 9 月两党党争的第一个高潮期，吉伦特党抓住马拉一篇提倡独裁的旧文，组织对他的控诉。结果马拉在质询会上顶着满场的叫骂声侃侃而谈，直承自己的独裁主张，称这是乱世所必须，是统揽全局以保护革命的必要手段，一番言语硬是让论敌们个个词穷。最后，马拉掏出手枪抵住自己的脑袋，声称一旦控诉通过，他将开枪自裁，宁死不辱。吉伦特党人不得不考虑影响，草草撤诉。

到了 1793 年，两党势成水火，此时，当上雅各宾俱乐部主席的马拉利用该俱乐部遍及全国的系统，发文指控吉伦特党是革命叛徒，号召举国共讨之。他极具煽动性的文笔，对吉伦特党的声誉造成重创。作为反击，后者在当年 4 月又一次以"煽动流血"的罪名起诉马拉。这一回马拉被送上革命法庭，但人民拯救了"人民之友"，巴黎自治会组织大范围示威向法庭施压。4 月 24 日的庭审中，面对着门外如黑云压城般的愤怒群众，法庭宣布马拉无罪。群众立即涌进门来，将马拉连同他的座椅抬出法庭，抬到司法院、王宫各处游行庆祝。经此一役，马拉的威望达到顶点。接下来，在驱逐吉伦特党的"6月2日事件"中，作为风头最劲的左派领袖，马拉发挥了重要影响，这也是巴尔巴鲁等人恨他入骨的原因。

这一年，马拉五十岁，知命之年，找到了"天命攸归"的领袖感觉。不过，站在人生巅峰的马拉也面临着难言的苦楚，他患有严重的皮肤病，发作时瘙痒难耐，这很可能是他糟糕的卫生习惯造成的。这些年由于操劳国事，他的病痛愈重，而他对这一顽疾毫无办法。直到最近一两个月他才发现，泡澡时痛楚会稍稍减轻，于是，近来他常在自家浴室里做"水疗保健"。

7月13日这一天午后，马拉照旧坐在浴桶里批阅文件，温水浸润中，但觉遍体通泰。忽然，浴室外话音响起，有一位女士求见。

6.

巴黎和卡昂，相隔不算太远，两天时间，科黛就到了首都。

此前的二十五年中，她从没离开过诺曼底，但自从近距离接触了几位吉伦特偶像，科黛感觉巴黎在召唤她。嗜血的"魔王"马拉，还有罗伯斯庇尔、丹东，听到这些名字后，一度迷惘的科黛小姐三观重新清晰起来，她相信就如巴尔巴鲁他们所说，正是这些人将革命引入歧途，于是一股使命感在她心里暗暗萌生。她决意要为民除害，为国铲奸。她虽是一介女流，但休言女子非英物，她幼读高乃依，崇拜的是其祖笔下以身许国大义灭亲的古罗马英雄贺拉斯三兄弟，以及摩尔人入侵时力挽狂澜的西班牙神话英雄熙德骑士[1]，英雄情结早已融于她的血液。这股冲动在内心奔涌，愈发不可遏止，终于，7月的一个早晨，科黛独自出门，坐上一辆去往巴黎的马车。行前她留给巴尔巴鲁一张字条，言明要去"亲眼看一看魔鬼"。

一路上与科黛为伴的，是一本普鲁塔克的《希腊罗马名人传》，虽不知她途中读的具体篇章，但马可·布鲁图"刺杀恺撒拯救共和"的段落应该是必不可少的。或许，此时她已开始憧憬百代之下，在史书上与先辈朋比为邻。

行了两日，7月11日这天傍晚，马车抵达巴黎。首次踏足大城市的乡村姑娘，很快发觉之前将事情想得太简单了。依她本意，要在国民公会的会场上当众刺杀马拉，以示明正典刑，为此，行前她从巴尔巴鲁处要到了几个政界朋友的联系方式。而当7月12日她找上门去一问，还没说明来意，对方就告知，这些人都已失势，无法开具她需要的国民公会入场证件。沮丧之下，科黛只好调低预期，将下手地点改在马拉家中。

熬过一夜焦灼，7月13日一早科黛起身离开旅馆。这天正值周末，天气晴好，一天之后，又将是庆祝攻陷巴士底狱的纪念日"联盟节"，近来颇历动荡的巴黎多了几分喜庆，阳光下的浪漫之都依稀透出全

---

[1]《贺拉斯》《熙德》见《高乃依戏剧选》。

盛时期的风采。或许是潜意识里在追求某种仪式感，平素不太爱打扮的科黛特地装束一新，一身带条纹的褐色连衣长裙，肩上披着粉红色丝巾，头戴白色太阳帽，帽檐饰以蝴蝶结，两根绿丝带束起瀑布般的金发飘于脑后，手上拿一柄淑女标配的折扇，造型淡雅得体。

走在巴黎街上，如人在画中游，而她却无心观光，途中在一家杂货铺买了一把短刀，贴身藏好，径奔目的地而去。"人民之友"的住所不难打听，中午时分，科黛已站在科德利埃大街20号的公寓门前，她求见马拉，却两次都被拒之门外。此时已近傍晚，如果她这时选择放弃，或许此后的历史会完全不同。但偏偏科黛是个性子倔强的姑娘，不达目的誓不罢休，又过了一会儿，她趁门房不在，溜进公寓，径直来到马拉的房前叩门。

门启处，一个妇人站在那里，看起来年岁比科黛略长，个子很高，瘦瘦的身材却长了一张圆脸，灰色的眼睛盯住科黛打量。此女名叫西蒙娜·埃夫拉尔，时龄三十岁，本是法国中部勃艮第地区图尔人氏，几年前和两个亲姐妹一同来巴黎讨生活。她的一位姐夫是马拉的追随者，西蒙娜也由此认识了马拉。虽然当时的马拉无钱无势又长成那个样子，还正在四处躲避追捕，西蒙娜却为他激昂敢言的范儿所倾倒，甘心与他一道东躲西藏，照顾他的生活起居，无微不至。在同居了两年后，马拉一天工作之余，将西蒙娜叫来，宣布娶她为妻，以天地万物为证。于是，没经过任何宗教或世俗的仪式，她就成了马拉夫人。马拉的病情严重起来后，西蒙娜加倍悉心照料，和他们住在一起的还有马拉的妹妹阿尔贝蒂娜。这天，西蒙娜已从后者那里得知有个陌生女子来访,当科黛敲开房门,女人的直觉让西蒙娜感到来者不善。她以马拉身体不适为由想支走科黛,志在必得的科黛却争辩着说,有重要事宜必须面禀"人民之友"。两个女人声音越来越高,直传到屋内,忽然,马拉的声音自内室响起:"请让她进来!"

自从离开国民公会,马拉就将办公地点搬到了自家浴室,他几乎整天泡在一个大木浴桶里。水是医生特别调配的,掺入了各种草药和矿盐,温水的浸润让他饱受病痛的肢体感到舒适。不过马拉并不因此倦怠,他是个工作狂,通常一天中"仅用24小时中的2小时睡眠"[1],如今在家休假式治疗,仍保持着高工作强度,即便泡在浴桶里,也对不时来访的汇报者积极接待,吐哺握发,惧失于人。他做出的批示,很多都直接决定着某些人的生死。科黛中午的来访,马拉已隐有所闻,似乎这个女人要汇报的是关于流亡卡昂的吉伦特党人的事情,这正是他十分感兴趣的。于是,马拉在浴室里发话,要西蒙娜放行,后者只好不太情愿地将科黛引入,关门退出。

终于,想"看一看魔鬼"的姑娘站在了"魔鬼"的面前。她四下环顾,浴室狭小,墙上挂着法国地图,一只靴子型的木制浴桶占据了大半空间。浴桶上铺着一块木板,盖着墨绿色的台布充当书桌,旁边椅子上堆放着一摞书籍文件。马拉就坐在浴桶里,露出上半身,手持纸笔,头上包着一大块白色毛巾,浴室中飘出阵阵刺鼻

---

[1] 威尔·杜兰《拿破仑时代》。

的醋味。科黛不自主地微微颦眉，几乎同时，她感到两道犀利的目光穿透水汽迎面射来。顺着目光，科黛看到了马拉那双暗灰色的眼睛，那眼睛因常年熬夜而布满血丝，似乎透着狂热，而他的声音却很平淡："您有什么事要报告，女公民？"

科黛按照早就想好的台词，回答说她是来检举在卡昂的吉伦特党人的阴谋，并且说出了一些名字。大概是由于紧张，科黛说得不太流利，因为据记载，他们这次对话持续了足有十五分钟[1]。而马拉似乎未觉有异，清算政敌是他最为热衷的。几乎是带着垂死病中惊坐起的精力，他用鹅毛笔将人名一一记下，满面喜色。待科黛说完，他赞许地向她保证："这些人几天之内就会全被送上断头台！"

马拉一定想不到，这句话其实宣判了他自己的死刑。

在想象中，为某种崇高目的手刃奸恶，这很容易，而真正面对这个活生生的人，要夺取他的生命，则是另一回事。毕竟科黛只是一个年轻女孩，杀人对她来说几乎是不同次元的事，虽然早已盘算好，事到临头仍不免踟蹰。她面对着这个全无防范的病夫，十五分钟没有下手，或许就是因为这种迟疑。若是继续僵持逡巡，或许她的勇气也会再而衰、三而竭。而正是马拉这句话，让她下定了最后的决心——这人果然是个嗜血的魔鬼，身在病痛中，想的却还是如何杀人！陡然间怒意升腾，科黛的疑虑一扫而光，眼前这人已不是具体的生命，而是她所痛恨的一切混乱与暴力的化身。忽然她探手入怀，

---

[1] 列万多夫斯基《马拉传》。

同时运足全身气力疾步趋前,寒光一闪,马拉的胸膛上多了一把刀子。

这是一把普通的餐刀,售价四十苏[1],连同乌木的刀柄,全长仅十五厘米,但刃口开得格外锋利。一刀中宫直进,马拉毫无防备,刀尖刺进赤裸的胸膛,以无厚入有间,直没至柄。业余杀手科黛的这一刀却具有十足的专业水准,刀尖接连刺破了肺叶、动脉、左静脉,直抵心脏,忽觉心口一凉的马拉此时才意识到发生了什么,胸腔里的血开闸一样喷出,力气和神志也随之飞速丧失。死之将至的恐惧征服了这个向以勇气见称的人,马拉用最后的气力发出一声惊惧的、甚至是丢人的嘶喊:"快救救我!亲爱的朋友……"

几个女人循声赶来,有西蒙娜、她的妹妹凯特琳·埃夫拉尔,以及马拉的妹妹阿尔贝蒂娜。当她们破门而入,马拉已经气绝,血流满了浴桶。

这一刀也耗尽了科黛的勇气,她呆立一旁,刚才那一刻复仇女神附体般的毅然决然已经消退,她变回了一个普通女孩,只剩下满脸的愕然,怔怔看着马拉的尸身。女人们呼天抢地的哭号响在耳边,却又似很遥远,大脑空白的科黛任由她们扑上来拉拽撕打。很快也有闻声赶来的邻居加入战团,他们抄起屋内家具劈头乱打,为"人民之友"报仇。科黛的胸衣被扯破,他们从中搜出了她一天前写就的《告法国人民书》。

随后宪兵赶来,解走了科黛,否则她很可能会被愤怒的群众当

---

[1] 法国辅币,一法郎等于二十苏。

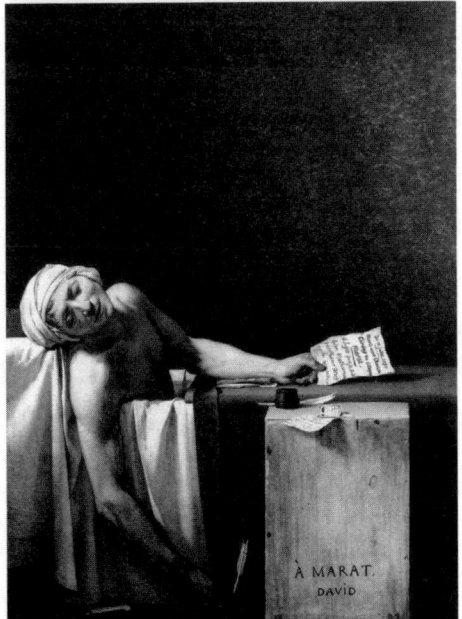

上图：法国画家保罗·波德里的画作《刺杀马拉之后的科黛》

下图：法国画家雅克－路易·大卫的画作《马拉之死》

场打死。

接下来科黛被囚禁候审，马拉遇刺的消息在巴黎城中飞速传播，虽然此时已是晚上八点多的光景，还是有大批市民闻讯赶来。其中有马拉为数不多的朋友之一，雅克－路易·大卫，大画家悲愤莫名，现场画下素描草图，并以之为蓝本创作了那幅名作——《马拉之死》。画面中，他为马拉配上了耶稣受难般圣洁安详的表情。

7.

现在，等待裁决的是科黛的命运。13日当夜她被羁押，两天后，被移交巴黎自治会附属监狱，显然，此时案子已由刑事杀人案被改而定性为现行反革命大案。

不过在这座监狱里，科黛的境况反而好转了一些，她获准写信。给久别的父亲写了一封简短家书，请他原谅自己"擅自安排了人生"。之后，她又向巴尔巴鲁写信诀别，尽管已自知必死，她的信中仍难掩得手的欣喜："我打倒了一个大罪人，两天以来，我享受着平静，国家的幸福就是我的幸福。"

次日一早，科黛被押上法庭，鉴于她"罪大恶极"，她求助的几位律师都拒绝为她辩护，革命法庭临时为她指派了一位来旁听的律师肖沃·拉加尔德。不想这位仓促上岗的律师却十分尽责，力图将案件拉回刑事层面，而非上升为政治事件，已决心借此大做文章的法庭不得不十分恼火地叫停了他的陈述。

此时在场诸人不会想到，几个月之后，也是这位死磕到底的律师拉加尔德，因为在给玛丽王后做辩护时表现得太过雄辩，竟被无言以对的法官当庭下令逮捕。

科黛本人在法庭上的表现，倒比控辩双方都沉静得多，她对刺杀马拉供认不讳，称这是"为了平息一切混乱，杀死一个马拉可以拯救数十万法国人"。她坚持认为马拉应为"九月大屠杀"负责，虽拿不出证据，却声称这是"整个法国的审判"。法庭指控她是保王党，她轻蔑地回答说："早在革命之前我就是共和主义者了。"

各种讯问她都从容对答，直到审判长蒙塔内问出最后一个问题："您认为自己杀了所有的'马拉'吗？"

"杀死马拉，会震慑下一个马拉……"忽然科黛停顿了一下，大概就在这一秒钟，她第一次对自己的作为产生了疑虑。片刻过后，科黛低头嗫嚅："或许会吧……"

已经没有时间留给她继续思考，这场审判只进行了一刻钟左右，结果其实在开庭前就已注定，毫无意外地，科黛被判处死刑，就在7月17日当天下午行刑。

科黛被押回牢中做刑前准备，她拒绝了神职人员的帮助，理由是他们效忠革命政府，这已在事实上背弃了基督教教义。同时，她欣然接受了画家让-雅克·欧埃为她画像。不出片刻，负责行刑的桑松带手下到狱中提人，按例剪去科黛的长发，让她换上鲜红色的粗布囚服。因为她杀死了"国父"马拉，所以必须穿上这种象征"弑亲罪"的服色。

科黛被押赴刑场，为她画像的画家欧埃尚未完成画作

中午时分，囚车上路。此时科黛刺杀马拉一案早已耸动全城，巴黎的老少爷们儿顶着三十多度的盛夏高温赶来围观，沿途万人空巷。革命法庭的庭审记录将科黛描绘为粗鲁无礼的悍妇，但更多目睹了科黛形貌的人却为她着迷。不止一位在场者称，一瞥之下，自己就爱上了科黛。更有人略带夸张地写道："当发疯的人群和成群的泼妇以叫嚣喧哗来迎接她的时候，只要她美丽的眼睛一扫，他们便刹那间安静下来。"[1]

大约下午六点，游街半日之后囚车抵达了终点站：革命广场上的断头台。巴黎人半年前在这里见证了路易十六之死，此刻他们又

---

[1] 贝纳尔·勒歇尔伯尼埃《刽子手世家》。

早聚得满满,等待新的流血狂欢。

人群目光汇集处,科黛面含微笑,好像很享受这种"从容就义"的感觉。途中一场突如其来的大雨,将她全身淋透,鲜红的囚服紧紧裹住她的躯体,线条毕现,这样的造型更让围观者震撼。一被除下脚镣,科黛就快步登台,伏在断头机的闸刀下,似乎迫不及待赴死,这令桑松都不觉动容。随着他的示意,助手费尔明拉动开关,人头应声而断,滚落台下。

残阳如血,围观的群众又爆发出庆祝节日般的欢呼,毕竟这是他们久已习惯的娱乐项目。一位名叫勒克鲁的无赖汉抢上前来,他是马拉的铁杆支持者,一早占据了有利位置,此刻他提起科黛的首级,一边叫骂,一边猛力掌掴。

高台上的桑松后来回忆说,他好像看见科黛那颗被提起的头,忽然面上泛起晕红,仿佛显出怒容。

8.

马拉和科黛的死讯,都传到了卡昂。

避居此间的吉伦特党人非但没有为大敌之死而欣喜,反而大为惶恐。因为他们知道,马拉的死已陷他们于不义,也让政敌掌握了绝对的道义资源,可以顺天应人地发起对他们的清算。

卢韦、佩蒂翁,包括巴尔巴鲁,都痛责科黛的鲁莽。卢韦说,如果科黛行前征求他们的意见,他们绝对会阻止她。而且,他们认为从马拉的病情来看,他本就来日无多,根本不需对他下手。

只有寥寥几人对科黛表示认同,另一位流亡的吉伦特党要人皮埃尔·韦尼奥评价:"她将我们置于死地,但也教会我们如何光荣牺牲。"

据说这句话后来被作为墓志铭,刻在科黛的墓碑上。

不出所料,恐怖就此降临。7月26日,作为革命的专政机构,公安委员会获得国民公会授权,逮捕可疑分子。次日,罗伯斯庇尔入职公安委员会,推行简单高效的"雅各宾专政","以革命的恐怖对付反革命的恐怖"。而所谓"反革命",很快成为"口袋罪",网罗了几乎一切反对派。此后两年间,"恐怖主义"成为官方政策大行其道,法兰西全境的断头台飞速运转,刑人如恐不胜。

作为重点镇压对象,巴尔巴鲁、佩蒂翁等本文中提到的诸位吉伦特党要人,几乎都在这段时间被处决或自杀。1793年11月8日,罗兰夫人被押上断头台,临刑留下悲怆的名言:"自由自由!多少罪恶假汝之名而行!"

罗伯斯庇尔画像

这段年月,后来被称作"恐怖统治时代",法国人马丁·莫内斯蒂埃的《人类死刑大观》中,为之开列了一份成绩单：

1792—1795年，资料表明，有13800～18613人审判后被送上断头台处死，其中2794人是在巴黎被处决的。在此基础上，还应加上约25000人，他们未经审判就被断头。因此，大革命时期共有38000～43000人被送上了断头台。其中有：

前贵族：1278人，其中妇女750人；

劳动妇女和手工业者：1467人；

宗教信仰者：350人；

神甫：1135人；

各种地位的非贵族男人：13683人；

孩子：41人；

……

"从前有一位国王和一位王后，国王就是国王，王后就是法兰西。有人砍掉了国王的头，把王后嫁给了罗伯斯庇尔，这位先生和这位太太生了一个女儿，名叫断头台。"雨果的《九三年》，借书中人物"朗德纳克侯爵"之口如是说。

癫狂的时代里，没有人能独善其身，断头台后来也成了丹东等品行高尚的左派领袖的归宿。当雅各宾党在的热月政变[1]中失势后，

---

[1]1794年7月27日，法国共和历"热月"，故名。雅各宾党政府在政变中被推翻，罗伯斯庇尔等一百余名骨干被处决。

罗伯斯庇尔本人也充当了断头台上的祭品。

在以"自下而上的国民革命"为主要表现形式的法国大革命第一阶段[1]，群体运动的特质以及外国军事干涉的压力，使革命走势不可避免地越来越"左"，大恐怖的降临几乎是势所必然，但马拉之死，仍是重要的触发原因之一。马拉一生追求"正义"，可惜从不曾真正窥其门径，忽略个体而谈群体，忽视程序而谈正义，这或可为社会解一时之便，但最终必将与真正的正义南辕北辙。马拉本人幸运地"向使当初身便死"，在史书上多少保留了一些正面形象，而从那时起直至今日，后来者却见惯了以种种崇高名义发起的浩劫。

回想科黛在法庭上那一瞬间的失语，不知她当时是否已有所悟："以杀止杀"真的行得通吗？杀掉马拉真的会让一切好起来吗？不久前，法国人不也是将路易十六视为一切的罪魁祸首吗，而"杀掉暴君"之后，为什么反不如前呢？马拉号召法国人为了"革命、平等、自由、正义"这些光鲜而虚幻的词汇杀人，提出杀掉"五百人、一千人"以保革命，而她自己呢？"杀一个马拉拯救千万法国人"，这样的逻辑动机又与马拉何其相似乃尔？"下一个马拉"，不正在她本人的内心滋长吗？

或许，"马拉"从未真正死去。

---

[1] 一般以 1789 年革命爆发到 1795 年督政府建立为起止标志。

IV.

总统的保镖是靠不住的
——约翰·布思刺杀林肯

时间 /1865 年 4 月 14 日
地点 / 美国·华盛顿
遇刺者 / 美国政治家亚伯拉罕·林肯
刺杀者 / 约翰·布思

一切还要从 1492 年说起。

那一年，哥伦布发现新大陆，自那时起，来自欧洲的"枪炮病菌与钢铁"就源源涌进，不但让美洲原住民几近灭绝，还把另一块倒霉的大陆非洲也拖下水。15 世纪起，欧洲人到西非购买或抓捕黑人，输入美洲充当劳动力，很快，从加勒比的庄园到安第斯的矿坑，处处可见黑奴的身影，手胼足胝，寒耕热耘。

16 世纪末，英国人涉足美洲，1607 年英国在北美大陆建立第一块殖民地——詹姆斯敦。十二年后，首批十九名黑奴被运抵此地，而此时被追认为美国始祖的五月花号，还停泊在英国的某个港口里等待出航。

由此看来，非裔美国人的历史几乎和这个国家一样久长，但奴隶的身份，让他们长期处在被轻贱和无视的地位。即便当19世纪美国早已独立并发展成为世人眼中的"灯塔之国"，他们仍被遗忘在灯下的暗影里，万古长如夜。

1.

1828年，路易斯安那州，新奥尔良市。二十几年前，通过超值的"路易斯安那购买"[1]，这座城市被美国人收入版图。而在那之前，法国肇建者近百年的经营，早已使这里成为美国南部最繁华的水旱码头。北美洲的众河之母密西西比河在这里入海，大河亦携来成批的商船，它们载着内陆的物产，每日络绎不绝。

是年某日，一艘来自印第安纳州的平底木船顺流而至，船身造型简陋，贩运的也只是毛皮蛋禽之类的乡下土产，水手中却有一位小伙子，高高瘦瘦的身材很是惹眼。

他的年纪还不到二十岁，第一次从家乡来到大城市，目之所及无处不新鲜。很快，街边的几张招贴映入眼底，上面的字刚好能让这个没念过多少书的乡下小子看懂："高价收购黑奴""悬赏捉拿逃跑奴隶"……继而，奴隶市场的实景也呈现在他面前：身披枷锁的黑奴被驱到买主们面前，几乎不着丝缕，男人们个个肌肉累累却

---

[1]1803年，时任美国总统托马斯·杰斐逊趁拿破仑在欧洲连年征战军费紧缺之机，以一千五百万美元的价格购买了面积超过二百万平方公里的法国殖民地路易斯安那。

低眉顺眼,似是对于为奴已经低头认命;女人们则耐着羞赧,众目睽睽下袒露肢体,由人评头品足。不拘男女,为人的尊严都被剥夺殆尽。一旁的白人绅士们斯文有礼地商谈价格,轻摇折扇,神情悠闲,像欣赏表演一样心安理得地面对人类同侪的悲戚。

"这些人像狗一样被抓捕,像牛马一样被拍卖,又像罪犯一样被关押。"[1]少年悲愤难平,原本愉快的览物之情被大大败坏。此前他仅从长辈口中听说过他的出生地肯塔基州的奴隶制。据说他的父亲年轻时还曾受雇替那里的奴隶主鞭打不听话的黑奴,但在他生活的印第安纳州,奴隶制已被废除,所以这次还是他头一回目睹奴隶买卖。他不能理解的是,这种有违最起码人道的制度竟能堂而皇之地存世,尤其还是在这个宣称"人人生而平等"的国度里。而此时他可能也不会想到,当未来这种制度终于根绝时,人们谈及这段历史,总不能略过他的名字——亚伯拉罕·林肯。

2.

美国在以惊人的速度膨胀着。

19世纪初收购路易斯安那、兼并佛罗里达,领土面积翻倍,这仅是开始。1836年美国策动得克萨斯的美裔移民以武力脱离墨西哥建立"孤星共和国",又于1845年接纳其为联邦一州;1846年迫使

---

[1] 埃米尔·路德维希《林肯》。

英国放弃了西北争议地区俄勒冈；同年，发动美墨战争，1848年打败墨西哥，从后者手中夺取加利福尼亚、"购买"新墨西哥……在"天定命运说"（Manifest Destiny）的鼓动下，仅仅半个多世纪，独立前东海岸一隅的十三块殖民地变成横跨整个北美大陆的庞大国家。

世所瞩目的外部扩张，伴随着不易察觉的内部裂变。割裂这个国家的，就是奴隶制。

奴隶制之弊，美利坚开国群贤并非不知。1776年杰斐逊的《独立宣言》初稿中曾言及黑人的平等之权，但蓄奴大户南卡罗来纳州坚决反对，该州代表以退会转而支持英军相挟，撰写小组不得不从权，将与黑奴相关的条款删去。几乎是出于同样的原因，1787年的美国宪法中对奴隶制度也语焉不详。为了维护南北联邦，奴隶制问题不断被搁置，黑人成了"统一稳定"的牺牲品，况且历代当政者中很多人也是奴隶制的受益者，因此他们所能做的仅是协调双方，延缓矛盾的爆发。就这样，权宜反成常态，原本冰炭不同炉的两种制度竟同时存在于一个国家之内。

美国独立时，北部的新英格兰（马萨诸塞、罗得岛、新罕布什尔、康涅狄格）以及宾夕法尼亚已经废除奴隶制。1804年，美国政府将宾州与马里兰的州界北纬39°43′定为奴隶与自由的分界线。倘若美国版图永远保持在当时的尺寸，南北间的平衡或许还较易维持，但新增领土带来了新的麻烦：双方都希望在新领土上推广自己的制度。

这是两种经济模式间必然的碰撞。美国南北两方的经济历来各有侧重，北方一早就尝试发展工商业，更广阔的南方诸州则坚守农业经济，以种植园为命脉。若是追本溯源，这可说是英国殖民政策的历史遗留，当年英国人希望通过限制北美殖民地产业结构，使其永远作为原材料产地，这曾是美国人起而反抗的原因之一。但独立自主后，美国人并没有改弦更张，尤其是南方。这是因为，工业革命几乎和美国独立运动同步兴起，纺织业最先受惠，产能飞升。作为原料，种植园出产的棉花供不应求，凭借优越的气候、地理条件，以及大规模奴隶劳动的人力成本优势，美国南部在19世纪初垄断了世界四分之三的棉花供应。坐拥"白色金矿"的庄园主们自然无须费神考虑产业升级、制度改良之类的问题。

北方正相反，同是搭工业革命的便车，他们更看重的是大势。北方的资本家们意识到，工业必将取代夕阳化的农业，成为未来的国家支柱。要发展工业，他们就需要把更多的资金投入工厂、设备，以及商业周转，而非用于奴隶购买；需要更多的城市和自由公民，来形成市场，消化他们的工业产品，而这些显然是自给自足的南方种植园经济无法提供的。

经济上的对立，以更堂皇的道德面貌呈现，北方指责南方的奴隶制残酷不仁，更有违美国标榜的自由精神；南方反唇相讥，说北方的工厂里资本家照样剥削工人，北方佬不过是五十步笑百步罢了。奴隶制既得利益者更炮制出种族主义理论，认为白人奴役黑人是天经地义的。永无休止的骂仗让南北两方始终不能真正兼容。

1820年，秉承着一贯的妥协主义，南北两方达成"密苏里妥协"，在路易斯安那等新领土上以北纬36°5'为界，南边奴隶制、北边自由制各搞各的。[1]这样一来,自由州和蓄奴州的数量大体相当,双方在联邦议会里的席位也就达成均势,可以暂且相安无事。但远见卓识如杰斐逊者,早就看出"密苏里妥协"不过是一次"缓刑",危机其实并没有消解,只是转嫁给后人,并且越积越深,养痈遗患。

"密苏里妥协"为美国带来了二十几年的平静,其间包括南方奴隶主在内,美国人也思考过黑奴们的命运和奴隶制的未来。北方人善意地寄望于奴隶制随着工业取代农业而自然消亡,宗教界也试图以说教感化奴隶主释放奴隶,更有异想天开者为了让奴隶制在美国土地上消失,尝试将黑人"遣返"非洲老家。西非的利比里亚就是当时美国组织黑人"殖民海外"的产物,这也就是这个国家名称的来历:Liberia(利比里亚)取意liberty(自由)。

但这些尝试无一成功,因为奴隶制在南方的利益链早已盘根错节,长进血肉里,虽然直接拥有奴隶者只是少数(不足四分之一),但所有南方白人都与奴隶制休戚相关——埃里克·方纳将之概括为"种族关系、家族关系、对同一民主政治文化的共同参与,以及在面临外界批评时的区域忠诚感"[2]。因此他们不能允许这种制度有一丝动摇。

19世纪40年代,新一轮的领土激增使被"密苏里妥协"暂时遏制的南北土地矛盾再次浮现。由于棉花种植极耗地力,庄园主们必须有源源不断的土地供给,才能保证经济增长,因此南方的土地

---

[1] 旧有领土上该线以北的蓄奴州制度不变。

[2] 埃里克·方纳《给我自由!一部美国的历史》。

要求更热切。俄勒冈、加利福尼亚等地从无奴隶制基础，在这些土地上建立蓄奴州是不现实的，南方便谋求在得克萨斯推行奴隶制作为补偿。通过1850年妥协案，他们如愿拿下得州，但依旧不满足，除了要求在国内推广奴隶制外，还施压联邦政府，要求通过战争在加勒比地区夺取更多的土地，用以扩充种植园。仍希望息事宁人的联邦政府在北方各州加强推行逃奴法，要求遣返逃亡奴隶，以此安抚南方，但代价却是南北对立再度加深。

1852年，斯陀夫人出版《汤姆叔叔的小屋》，迅速风靡全美。这部讲述黑人奴隶生存状况的小说，引发了读者对黑奴的同情和对奴隶制度的反思。南方人则恨之入骨，称其妖言惑众。围绕一部小说，蓄奴和废奴两大阵营的界线愈加明晰。

1854年，联邦政府再次向南方妥协，通过《堪萨斯－内布拉斯加法案》，允许北纬36°5′以北的堪萨斯州以"公投"来决定成为蓄奴州还是自由州。此举直接引发1856年堪萨斯内战，进而导致美国最老牌政党辉格党散伙，其中持废奴立场者重组为共和党。

1856年，一名将被捉回密苏里原籍的黑人德雷德·斯考特向最高法庭提起诉讼，以自己曾在废奴的威斯康星州生活为由，要求解除奴籍。经过激烈辩论，法庭于次年做出判决，斯考特败诉，且首席大法官坦尼宣判黑人不具有美国公民资格。此案举国瞩目，宣判后自由州的黑人人人自危，一些原本中立的北方白人也激于义愤，站到了废奴主义者一边。

1859年，曾参加堪萨斯内战的激进派白人废奴主义领袖约翰·布朗在弗吉尼亚州哈帕尔斯渡口发起暴动，试图以武力推翻奴隶制，事败被俘，同年12月被处绞刑。刑前布朗作遗书称："只有鲜血才能清洗这个国家的罪恶。"

此时，西半球大多数国家都已废奴，包括一些落后的拉美小国，反倒是自诩"自由平等"的美国还在坚持"特殊国情"，贻笑于欧美，更让整个国家背上了巨大的道德压力。当时，美国黑奴数量已逼近四百万，这是一个不容忽视的数字，而且民智渐开，逃亡和反抗事件与日俱增，倘若黑奴数量继续增多，怨愤继续发酵，或许未来的社会转型将以更惨烈的方式进行。

到了这一步，诚如布朗所言，美国奴隶制的存废，已难在谈判桌上见分晓。是疖子总要出头儿，这个美国与生俱来的痼疾，只能通过一次外科手术来治愈——这一切，只待一个敢于担当的人出现。

3.

1860年11月，又一届美国总统大选落幕，脱颖而出的是亚伯拉罕·林肯。

林肯是美国历史上第十六位总统，他的十五位前辈中，固然也有起于微末者，如安德鲁·杰克逊、米勒德·菲尔莫尔，但要说到家境贫寒，这几位较之林肯，应该还都算比下有余。林肯的早年生活就像一部励志小说：1809年生于肯塔基州一个穷乡僻壤。五岁时随父母迁到印第安纳州的另一个穷乡僻壤，住在自己搭建的夏暖冬凉的小木屋里。林肯九岁丧母，父亲是个不太会过日子的穷手艺人，为了生计，林肯自幼劳动，跟父亲在贫瘠的破盐碱地上开荒耕种，在狗熊出没的森林里伐木砍樵，直到十五岁才学全了二十六个字母。前面也提到过，他还曾受雇在俄亥俄河和密西西比河上摇橹撑船。那个时候，林肯二十岁上下，对一个不甘埋没于乡野的年轻人来说，这正是出门闯荡的黄金年龄，不久他便离开印第安纳。

其后的经历，可见于他本人于1858年提交国会词典编撰者的简历：

> 1809年2月12日出生于肯塔基州哈丁县。
>
> 受教育不多。
>
> 职业为律师。
>
> 曾在黑鹰战争中担任志愿兵连长。
>
> 在一个很小的邮政局做过邮务员。
>
> 当过四次伊利诺伊州议员，也当过国会众议员。

平凡的履历，并无太多过人之处，因此，穷小子林肯竟能登堂入室问鼎白宫，凭借的除了"品行、才智与勤奋"这类成功学教材的标准答案外，更有赖于当时的政治环境。

如前所述，奴隶制是当时美国最大的政治问题，每个从政者都无法避而不谈，必须亮明自己的立场。

概括说来，对于奴隶制，时人看法大致可归纳为四类：

A. 立即在美国全境废奴。

B. 保持现有蓄奴州的制度不变，但阻止奴隶制蔓延到新入盟州。

C. 让新入盟州的人民自主选择实行奴隶制还是自由制。

D. 推广奴隶制，不但要在现有领土上，更要在未来可能获得的新领土上。

选A的是约翰·布朗这种激进派，从正义原则上说，这是最优之选，但从操作层面上看，却也最难实施。

与之对应，D是南方奴隶主们的选项，奴隶制是他们身家财富所系，寸步不能让。

选C的，是当时名满全美的民主党政治明星"小巨人"史蒂芬·道格拉斯，事实上，"人民自决论"正是他自创的招牌主张。道格拉斯出身北方，他本人不喜欢奴隶制，但他认为是否实行奴隶制应由"人民"自主决定，政府不应将道德判断置于地方自治原则与个人的自由意志之上——当然，此处所谓的"人民"特指白人。

而林肯选的是B，他对黑人怀有深切同情，但身为政客，个人情感要让位于政治需要，在南北间尚有转圜余地时，他不想用"废奴"来刺激南方。为此他

亚伯拉罕·林肯

曾写道:"我不愿看到那些可怜的家伙被人捕捉,但我会闭紧嘴巴,保持沉默。"不过林肯的妥协是有底线的,他可以对南方既成事实的奴隶制听之任之,却决不允许其蔓延到现有蓄奴州范围之外。

可以说林肯和道格拉斯的主张都是基于妥协原则,但彼此倾向不同。林肯的主张是对奴隶制的堵截,对自由边界的保护,道格拉斯则相反,这两种决定美国未来走向的主张,终于演化为一场路线之争。1858年,作为新人的林肯与道格拉斯竞选伊利诺伊州联邦参议员,林肯向后者发出挑战,在伊州进行了七场公开辩论。二人都以辩才闻名,论战万众瞩目,道格拉斯巧舌如簧,但仍不免堕入林肯精心设计的一个圈套。在8月27日的第二场辩论中,林肯问道格拉斯,一个新加入联邦的州,在有宪法之前,该州居民是否有权依据多数原则在州内立法禁止奴隶制?这虽是一个假设的问题,却暗有所指,堪萨斯内战正是在类似的局面下爆发的。伊利诺伊州是自由州,选民普遍反对奴隶制,如果道格拉斯回答"No",显然会失去他们的支持;但要是答"Yes",也就意味着他承认新入盟的州中废奴派占多数时,就可以立法禁止奴隶制,这又会让南方恼火。道格拉斯知道利害,不敢正面接招,虽然他的答复也极尽机巧,但闪烁其词的态度已让南方不满,他们觉得道格拉斯是骑墙派,不再视他为自己人。参议员选举中,道格拉斯虽最终胜出,但经此一役,他与南方产生隔阂。1860年的总统大选,南方的民主党另推候选人,而失去了重要票仓的道格拉斯,这一回败给了共和党全力支持的林肯。尽管在南部十州没有获得一张选票,林肯还是以百分之四十三的得票率当选总统[1]——这也是北方选民人口优势的体现，南方一半人口是没有选举权的黑奴，拼选票哪能拼得过北方？

在奴隶制问题上，林肯的主张最大限度地兼顾了各方需要：坚拒奴隶制扩张，符合北方工商资本家利益；批评奴隶制有违美国自由精神，赢得了民众的道义支持；同时承诺不会强制废奴，又安抚了担心分裂与动荡的人。唯一切齿痛恨此主张的就是南方的奴隶主们，试想，这群认定"奴隶制即真理"的顽固派连道格拉斯"奴隶自由二选一"的主张都不能接受，更遑论要求限制奴隶制的林肯。

当林肯当选成为定局，南方蓄谋已久的改旗易帜也开始实施。和1776年时一样，捍卫奴隶制的先锋由南卡罗来纳充任。1860年12月20日，该州立法机构全票通过，退出联邦。继之，密西西比、佛罗里达、亚拉巴马、佐治亚、路易斯安那纷纷效仿。

这就是林肯入主白宫时所面对的：他的近半个国家已经脱幅而去。

4.

武装的年代，斗争的年代，

为你这可怕的年代，我不能谱出精致的韵律或写出感伤的爱情诗，

---

[1] 该届大选有四名候选人，分别是共和党候选人林肯、北方民主党候选人道格拉斯、南方民主党候选人约翰·布雷坎里奇、宪法联邦党候选人约翰·贝尔。

> 你不是一个面色苍白的诗人,坐在书桌边哼着微弱的低吟,却是一个挺着腰强壮的男子,身着蓝衣,肩荷着枪在前进着,……[1]

这是惠特曼笔下的1861年,这个"忙迫的、毁灭性的、悲愁的、动乱的年代",伴着战鼓声和火药味隆隆而至。

2月4日,林肯就职典礼前一个月,脱离联邦的六州另立山头,宣布组建"美利坚邦联"(Confederate States of America),以退伍军官杰斐逊·戴维斯为总统;3月2日,林肯就职典礼前两天,得克萨斯也宣布退出联邦,投入邦联。

林肯赴任途中如履薄冰,需要躲避半路的狙杀,即便到了华盛顿,紧张气氛也丝毫不减。地处马里兰与弗吉尼亚两个蓄奴州之间的首都像一叶孤舟,载舟的海洋满怀敌意,波涛如怒,国防部不得不调派骑兵和大炮,镇守连接国会山和白宫的宾夕法尼亚大道。3月4日,林肯的就职演讲就在这样的气氛中进行,或许是还没完全进入角色,口才出众的林肯此次发挥平平,但言辞质朴恳切。此时他仍不愿放弃最后一丝和平希望,反复向南方呼吁和解,保证政府不会攻击他们,承诺会加强逃亡奴隶法的执行。但他也软中带硬地阐明了自己的底线:"我有'保持、维护和捍卫政府'的庄严誓言要履行。"

不同于后世一些书籍中脸谱化的称颂,至少在这个时候林肯还

---

[1] 惠特曼《一八六一年》,载于《桴鼓集》。

没顾得上考虑黑奴们,更没决定扮演一个解放者。如果形势允许,他也会和诸多前任一样,容忍南方的奴隶王国自行其是。但如果这些妥协都不能挽回南方的分裂之心,林肯也做了最坏的打算。果然,南方并不理会林肯的示好,反而加紧夺占南方境内的联邦政府军事据点。南卡罗来纳港口查尔斯顿的萨姆特堡,是当时南方所剩不多的联邦军队据守的要塞,已被围困多时。林肯不许要塞守军动武,同时派船为之运输给养,双方长此对耗,南军终于沉不住气,于4月12日炮击萨姆特堡。守军很快投降,南方拔除了眼中钉,却也坐实了"衅自我开"的战争责任。林肯有了充足的理由宣布南方为侵略者,战争就此爆发。

这就是美国的南北战争,美国本土空前绝后的兵祸,伤亡远超独立战争,不需借助史籍,仅从《乱世佳人》中就能窥见其惨烈。但胜负之数,其实战前就已确定,兵员、军工、经济全面胜出的工业化北方,必然压倒农业经济的南方,虽然罗伯特·李、"石墙"杰克逊等南军良将一度制造了悬念,但他们个人的军事才能弥补不了巨大的实力差距。

作为战争的附带结果,1862年9月22日,林肯政府发布《解放黑人奴隶宣言》[1]。这本是针对南军的釜底抽薪之计,但也增添了北方的道义优势。林肯未必会想到,这个本非出于他初衷的决策,最终成就了他的千秋万世名,历史意义远在"维护美国统一"之上。

---

[1] 翌年1月1日实施,1865年以宪法修正案形式通过,禁止美国全部国土上的一切奴隶行为。

1863年11月19日,宾夕法尼亚州葛底斯堡,新落成的公墓揭幕式举行。半年前,南北两军十五万人在此决战,七千余人埋骨阿勒格尼山麓。此时公墓落成,林肯亲来致祭,并在仪式后发表演讲,这篇简短的演说稿只有二百余个单词,却因结尾处的名句名垂史册:"of the People by the People and for the People"(民治、民有、民享),林肯承诺带给美国人这样的政府,此时他在国内外的声望与形象俱臻顶峰。次年,攻入南方地盘的北军采取焦土政策,谢尔曼火焚亚特兰大就发生在这一年。战势越来越残酷,却也越来越有利于北方,是年的大选中,携军事与政治双重胜利之威,林肯高票连任。

1865年3月4日,整整四年后,又一次就职演说,林肯已圆熟自信了许多。而这轮欢庆后不久,首都又接连迎来了更大的喜讯:4月3日,联邦军进入南军毁弃的"废都"里士满;4月9日,南军统帅李将军率残部向联邦军司令尤里西斯·格兰特投降,战争结束了。

5.

人民群众总有和胜利者保持一致的本能,几年前对林肯不乏敌意的首都,此刻全城欢庆,分享他的胜利。4月10日,李将军投降的次日,华府已是一派节庆景象,入夜,礼炮鸣响焰火丽天,酒吧里管乐声动觥筹交错,人们喝到眼花耳热,更有成群的市民举着火把满城游行。

灯火阑珊处,却有一人面沉似水,与周遭的狂欢格格不入。冠盖满京华，斯人独憔悴。

如果此时有人向他阴郁的脸孔投来一眼，或许会认出，这不是一张无人知晓的脸：白面有须，五官精致，透着一股忧郁气质。这张脸属于一个公众人物——话剧演员约翰·威尔克斯·布思。

布思家族，一个蜚声英美的戏剧世家，家族的名声来自约翰的父亲朱尼厄斯·布思。他生于伦敦，祖籍葡萄牙，在英国时已因演艺事业而小有名气，有妻有子。但在某次演出时与一个女粉丝玛丽·安一见钟情，不久后抛妻弃子，与之私奔至美国。于是，一场奋不顾身的爱情，一次说走就走的旅行，诞下了约翰在内的布思兄妹十人，约翰排行第九。

1838年，约翰·布思生于马里兰州巴尔的摩南郊的一处庄园，作为星二代，自小生活条件优渥，母亲对他尤为溺爱。当时老布思已人到晚年，酗酒成性，时常精神错乱。当老布思神志清醒时，则会变成一个严苛的素食主义者，说杀生是罪恶，吃肉更是罪恶，对于正在长身体的约翰，也不许他碰一点荤腥。这激发了约翰的逆反心理，他时常在父亲不察时虐杀猫狗。又过了几年，老布思陷入与亲戚的债务纠纷，家境渐渐衰落。

约翰·布思

母亲的娇惯、父亲的乖张、家道的起落，这样的童年环境，给约翰的心理健康造成了伤害。他虽与父亲关系并不融洽，但自小耳濡目染，还是继承父业，当了演员。二十一岁那年约翰·布思登台演出，凭着家族的业内背景，初时顺风顺水，但评论界很快将他的表演与其父及另外两个更早从艺的兄长进行比较，指摘他戏剧基本功不足。布思也终被定位为偶像派，人红戏不红。这令自视甚高的布思倍感困厄，父亲的盛名反成负累。有的书据此分析认为，布思性格里埋藏着弑父情结，仇视权威，这是促成他此后行为的内在原因。

骤得骤失的生活经历让布思越发急躁偏执，喜欢与人争执，没有沟通的耐心。在当时美国社会的头号问题奴隶制上，布思是坚定的蓄奴主义者。在艺人避谈政见的风气下，他却直言不讳，并且演出过讽刺约翰·布朗之死的芭蕾舞剧。舞台下他也会寻找任何机会抨击废奴主义，听到不同意见必争到面红耳赤，甚至为此当众动手打过他的亲姐夫。这和他出身蓄奴的马里兰州有关，而据说他童年时还目睹过一个逃亡黑奴杀死主人，死者正是他一位同学的父亲。[1]

1861年，林肯赴任华盛顿，途经纽约州首府奥尔巴尼。正好布思在当地演出，火车站上的匆匆一瞥，让布思记住了这个奴隶制的大敌，自此，每欲除之而后快。紧接着南北战争打响，布思被母亲劝阻，没有投效南军，但据说他为南军做过间谍。南方的每一次失败，都使得布思对林肯的仇恨加码。在南方，和他拥有一样心境者不乏其人，他们很快彼此吸引纠集，结成若干旨在对付林肯的半官方秘密社团。布思是他所在团体的骨干，他们有个异想天开的计划：绑

---

[1] 唐纳德·胡克《历史上的狂人》。

架林肯。当时战事临近尾声，格兰特将军颁令，停止与南军交换战俘，这让本就兵员紧缺的南方更陷入人荒，败局已定。布思一伙试图通过绑架林肯来迫使格兰特释放南军战俘，进而扭转乾坤。林肯习惯在华盛顿夏季高温湿热的时候独自乘马去郊外的疗养场所"士兵之家"消夏，这是布思一伙的可乘之机，他们已探得了路线，却一拖再拖，错过时机，他气得大骂同伙无能。后来布思又设计了一个更高难度的计划：在剧院里绑架林肯。凭着在华盛顿各大剧院的关系网，他已经着手布置。但同伙们都认为他疯了，无一援手。就在这时，战争结束，也就是说，布思的计划失去了意义。

党羽大半散去，布思却仍不死心。

4月10日晚上，白宫门前。混迹于游行队伍中的布思，再次远远地看见了林肯消瘦的脸。总统出现在白宫二楼阳台上对支持者致意，他的发言简洁低调，没有胜利者的骄矜，更没如民众期待的那样表态"惩治南方叛国者"。但这丝毫不能减少布思对他的憎恶感，遥望着林肯，布思忽然一个念头冒起：既然已无法抓获他，何不干脆——杀了他？

6.

19世纪的白宫守卫，松懈得足以令今天的恐怖分子扼腕叹息生不逢时。林肯早在伊利诺伊候任期间，就习惯了各色人等的造访，他们或是陈述政见以求采纳，或是更直接地索要官职，或仅仅是表达粉丝对偶像的仰慕与支持。访客中真能如愿者微乎其微，但林肯总认为，至少应该给他们机会表达。入主白宫后他依然保持着这种习惯，来访者不绝如缕，一些道儿远的当天不能获得接见，甚至被默许睡在白宫一楼的走廊里。

由是产生的安全隐患显而易见，安保人员头疼无比。林肯却好像不以为意，拒绝保镖的贴身护卫。其实危险并非没有预兆，这几年战争期间，每天数百封寄给林肯的信件中，有相当一部分是诅咒他去死，甚至威胁要杀死他的，以至于林肯已将这视为一种很常规的问候。在这件事上他表现得像是一个宿命论者，一方面迂阔地相信南方的敌人也具有"绅士品格"，不会采取不光彩的暗杀手段；另一方面又觉得，如果这是命中注定，那不如索性随它去吧。他曾说过："要是真有人试图杀我，那他就能做到，我穿着盔甲带着卫队也没用，想杀一个人，办法多得是。"

很难说这是一种超脱，还是无奈。

尽管对别人的安全警示充耳不闻，林肯却不能不顾及他的夫人玛丽，后者总要求他随身带一根手杖防身，或许是参考了当年安德鲁·杰克逊总统用手杖制服袭击者的事迹[1]。林肯也总会尽可能地照办，即使内心并不以为然。

玛丽·托德-林肯

---

[1]1835年1月30日，劳伦斯在华盛顿袭击时任总统杰克逊，因枪械故障未遂，被后者以手杖击倒，是为美国历史上首次袭击总统事件。肇事者劳伦斯事后被宣布患有精神病。

玛丽·托德－林肯，林肯的结发之妻，比林肯小九岁，并且早在他发迹前的贫寒时期，就放弃了优越的富家小姐生活，不顾家人反对与之交往。门第的差距让林肯一度想要放弃，玛丽却义无反顾，几经波折，1842年两人终成眷属。穷小子迎娶富家女，仿佛苦情基调的励志小说中途换了作者，竟插入了这么个言情小说里才有的俗套桥段。但生活不同于小说，不能写到这里就一句"从此以后他们幸福地生活在一起"将美满定格。随着光阴流逝，当年为爱奋不顾身的姑娘变成一个中年悍妇，敏感易怒又爱慕虚荣，喜欢摆出第一夫人的派头。1862年玛丽与林肯的二儿子威利染伤寒去世，此前在1850年他们三岁的幼子爱德华夭折，人到中年悲剧重演，这回玛丽彻底被击垮。她患上了头痛顽疾，发作时大吵大闹，几近神经质，有时甚至会失态地指责林肯的同僚及其眷属。同时，她选择了通过购物来排遣忧愁，花钱毫无节制，这让本不富裕的林肯难以负担，1864年连任竞选时，甚至到了不能成功连任就会破产的境地。

外有强敌内有悍妻，这是真正的内外交困，林肯也不是后辈肯尼迪、克林顿，没什么红颜知己可供他寻求慰藉，压力与苦闷可想而知。或许这可以解释为什么他格外珍视独处独行的机会。不过对于玛丽，林肯倒是始终如一，威利之死对他也是沉重打击。并且当时他忙于国事，不能与玛丽一道分担丧子之痛，因此一直深觉有愧于妻子和家庭，对玛丽的脾气和挥霍也就更加迁就，尽可能听从她，包括携带那根手杖。

现在战争结束了，对林肯来说，除了国家百废待兴外，他们夫妻间的关系也亟待修复。为此，他规划了一个惬意的星期五：4月14日，下午，与玛丽一起乘马车兜风；晚上，带她去福特剧院看一出剧，名伶劳拉·基恩主演的《我们的美国表亲》，雅俗共赏的轻喜剧最适合放松心情。这都是玛丽喜欢的休闲方式，林肯打算以此补偿这几年中缺失的天伦之乐。同时，要昭示国人战争已胜利、秩序已恢复，又有什么比"总统夫妇公开出席娱乐活动"更好的政治宣传呢。

然而真的到了4月11日这一天，林肯却有些心绪不宁，脑中不断回想着昨夜的梦境。他梦见自己在一艘造型怪异的大船上，驶向被一片雾霭笼罩的远方。不知是不是早年的水手经历使然，林肯不止一次梦到过这艘船，而几乎每次这样的梦，都伴随着大事发生，比如葛底斯堡战役。这一回的梦又意味着什么呢？林肯的同僚和属下无人能解，而当他后来对玛丽讲起，这个女人听到一半便又发出神经质的喊叫："求求你别说了，这太可怕了！"[1]

似乎她已看到，林肯乘坐的是航行在冥河上的渡船。

7.

约翰·布思正在着手将林肯的噩梦转化为现实。

虽然白宫方面没有公开林肯的日程安排，但"总统夫妇光顾"这样难得的宣传噱头，福特剧院自然不会放过，很快消息就传遍了

---

[1] 比尔·奥瑞利《刺杀林肯》。

当时还很小的华盛顿全城。

听到风声的布思大概会觉得如有神助，半年前他曾在福特剧院连台演出两星期，对剧场的一切再熟悉不过。之前他还设想过在这里绑架林肯，那个计划的流产让他懊恼不已，想不到现在机会竟然失而复得。布思仿佛打开了灵感之门，豁然开朗，此时这个演员变成了剧作家，不断扩充润色着他心爱的剧本。男主角当然是他本人，他为自己的角色加足了高光戏份，不但要一击必中，还要全身而退，为此他安排了逃跑的马匹、路线，以及逃亡途中的落脚点；不但要事了拂衣去，甚至不甘深藏功与名。他心中默默过着《我们的美国表亲》的剧情，决定选舞台上演员最少的时候动手，以便得手后跳上舞台，吸引最多的目光。可能的话，他还想在舞台上停留片刻，让灯光照在自己身上，喊句口号，来个造型，为此他还准备了一把不可能派上实际用场的匕首作为道具，就像布鲁图刺杀恺撒时用的

左图：福特剧院外景
右图：福特剧院内的林肯包厢

短剑。总之,他要让全世界都记住约翰·威尔克斯·布思这个名字。

除了他本人担纲主演的"手刃大暴君"高潮戏份外,布思还设计了几个分场景,交给他挑选的配角们:大卫·赫罗尔德,华盛顿本地人,乔治敦大学毕业生,和布思一样是有自己主见的亲南方者;刘易斯·佩恩(本名刘易斯·鲍威尔),一个头脑简单四肢发达的家伙,布思组织中最听命于他的人。以上二人负责刺杀卧病在床的国务卿威廉·苏厄德。乔治·阿特罗奇特,一个德裔修理工兼走私客,熟悉华盛顿通往南方的各条路线,为人贪财,平日嗜酒如命。布思曾许以重金拉乔治入伙,让他负责在绑架林肯后用马车将其运往南方。此时布思为他安排了新戏份:干掉副总统安德鲁·约翰逊。而布思自己,刺杀林肯之后,可能的话再捎上格兰特——当听说格兰特将军将于4月13日来华盛顿述职后,布思兴奋地将他也写进了暗杀名单。上述刺杀对象都是布思心目中林肯的帮凶、伤害南方的罪人。不知为什么他漏掉了同样在战争中发挥重要作用的战争部长埃德温·斯汤顿,由此甚至造就了一桩历史悬案:一直有人试图证明这位部长与刺客们存在某种关系。

4月11日晚上,布思带着几个同伙来到白宫前,听林肯的演讲,似乎想以此激发他们的仇恨。当时,暗杀计划还只存在于他的脑子里,他没对任何人说知。他享受着这种导演般一手掌控全局的感觉。还有两天时间,布思潜入福特剧院,到总统包厢熟悉地形,剧院老板用一面巨幅星条旗和华盛顿画像装点着这个包厢,极易辨认。然后布思又赶赴纽约和马里兰老家,试图再找几个帮手,但没什么人愿意加入他疯狂的计划。

4月14日,星期五,晴好的天气、还未散去的胜利喜悦,加上周末,冲淡了这个日子的悲怆——这一天是该年的耶稣受难日。林肯夫妇在午后乘着马车出游,心情大好。虽然第二个任期才刚刚开始,但林肯已经在憧憬他的退休生活。在伊利诺伊,他和朋友合开的那间律师事务所还在挂牌营业,林肯盘算着将来重操旧业。而除了政治以外,他们还需要走出威利早逝的阴影。林肯和玛丽商量,假期去耶路撒冷朝圣。总之,今后一定要尽量开心一点。

然而,当他们尽兴而归,林肯立时又被拉回俗务中,先后几拨人求见,直到晚上八点左右,福特剧院的戏已开始,林肯才在玛丽不耐烦的催促下启程。格兰特已在上午向他辞行,以思乡心切为由谢绝观剧邀约,回新泽西的家中去了。其实这里面还有一层不便言明的原因,格兰特太太茱莉亚和玛丽关系紧张,她受不了玛丽的架子和喜怒无常。几乎出于同样的原因,其他的受邀者也纷纷婉拒了邀请,包括林肯刚从前线返回的长子罗伯特。而负责首都治安的华盛顿警察局长沃德·拉蒙,不久前去了里士满公干,也无法陪同,行前他还曾强烈建议林肯不要贸然去公众场合。倒是玛丽请到了外交官亨利·罗斯本少校及其未婚妻克拉拉。这位小姐是玛丽在华盛顿官太太圈子里难得的知交。于是没有任何排场,总统专用马车去接了宾客后驶往福特剧院,两名骑警随行护送,抵达剧院后便收工回家,散场时由另一组人来接。此时林肯身边唯一的保卫力量就只剩了一名警员,约翰·帕克。

或许难以想象，此人并不是电影里那种一夫当关的精英特工，相反，他像是实在无处可去才混进总统保镖团队的。内战初期帕克曾短暂从军，三个月后就回到华盛顿，借警察局扩编之机改行当了警察，几年来劣迹斑斑，辱骂市民、顶撞上司、酗酒宿娼无所不为。但或许是由于战时人手紧缺，数次被投诉的帕克仍得以留在警队。1864年底林肯终于同意组建总统警卫队，帕克也报了名，他竟然被录用了，成为林肯身边的四名警卫之一。通常他的职责只是每晚当林肯就寝时在其门外站岗，即便这是个简单任务，他还经常迟到早退。但由于前述的林肯对安全问题的看法，帕克的疏懒一直被默许。今天晚上林肯出来观剧，他的值勤地点也就从白宫换到了福特剧院总统包厢外的走廊上。不过出于一贯的散漫，帕克还是那样心不在焉。

林肯等人走进剧院二楼预留的总统包厢时，台上已经演到第二幕，演员和乐队中断表演向总统致敬，现场掌声雷动，这令林肯有些不自在，他不喜欢喧宾夺主。不知是不是这个插曲分散了注意力，原本该从里面锁上的包厢后门，也就只是虚掩着。

剧场很快恢复正常，演出继续，林肯也和大家一样沉浸在剧情里。包厢外，百无聊赖的帕克呵欠连天，他对节目毫无兴趣，眼见现场太平无事，他决定到剧院外的酒吧喝两杯提提神，走到门口时，还顺便叫上了等在车上的马车夫。

唯一的警卫擅自离岗，林肯被丢弃在了剧院里——总统的保镖是靠不住的。

约翰·帕克走进酒馆，丝毫没注意到和他擦肩而过的另一个约翰：约翰·布思。

  这天下午布思才召集同伙，部署各自的任务。听说要刺杀总统，阿特罗奇特吓得要退出，但布思一番威逼利诱，他终于答应。当时是下午五点左右，布思盘算着距他设计的最佳动手时间还有四五个小时，他索性来到福特剧院边上的酒吧痛饮，为自己壮行。

  在福特剧院的舞台上，他扮演过理查三世、罗密欧、夏洛克、叛教者尤里安，但今天他要演的，是真实版的"刺杀暴君者马可·布鲁图"。他曾随两位兄长演过莎士比亚的《朱利乌斯·恺撒》，当时他只能扮演配角马可·安东尼，而今天以后，或许他的形象就将和布鲁图一样，被无数后人在舞台上重现，这令他越想越激动。酒吧里不乏熟面孔，看见一位福特剧院的小提琴师威瑟斯，布思忍不住与之攀谈，并吹嘘自己将是美国历史上最伟大的演员。威瑟斯指出，令尊的成就恐怕难以超越。在以往，这是布思最烦听到的话，但今天他没有发火，而是暗藏玄机地答道："当我再次离开舞台，我将成为全美国被谈论最多的人。"

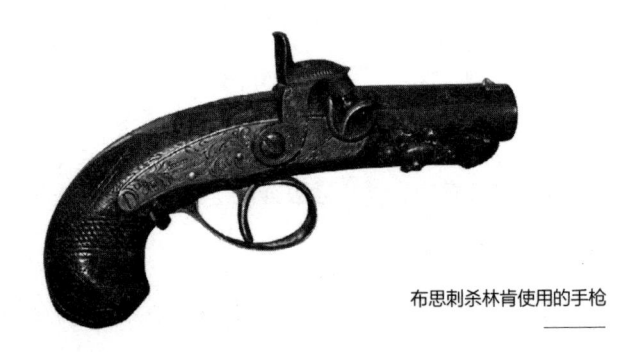

布思刺杀林肯使用的手枪

布思刺杀林肯

晚上十点，布思估算着，台上已经接近第三幕的高潮，是他出场的时候了。地头熟，人头更熟，布思没费什么力气就混进了剧院，径直走向二楼的总统包厢。

帕克还在流连酒盏，包厢外空无一人，布思需要做的仅仅是走过去冲林肯的后脑开上一枪。他的枪法一向不错，但这次为了追求杀伤力，布思准备的是一把点44口径单发枪，只有一颗子弹，他必须靠得更近。布思一步步靠近，没有人拦阻或盘问，顺利得让他不敢相信。此时演出已入佳境，透过包厢门缝窥去，林肯的背影微微前倾。可以想象，他的视线已被台上的表演牢牢牵住，对逼近的危险浑然不觉，后半身门户大开，几乎像是对布思发出邀请。

忽然，全场爆发出一阵哄笑，这正是布思等待的最佳时机，一声短促沉闷的枪响混杂进笑声里。起初几秒没人意识到发生了什么，随后就听见总统包厢里传出女人尖锐的惊叫声，撕心裂肺。紧接着一声巨响，一个人从包厢跃下，落在舞台上，似乎摔伤了腿。这个人一边拖着伤腿向下场门方向奔逃，一边举着刀子转过头对观众们喊了一句什么话。

据在场者事后回忆，那句话好像是"Sic simper tyrannis！"这是一句拉丁文，也是弗吉尼亚的著名格言，意为：这就是暴君的下场！

8.

"子弹从后枕骨穿入大脑，位置大约离大脑中线一英寸，刚好位于横窦上方。随后子弹穿透硬脑膜，从大脑的左后叶穿过，进入左侧脑室，正好停在左纹状体上方的大脑白质中。"后来的尸检报告上这样写着。

布思的子弹几乎贴着林肯的耳根射进了他的大脑，伤重不治。惊觉过来的罗斯本扑向布思，但被他手中的匕首刺伤，布思跳上舞台跑出剧院飞马逃离。除了不慎摔伤了腿外，他的整个计划几乎完美实现。

但同伙们就没这么顺利了，形同屠夫的佩恩冒充医务人员，一进入苏厄德家就露了馅，搏斗中刺伤了苏厄德的儿子等四人后逃走，国务卿本人脸上被划了一刀，所幸并不致命。本该接应佩恩的赫罗尔德看见事情有变，就扔下佩恩自己逃命去了。至于阿特罗奇特，喝了一下午的威士忌仍壮不起胆子，干脆自作主张放弃了刺杀副总统的行动。

林肯被送出剧院紧急施救，但他的伤势非药石可及，没经过太久的弥留，便溘然长逝，享年五十六岁。

> 啊，船长！我的船长！我们可怕的航程已经终了，
> 航船闯过了每一道难关，我们追求的目标已经达到，
> 港口就在前面，钟声响在耳边，我听见人们狂热的呼喊，
> 千万双眼睛望着坚定的船，它威严勇敢；
> 但是，心啊！心啊！心啊！
> 鲜红的血液在流淌，
> 就在这甲板上，躺着我的船长，
> 你倒下了，身体冰凉。
> ……

作为林肯的崇拜者，惠特曼以这首《啊，船长！我的船长！》（O Captain! My Captain!）沉痛地祭告，全美陷入哀思，包括南方——严苛的约翰逊接替主张宽容的林肯后，他们才意识到失去了怎样一位总统。

对林肯的缅怀转为对凶手的愤恨，这样的情况是布思始料未及的。他满心期待至少在南方，他将被视为英雄人物，却不想落得国

人皆曰可杀，逃亡途中他在日记里写下了这种悲愤。

在天罗地网式的大搜捕中，4月25日，布思和赫罗尔德被围堵在弗吉尼亚的一处农场中。赫罗尔德投降，布思则躲进一个谷仓。当晚军警强攻，交火中布思受重伤，于26日早晨死亡。他的遗言是，请带话给他的母亲："我做了想做的事，是国家的精英。"布思的尸体一度被愤怒的士兵沉入波托马克河，后又被捞起移交其家人，归葬于马里兰的家族墓地。

同案另有八人被起诉，其中四人被判绞刑，四人终身监禁，被处决者中包括一位华盛顿的旅店老板娘——玛丽·苏拉特夫人。她儿子约翰·苏拉特是布思的同谋，她经营的旅店则是布思等人长期密谋的据点。苏拉特夫人由此成为美国历史上第一位女性死刑犯。

但还有很多人相信，真正的幕

对布思等人发布的通缉令

后元凶另有其人。美国人对政治阴谋的想象力历来丰富,被指为疑凶的,从杰斐逊·戴维斯、前南方情报机构,到华尔街金融寡头、英国人,再到传说中神乎其神的共济会、罗斯柴尔德家族,不一而足。幸免于难的斯汤顿和约翰逊副总统,也在一定程度上成了人们的怀疑对象。这些都是历史悬疑小说的绝佳题材。

林肯的遗体在华盛顿停灵半月,供国民瞻仰,然后被送往他长期生活的伊利诺伊州首府斯普林菲尔德安葬。对林肯,一向苛待政治人物的美国人也不吝奉上"大救星""解放者"等尊号。前者指其拯救了濒于解体的联邦,如果说这还只是功在美利坚一国,那么他解放了黑奴,则带有放之四海而皆准的普世光泽。

对这段历史,格兰特在回忆录中反思称,一个国家里自由和奴隶两种制度不可能长期并存,终要一决高下。

种族平等,这个林肯与格兰特为之奋斗的种族观,今天看来已成共识。但在当年,这竟需要用一场同室操戈的血腥战争来加以论证,甚至胜利者也在余劫中以身殉之。可见,即便是再邪恶的制度与理念,也会有获益者拼命维护,甚至满怀崇高感。而优秀的制度与文化也不可能自动取代落后者——这则历史的启示,不免让人心生沉重。

V.

松水风萧
——安重根刺杀伊藤博文

时间 /1909 年 10 月 26 日
地点 / 中国·哈尔滨
遇刺者 / 日本卸任首相伊藤博文
刺杀者 / 安重根

十月秋高,东北亚的莽原上高粱遍野,都已成熟,穗子低垂,殷红得像要渗出血来。

一条铁道,将青纱帐从中劈开,列车自南向北驶来。车厢里,一位老者皓首苍髯,正凭窗而望,树树秋声,山山寒色,寥廓肃杀的景致让他似有所感,梗阻多时的文思忽然畅通。这节欧式风格的奢华包厢陈设齐全,甚至还备有东方人惯用的笔纸墨砚。他挥毫泼墨,几行行楷大字落于纸上,如刀砍斧削:

万里平原南满洲,风光阔远一天秋。
当年战迹留余愤,呼起行人牵暗愁。

伊藤博文遗作

> 萧土平原南
> 满目风光闲
> 遥忆炎秋当年
> 战迹留余情
> 呼起行人肠
> 暗断
>
> (更使)

他默默端详这首未名的七绝，半晌，又在末句"呼起"二字边上标了两个小字，改为"更使"，似觉意境更佳。还待再做推敲，忽然汽笛一声长鸣，将他的神思拉回。前方，地平线上城市的轮廓已然显现。欧洲巴洛克风格的建筑，宏伟中透着几分突兀，那便是他此行的目的地——哈尔滨。

终点站将至，列车降速，这位乘客也放下诗作，唤随员来整理仪容。此时的他——明治九元老之首、日本宪法之父、四届首相三届枢相、前韩国统监、大勋位菊花大绶章公爵伊藤博文——大概不会想到，列车停下后不久，他的人生也将戛然而止。

1.

从位于日本大矶的府邸沧浪阁来到中国的哈尔滨，伊藤博文走了十二天,而这趟行将终结的人生之旅,已走了六十八年。

漫长的旅程,起点要追溯到1841年,日本天保十二年。这一年,闰正月里,执掌日本五十多年的江户幕府第十一代将军德川家齐[1]病故,他冗长的统治,除了留下妻妾子女冠于德川家的记录供后人八卦外,其他一概乏善可陈。而他的后继者们同样才具平庸,幕府主导的旧秩序已近穷途。

同是这一年,另有一件事令日本人高度紧张:大海的彼端,闯进东方世界的英国正对清帝国大打出手,2月破虎门,4月袭广州,7月侵福建,8月陷定海,10月扰台湾,11月连克余姚、慈溪、奉化,在帝国东南沿海横行无阻。眼见千余年来的东亚头号强国在新时代的西洋列强面前竟不堪一击,日本人不禁担忧起自己的命运。

与上述事件相比,这年10月16日(和历九月初二),长州藩周防国熊毛郡束荷村一位久婚不育的贫苦乡民林十藏迎来自己的第一个儿子,就显得微不足道了。

此子初名利助,后又改过一大串别名,最终因父亲林十藏被年老无嗣的下级武士伊藤武兵卫收为养子,他也跟着改姓伊藤,并有了后来为世人所熟知的名号:伊藤博文。

1853年,伊藤博文十二岁,正值本命年,和无数同时代的日本人一样,他的命运轨迹将在这年被一件突如其来的大事改写。是年7月8日,美国海军准将马修·佩里率舰队闯进江户湾的门户浦贺

---

[1] 德川家齐为江户幕府第十一代将军,1787—1837年在位,后传位其子家庆,但仍以"大御所"名义在幕后发挥影响,直至1841年去世。

内海，要求幕府开放港口，这一事件史称"黑船来航"。次年，不堪逼迫的幕府同佩里签订《神奈川条约》，对美国打开国门，实行二百余年的锁国令被打破。

之后数年间，英俄等国也依样逼迫日本立约，各国洋人涌入，日本人与之摩擦渐增，民间掀起"攘夷"运动。激进分子以"天诛"为口号，经常当街刀劈洋人。癫狂的民族情绪下，伊藤博文也被感染，他曾师从著名开放派学者吉田松阴，但身处时代大潮，最终他还是投身攘夷派，1862年谋划火烧英国领事馆，不幸事败。

正苦于攘夷无望，伊藤博文获得了一个改变他一生的机会：1863年，他被长州藩选派为留学生，赴英国学习。欧洲之行让他见识了西方真正的实力，不切实际的攘夷幻想很快被抛诸脑后。

转年伊藤回国，途中听闻家乡

青年时代武士装束的伊藤博文

长州正准备和英国开战，伊藤与同学井上馨急忙找到横滨的英国领事馆，自荐斡旋。英方准许，并且认为他们是文明人，问若劝谏不成，是否愿回英国。不想伊藤断然谢绝，表示如无法阻止战争，他们将投入长州先锋队，战死疆场，这样的胆气让英国领事阿尔科克拍案激赏。

最终长州与英美法荷四国联军之战还是未能避免，好在长州方面一经交手就自知不敌，停火乞和，损失尚轻。且经此一役，长州由攘夷派转向倒幕派，最终于1867年同萨摩等西南雄藩一道作为主力发起倒幕战争，推翻了幕府。1868年，以十六岁的天皇睦仁为核心的新政府成立，大力推行改革，此即为使日本跃居强国之列的明治维新。

倒幕过程中，伊藤博文为之奔走，新政府成立后他历任大藏少辅（财政部副部长）、工部大辅（工业部部长）等要职。在伊藤等辈尽心辅弼下，明治政府日渐强大，但岛国的器小易盈也随之显露。尚未完全摆脱列强欺压的日本，已开始朝国境之外打量，寻找目标。

2.

当日本人打破两百多年锁国令的自我桎梏，一水之隔的朝鲜，就暴露在他们的目光下。

朝鲜的李氏王朝立国于14世纪末，坐守半岛五百年间偶有外患，总体上太平无事，但也因此，长期的僵化使国家发展陷于停顿。

在日本经历剧变的同时，朝鲜一场旧式的权力斗争也刚刚落幕：

国王哲宗李昇薨于 1864 年，身后无嗣，经过一番波谲云诡的宫闱暗战，年仅十二岁的王室旁支李熙被拥立为李朝第二十六代王（身后庙号"高宗"），冲龄践祚，无非傀儡，国政实际操于李熙生父"兴宣大院君"李昰应之手。此公不乏权术，却全然不知世界大势，仍试图闭关自守，拒洋人于门外。1866 年和 1871 年，两度以巨大代价击退法国和美国试探性的袭扰[1]后，李昰应底气更足，在朝鲜各地竖立"戒和碑"，警示国人不得与外洋接触。于是，自我隔绝于世的朝鲜成了外界眼中的"隐士之国"。

一个锐意图强，一个抱残守缺，两国国势之消长，不问可知。明治政府成立以来，征韩呼声不断，1873 年，"维新三杰"之首的西乡隆盛力主出兵，甚至自荐出使朝鲜，表示将设法激怒朝鲜人使其杀死自己，从而制造开战口实。此事几成定议，却在最后关头被叫停。原来，日本于两年前派出了公卿岩仓具视领衔的庞大使团遍访欧美，"求知于世界"，"维新三杰"的另两杰木户孝允、大久保利通，外务少辅山口尚芳，以及伊藤博文为副使。木户是几年前首倡征韩者，但此时考虑到日本国内财力尚不足以外侵，转为主张"内治"优先，这也是使团几位要人的普遍共识。但他和大久保先后于出访途中回国，都无法阻止已占上风的西乡派，最终，极有威望的岩仓赶回日本，才将征韩之议暂且按下。

当时，伊藤博文就在岩仓身边，从后来他的施政作为来看，很

---

[1] 这两起事件在朝鲜史书中分别被称为"丙寅洋扰""辛未洋扰"。

可能此时他心中也暗含着和西乡一样的野望，毕竟作为吉田松阴的弟子，他十六七岁三观形成期浸染的就是后者那一套压制四邻的"海外雄飞论"，但同时，他也兼具木户、岩仓的隐忍，知道还需等待更好的机会。

此后，伊藤任参议兼工部卿等职，主要精力放在国内产业经济等领域。1875年日本制造"云扬号事件"，与朝鲜爆发小规模冲突，并借此于1876年逼迫朝鲜签订《江华条约》，获得了在朝驻军、领事裁判等特权。随着国门终告失守，朝鲜内部也萌发了主张开放、学习西方的新政治势力"开化党"，与以大院君为首的保守派"事大党"对立。一直怀有政治野心的王后闵氏，则借开化党之力试图排挤保守派，国家内斗乱象频仍。

此时的日本，"维新三杰"在19世纪70年代末都已相继作古，更加年富力强的伊藤博文一代走上前台。1878年伊藤接替突然遇刺身亡的大久保利通，出任参议兼内务卿，进入日本权力中枢。并且，以此为起点，伊藤的官运和日本的国运都蒸蒸日上，当年尚显草率的征韩动议，也在他心中逐渐成熟。

3.

1879年，正当伊藤博文仕途得意之际，将于三十年后在哈尔滨车站与他致命邂逅的另一位主角，也开启了自己的生命旅程。

朝鲜黄海道海州府，古称"孤竹"，朝鲜半岛自古汉风浓郁，该地名或许也得自中原商周之际的孤竹国，此处亦有一山，名曰首阳，正与传说中孤竹国殷商遗民伯夷、叔齐不食周粟采薇全义的首阳山同名。1879年9月2日，首阳山下，进士安泰勋家喜获一子，形貌不凡，胸腹间生有七颗黑痣，遂名之"应七"。

安氏是海州豪族，祖上是13世纪的高丽儒学大宗师安裕，诗礼传家，泰勋之父安仁寿曾为海州地方官，富且仁，造福桑梓，泰勋昆仲六人，皆知书达理。尤其行三的泰勋，自幼过目成诵，有神童之誉，更难能可贵的是，他虽饱读儒典，思想却并不守旧，主张向包括日本在内的外国学习先进文明，因此深受当时开化党领袖朴泳孝赏识。

1884年朝鲜甲申政变，开化党事败。安泰勋虽幸免于牵连，但就此心灰意懒，索性率同家眷离开海州府，隐居于信川郡清溪洞[1]，躬耕畎亩，自处江湖之远。

此时的安应七，五六岁年纪，安氏家教虽严，但毕竟身处农村广阔天地，好玩好动的少年心性得到尽情释放，久之，他性情愈发"轻浮急躁"[2]，不喜读书。安泰勋为他更名"重根"，冀望他人如其名，终有稳重老成之日，"应七"则改作表字。

结果改名之后安重根一切如旧，长到十几岁时，又迷上打猎，终日扛着猎枪游走山中。亲友劝其向学，其则答曰"楚霸王项羽'文字不过记姓名而已'，可他却成了万古英雄"，言下之意，其志不在翰墨，而欲效项羽之类人物。安泰勋只有无奈摇头，慢慢

---

[1] 位于朝鲜黄海道中部。

[2] 安重根在自传《安应七历史》中的自评。

地，对安重根也多有迁就。后来的韩国独立运动先驱金九，青年时期曾在清溪洞安泰勋处暂住避祸，见过少年安重根，他在自传《白凡逸志》[1]中回忆，安泰勋对次子定根和三子恭根的学业严加督促，"可是对长子重根，似乎不怎么管束"。金九还称，当时只有十六岁的安重根枪法已十分了得："扛着一杆东洋猎枪，每天去打猎，他英姿勃勃，射击技术首屈一指，无论飞禽走兽他都百发百中。"

然而好景不长，彼时朝鲜内忧外患，清溪洞也终非避世桃源，安重根惬意的生活即将被一场变乱打破。

4.

自1878年任内务卿以来，伊藤博文的才干抱负得以尽情施展，1885年主持官制改革，并担任首任内阁总理大臣（首相），次年起主持起草宪法[2]，1888年辞去相位改任枢密院议长，1890年就任首届国会贵族院议长，1892年再任首相。随着日本国内政治逐渐完成近代化转型，对外扩张也提上日程。

涉足朝鲜以来，日本一直与朝鲜的宗主国清帝国明争暗斗。朝鲜1882年的壬午兵变和1884年的甲申政变期间，日本两度与清帝国暗中角力，并未占到太多便宜。直到1894年，自量武功初成的日本终于找到发难之机。

---

[1] 金九号"白凡"。

[2]1889年通过，次年实施，是日本第一部宪法。

是年，朝鲜爆发东学党之乱。所谓"东学"，是针对日渐流行于朝鲜的"西学"而生造出的新词，其实质无非是儒释道混合外包装，杂糅以各种迷信巫术。1862年左右，一位屡试不第的朝鲜士子崔济愚提出"东学"，自称神授，大批困苦农民附其骥尾，形成一股不小的排外力量。崔某1864年就以谋反罪名被枭首，"东学道"却落地生根。1894年，在一场旱灾的催化下，东学党人在全罗道发起暴动，从排斥外国人和朝鲜基督徒，很快发展到"横行郡县，杀害官吏，掠夺民财"，动乱蔓延全境。

这一年安重根十六岁，娶妻金氏。东学党之乱爆发，身为乡绅的安氏自然被波及，安泰勋组织乡勇防备乱民。生性豪勇的安重根有了用武之地，据他后来自述，他曾率七人小队潜进东学党营地侦察，发现敌方无备，便主动发起突袭，以七人之力竟然吓退千万敌人。

但朝鲜政府却无戡乱之能，乞援于中日。对日本来说，这是介入朝鲜的良机，正面临议会弹劾的伊藤内阁于6月2日决定出兵。并且，通过对朝用兵，他们成功地将更大的目标清帝国拉下水，中日兵戎相见，是为甲午战争。这场战争从头至尾都发生在伊藤博文的第二个首相任期内，可说是他一手擘画。

继之，黄海舰沉，旅顺城破。李鸿章被伊藤勒逼签订《马关条约》，割地赔款，并承认朝鲜这个最资深的属国为"完全无缺之独立自主国"，撤出一切在朝势力，明清两代中国与朝鲜五百多年的宗藩关系就此告终。其后，闵妃集团打算趁机引入俄国势力制衡日本，但这招"驱虎吞狼"未及奏效，就招致日本强烈反应。公使三浦梧楼于1895年10月8日秘遣日本军警及浪人，纠集朝鲜亲日派，袭杀闵妃于景福宫中，史称"乙未事变"。事情旋即败露，激起公愤。

不过对国王李熙来说，闵妃之死也让他摆脱了这个一生凌驾于他之上的强势女人。在利用俄国威慑迫使日本做出些许让步后，1897年，李熙改朝鲜国号为大韩帝国，建元"光武"，自称皇帝，李氏朝鲜五百余年来第一次享有与中原政权平起平坐的尊号。

此时，迫于乙未事变后的国际舆论，日本也稍稍敛迹，朝鲜半岛现出久违的平靖。

对安重根来说，这大概可以算是他一生中最快意的一段时光，他年方十七八，家境殷实，每日沉溺者，无非四事："交友结义，饮酒歌舞，持枪狩猎，骑驰骏马。"[1] 正是少年不识愁滋味。而安重根任侠好义，每遇邻友遭人欺压，往往代为出头，哪怕对方是豪绅显宦，也无所畏惧。这期间，他还跟从父亲皈依了天主教，教名多默[2]，精神上也更觉充实。

然而好景不长，朝鲜半岛上空的战争阴云，又在他不知不觉间暗暗聚拢。

5.

1904年2月4日凌晨四时许，还没起床的伊藤博文被急召入宫。

---

[1] 安重根《安应七历史》。

[2] Thomas，即"托马斯"。

此时他的身份是枢密院议长，相当于退居二线担当顾问，但仍是明治天皇最为信赖的智囊之一。一身便装的天皇彻夜未眠，见到伊藤，垂询以大事：是否应该同俄罗斯开战。

这十年来，日俄在东北亚之争愈烈，势必有一战。伊藤博文一向力主同俄和解，但此时反而劝天皇下决心开战。当天下午的御前会议上，伊藤的最大政敌山县有朋等人也主张开战。2月6日日俄断交，2月8日晚至9日凌晨，日本海军先声夺人，在仁川和旅顺重创俄舰，日俄战争爆发。

日本又祭出甲午之故技，舆论先行，对世界宣布此战是为了"巩固韩国独立，维护东洋和平"。此说让安重根和许多同胞一样信以为真，热切盼望日本获胜，但他的宗教导师、法国神甫洪锡九（Nicolas Joseph）毕竟见多识广，对安重根叹道：此战无论谁胜，都将主宰朝鲜半岛，韩国危矣。

果然，两国血战经年，1905年5月28日，俄国从欧洲调集的精锐舰队[1]在对马海峡被日军全歼，无力再战。在美国总统西奥多·罗斯福的调停下，日俄于该年9月5日在美国朴茨茅斯缔结和约。此次和谈，几乎堪称未来"慕尼黑阴谋"的东方版预演，列强协调立场，主权被侵害的中韩等国被迫失语，更无人顾及。最终，战败的俄方承认日本在朝鲜半岛的"特殊地位"，向日本让渡若干巧取豪夺于中国的利益，换取了较为宽松体面的停战条件。当然，居间说项的

---

[1] 以波罗的海舰队为主干，编为"第二太平洋舰队"。

美国人无利不起早，不久前的美西战争（1898）中，他们从西班牙手里夺取了日本也曾觊觎的菲律宾，此时正好通过在韩国问题上支持日本，来换取后者对此事的默认。

分赃完毕，日本立刻转向韩国，要求在韩设置"韩国统监"一职，由日本人出任该职，管理韩国的外交事项。这些条款相当于置韩国于殖民地地位。伊藤博文亲自出马，于11月15日进谒李熙，与其长谈一整日，极尽威逼利诱之能事。李熙一度放话"宁可殉社稷"，但面对着数万包围王宫的日军，终于就范，11月17日条约缔结，称《乙巳条约》，又称《第二次日韩协约》。至此韩国外交权沦丧，国已不国。

韩国人这才如梦初醒，而安重根的痛苦尤甚于同胞，他不仅悲愤于国家被侮，更怀有一种被信赖之人欺骗的痛心。安家从泰勋以下，都对日本十分信服，日本战胜俄国后，更满心期待他们将像宣称的那样助韩国实现独立，不料伊藤博文和日本政府背信弃义。大喜转为大悲，这种幻灭感，对于安重根这等生性耿介之人来说，尤其难以承受。

不久后，韩国民间掀起反日的"义兵运动"，安重根感于日韩强弱悬殊，遂赴海外联络朝鲜侨民团体求援。1905年11月，安重根安排全家迁往平壤西南的港口镇南浦，同时独自赴上海。但此行让他大失所望，在华的朝鲜侨民只热衷经商，一提政治，则避席畏闻。原因是，他们出国前都曾饱受官府剥削，对国家失望透顶，正所谓国不知有民，则民不知有国。安重根败兴而归，却不想此行竟成他与父亲的诀别。老进士心忧国事，加之搬家车马劳顿，去往镇南浦途中就病倒，很快辞世，竟不及与安重根再见一面。安重根抚柩大恸，在父亲灵前立誓戒酒，直到国家独立。自此安重根不再追求享乐，只以报国恨家仇为念，人生基调完全转变。

伊藤博文却正春风得意，转年3月，他乘筑摩号轻巡洋舰耀武扬威而至，就任韩国统监。日本政府给了他最大限度的支持，破例允许他以文官身份掌握驻韩日军的指挥权。手握枪杆，伊藤腰杆更硬，名为李氏客卿，实则朝鲜太上皇。就职后，韩方开放王室禁苑昌德宫为他举行盛大的欢迎仪式，席间歌舞升平美姬绕膝。伊藤素有风流之名，主人本欲投其所好，而此时伊藤难耐征服者的优越感，当场讨来纸笔题诗一首：

> 花明柳暗春三月，昌德宫中太极亭。
>
> 娼妇何知君国变，无心歌舞不堪听。

伊藤博文与英亲王李垠

写罢，伊藤传示李熙等人，然后退席，剩下韩国君臣，拍马屁不成反遭打脸，个个难堪。

此后伊藤就以统监之名，行使着韩国事实上的统治权。他宣称要将韩国改造成和日本一样的现代化国家，也确实从日本拉来巨额贷款，发展韩国各项基础设施。他每次公开演讲，结尾必带领全场高呼"大韩皇帝陛下万岁"，但这些都不能减轻韩国人对他的敌意。

1907年6月，荷兰海牙，"第二届国际和平会议"召开，被架空到忍无可忍的李熙秘密派使团携他本人亲笔信赴海牙，试图在列国面前揭露日本在韩行径。可惜，这位末路君王对现代政治的想象太过天真，这次"洋上访"一度吸引外媒眼球，但利害当前，列强谁肯为他出头得罪日本？孤注一掷的自救之举失败，代价则十分惨痛。正在大矶休假的伊藤博文火速赶回韩国问罪，伙同亲日的韩国政府首脑李完用，以李熙名义发声明称海牙的使团是假冒的，这样一来使团更无列强问津。使团主使李儁本就染上了丹毒病，忧愤之下病情加重，客死荷兰。

"海牙密使事件"，让日本自感在世界面前丢了脸，恼羞成怒下逼令李熙退位，传位给长子李坧（后世庙号纯宗）；同时立年仅十岁的李熙三子英亲王李垠为储君，伊藤自任"太子太师"，将李垠携于身边进行日本化教育，洗脑从娃娃抓起。7月24日，李熙退位后第五天，伊藤与李完用签署《第三次日韩协约》，又称《丁未七条约》。根据条约，原本司掌外交的统监府进一步兼并了韩国内政之权，立法、司法、官吏任免都须经过统监府，各部门也须聘任统监推荐的日本人担任"副部长",而实权都由这些"副职"掌握。然后,伊藤博文又下令解散韩国军队,由日本人接管韩国法院、检察院甚至监狱系统。

至此,继《乙巳条约》失去外交权后,韩国内政也尽操于人手,国家有名无实,距亡国已只一步之遥。

6.

1909年1月某日,俄国滨海区的小镇克拉斯基诺,一间陋室,桌案上铺着一面太极旗,十几个韩国男子围成一团,神色凝重,为首一人语调愤激:

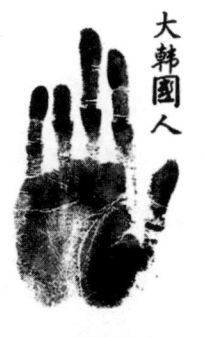

> 起事以来,我们一事无成,徒为世人所笑。而且,组织不力,大业势必难成,今日我们各自断指盟誓,以此作为组织标记,从此结成团体,一心一意为国献身,不达目的决不罢休!

安重根断指手印,及其手书落款"大韩国人"

他言罢挥刀,将左手无名指斩落一截,血溅当场。十指连心,剧痛难耐,额头冷汗也涔涔而下,但断指者咬牙忍受,以手蘸血,在太极旗上大书四字——"大韩独立"。

此人正是安重根,这时他还未满三十周岁,但已形容大改，身形消瘦，满面风霜，不复富家子弟之态。

1906年，为父守孝期满，安重根率全家迁居镇南浦。本来他听从神甫劝导，投资兴办教育，试图醒民救国，但百年树人，岂是朝夕可成？以安重根性格之急切，办教育实不适合，况且日本此时已加大对教育、言论、出版等各项管制，是以办学不成。1907年春，安泰勋的旧友进士金某来访，闻重根之志，劝他赴间岛发展力量。所谓"间岛"，即今天中朝俄三国边境一带，彼时大批朝鲜半岛民众越境至此，开荒垦殖，在几国边区形成了一片"三不管"之地，日本所驻军警也无法完全控制。安重根对金某的建议深以为然，就于当年只身北上，又经中国转赴海参崴，在朝鲜半岛移民中奔走串联，寻找志同道合者。下半年，《丁未七条约》签署，伊藤博文遣散韩国军队、警察，此事激起巨大反应，本已陷于低潮的义兵运动再度兴起，大批失业军警加入。身在俄国的安重根也乘势从戎，组织几十名旅俄韩侨潜入半岛东北咸镜道，展开游击。安重根任"参谋中将"，但义兵终究不是正规军，安重根也非专业军事人才，之前对付东学党乱民尚可，面对连败中俄的日本陆军，则完全不是其对手。他所在的部队与日军几次交手，战绩惨淡。而他本人性格又有些刚愎，某次抓了几名日本俘虏，安重根不顾部下反对，竟坚持"以大义感化之"，放他们回去"共讨违背天皇和平政策的国贼伊藤"，连缴获的枪械都让他们一并带走。结果这些流泪感激的日本兵转过头来就又剿杀义兵，还嘲笑安重根迂腐幼稚。此事让安重根大受非议，不少人因不满他的指挥而离队。1908年秋天，安重根所在部队被日军打散，幸存诸人各自逃亡。安重根与两名战友在中朝边境深山中跋涉半个多月，九死一生回到俄境。尽管受到当地同志摆宴欢迎，但安重根深以兵败为耻，郁郁寡欢，直至转年1月，才缓过精神，力图振作。这天他组织同道集会，断指为盟，其他十一人纷纷效仿，群情激昂。众人以安重根为盟主，歃血盟誓：三年之内，不除伊藤博文，全体自杀以谢国人。

但此事过后，一切又渐归平静，安重根在克拉斯基诺逗留多半年，无所作为。此前在镇南浦办学，他已倾尽家资，目下独在异乡，生计窘迫，而听到的也都是义兵运动接连被镇压的消息，遥望故土，徒下新亭之泪。10月的某一天，忽然一个念头在安重根脑中闪过，就像是《旧约》里亚伯拉罕接到上帝启示迁居迦南一样，安重根似乎也在冥冥中感到某种召唤，坐立不安。终于，他对克拉斯基诺的亲友们说："我要去海参崴。"问及归期，则答道："再也不回来了。"

随后，安重根乘上渡轮，抵岸后不久听到一个消息，让他全身热血如沸——伊藤博文就要来哈尔滨了。

7.

1909年10月14日中午，平素冷清的大矶火车站冠盖云集。在一众日本高官的欢送下，身着便装的伊藤博文登车启程，对送行者笑言："这是最后一次为国奉公。"

此时的伊藤，已卸任韩国统监三个多月。4月10日，他返回东京期间，在灵南坂的枢密院议长官邸迎来了两位访客：现任首相桂太郎和外相小村寿太郎。他们携来一份绝密草案，满怀忐忑地征求伊藤的首肯——这便是刚于十几天前草拟的"韩国并合"计划，日本图穷匕见的亡韩之策。

桂太郎和伊藤是长州同乡，又是儿女亲家，但从政治派系上说，他是伊藤政敌山县有朋的追随者；小村寿太郎在甲午战争前任驻华临时代理公使，为当时伊藤内阁要员外相陆奥宗光所赏识，但后来在对英、对俄外交问题上与伊藤立场相左。伊藤博文曾多次公开宣称："日本没有必要合并韩国，韩国必须是独立自治的。"或许是戏份太足，桂和小村都以为他是真的决意存韩，十分担心他会反对这份草案。但此时听完这两人的解说，伊藤抽着烟，不置一词，但良久，竟低语道："也想不出别的良策啊！"此言一出，桂太郎长出一口气，没想到伊藤会如此轻易就点了头，而朝鲜半岛的命运，就已在轻描淡写的几句对谈中被决定了。

伊藤博文确实公开表达过反对合并韩国，因此被视为鸽派，然而政治向来只有永恒的利益，所谓鹰派鸽派，不过此一时彼一时。就像19世纪70年代反对西乡隆盛征韩的伊藤博文，到了90年代就变成了侵朝侵华之战的主导者，鹰鸽转换，还是取决于日本的利益需要。桂和小村满意地告辞。两天后伊藤觐见天皇，上奏了对"韩国并合"计划的看法，并辞去统监之职，回韩国交割后，于6月离韩返日，再任枢密院议长。

虽已年近古稀,但伊藤仍希望"发挥余热",在北海道休养消夏之后,就开始筹备秋天的哈尔滨之行。此行名为"私人身份的漫游",实则暗含重要的外交使命:作为天皇的代表,会晤俄国财政大臣弗拉基米尔·科科夫切夫。当时美国铁路大王哈里曼正试图参与中国东北的铁路修建,急需同视该地为禁脔的日俄两国协调应对。10月14日,伊藤离开大矶的沧浪阁别墅,乘火车赴下关,那里正是他的故乡长州,也是当年他逼迫李鸿章签约的得意之地。抚今追昔,伊藤诗兴大发,于车上作七绝一首云:

秋晚辞家上远程,车窗谈尽听虫声。

明朝渤海波千尺,欲悼忠魂是此行。

两天后,伊藤一行由下关渡海到北九州的门司港,转乘商船"铁岭丸"驶往大连,他在船上度过了六十八岁寿辰。18日中午轮船到港,日本设在满洲的关东都督府,以及满铁公司的一干要员早早迎候,于当晚为其设宴接风。次日,伊藤又受中国官员隆重款待,应接不暇。

也就在伊藤博文抵达大连次日,另一艘渡船在海参崴靠岸,同样载来一位异乡客——安重根。

当时,日俄中韩各国媒体都已聚焦伊藤的满洲之行,消息铺天盖地,是以刚在海参崴下船的安重根,就从当地韩国侨民的报纸《大东共报》上获悉了此事。

这消息对他来说不啻为福音书,又像是动员令。对伊藤,他早思之切齿，一直想亲赴日本行刺。但且不说这毫无成算，以他现下的经济条件，连旅费都凑不出来，正空自愤懑，不期伊藤博文竟自己送上门，怎能不说是喜从天降。安重根曾为《大东共报》撰稿，通过该报编辑，他又从俄文报纸《哈尔滨铁道报》上核实了信息。此时安重根激动不已，暗自发誓："我多年来的愿望就要实现了，老贼，我要让你死在我手里！"

熬过一个兴奋难眠之夜，安重根开始着手行动，本来他已托友人将数年未见的妻儿老小从韩国接来俄境，但现在看来团圆只能推后。他从《大东共报》获得了一些资助，仍不充足，此时已顾不上小节，又去找曾参加义兵的同乡李锡山，求借一百元路费未果，情急之下安重根拔枪相向，强行"借"得。然后安重根又联系了一位自己十分信任的同道禹德淳，这是一个往返中俄韩几国的烟草商贩，但不似寻常商人"重利轻离别"，禹德淳一直以国家兴亡为念，曾参与义兵起事。安重根通过《大东共报》的朋友与之结识，二人果然一拍即合，决定共赴哈尔滨。

当下两人各自暗携手枪，登上列车，川资紧张，只能买三等车厢票，但二人对坐畅谈，兴致高昂。禹德淳在贩烟的同时，一直着意收集朝鲜民族歌曲，在他看来，这和义兵运动一样，也是一种存亡续绝，因为日本在韩国推行的教育，已在有意抹杀朝鲜民族文化。安重根对他此番远见十分赞赏，谈到兴起，二人高唱《阿里郎》，原本悱恻缠绵的情歌被他们唱得高亢悲凉，歌词也换成了禹德淳新填的"两千万人民在何处，后面只有三千里江山，阿里郎阿里郎阿拉里噢……"满车的俄国乘客侧目而视，二人只顾击节而歌，旁若无人。

火车行至乌苏里斯克，下站就是中国口岸绥芬河，二人在此下车，安重根特意去买了二等卧铺车厢票，这样就可在过境时避过安检。果然一路无事，二人也趁机阔绰了一下，但过了绥芬河，又只好再次下车，换购三等车厢票。这趟穷游，历尽辛苦，二人于10月22日晚上九时许，抵达目的地哈尔滨。安重根找到此前逗留绥芬河时在当地相识的药铺老板刘敬绢，说要去哈尔滨接亲眷，请对方派其儿子刘东夏[1]同行，做俄语翻译。不明就里的刘老板正好需要去进一趟药材，而年仅十六岁的刘东夏也乐意去大城市哈尔滨玩上一遭，便答应下来。安重根很快发现，刘东夏的俄语不大灵光，但这孩子还是派上了另外的用场，他帮安、禹二人联系上刘家的姻亲——哈尔滨韩民会长金成白，二人就在位于列斯那亚街28号[2]的金家借宿。第二天起他们就出门分头打探消息，鉴于刘东夏起不到预想作用，而且将这个无知少年牵扯进这等大案，终究心有不忍，两人又就近另寻了一个翻译，此人是安重根的旧友、正准备在哈尔滨开店的曹道先。两人同样没向曹道先透露实情。

由于不知伊藤博文的具体行程，安重根觉得只在哈尔滨守株待兔不够稳妥，又想南下，在伊藤必经之路上寻机狙杀，但情报和经费都很不充足，怎么谋划都觉得两眼一抹黑。两人奔忙一天几无所

---

[1] 安重根自传中误记为柳东夏。
[2] 今哈尔滨道里区地段街。

获,晚上回到住所,残灯枯坐,愁眉不展,直至深夜仍难以入眠。时值晚秋,松花江畔萧萧哀风,江流有声,意境凄怆,更添胸中块垒,忽然安重根放声而歌:

丈夫处世兮,其志大矣。时造英雄兮,英雄造时。
雄视天下兮,何日成业。东风渐寒兮,壮士义烈。
忿慨一去兮,必成目的。鼠窃伊藤兮,岂肯比命。
岂度至此兮,事势固然。同胞同胞兮,速成大业。
万岁万岁兮,大韩独立。万岁万岁兮,大韩同胞。

禹德淳也被感染,作歌唱和:"逢兮逢兮,逢尔仇兮,我欲逢尔,水陆几万里……"两个男人的烦闷与疲惫,随着慷慨悲歌,尽皆宣泄。

伊藤博文仍在大连盘桓,应酬之余,就去周边的日俄战争旧战场游览,向两军阵亡将士墓献花,作诗凭吊,对双方士兵的"忠勇"并加赞颂。显然,这已不是单纯的骚客怀古,而是向俄方施放善意信号,为即将开始的谈判做铺垫。此时的伊藤也感触良多,24日,参观抚顺煤矿后,他惊诧于满洲物产之富饶远胜日本本土,艳羡之余,又想到日本国内山县有朋等一干强硬派,不解纵横捭阖之术,只知一味恃强,令世人生厌生忌,必不利于长远,而自己年事已高,七十老翁何所求?恐怕也只是空怀千岁之忧罢了。

两下里各怀感慨,10月25日,如同宿命所系,竟不约而同地动身,一南一北相向而行,驶向命运的交错点。

这天清晨，伊藤博文率随员自沈阳登程，驶往长春宽城子。日俄战争后，俄国将宽城子至旅顺段的铁路移交日方，其后那里就成了日俄在满洲势力范围的分界之处，两段铁路轨宽不同，伊藤必须在长春换乘。当晚七点火车抵站，参加当地巡警的欢迎宴会后，伊藤一行转乘俄方提供的宽轨豪华专列，夜赴哈尔滨。据当时随行的满铁秘书官员、精通汉诗的森泰二郎回忆，这一路上伊藤心绪不宁，想写诗，但总是不能成句，憋闷不已。车厢里气氛焦灼，似乎隐含着不祥之兆。

同一天，安重根和禹德淳也终于决定离哈南下，通过曹道先，他们从俄国报纸上了解到，伊藤的专列将在长春与哈尔滨之间的蔡家沟停留，便决定到那里动手。安重根一行路近，25日上午便早早到达，蔡家沟是拉林河南岸吉林境内的小站，周围是大片高粱地，没有民居，只有站台附近住着几户俄国移民，确是下手的好地方。但他们向车站套问消息，又听说俄方将派兵来保护"日本高官"专车，届时站内会清场。安重根又觉得三人一齐行动非万全之策，便于下午折回哈尔滨，留下禹、曹二人在蔡家沟，两处堵截，似乎更有把握。

当晚，安重根再返金家投宿，次日清晨早早出门。他特地从行李中拣出一身黑色西装，虽有些旧，上身却舒适合体，外罩一件黑色短呢子大衣，头戴鸭舌帽，那把七连发勃朗宁手枪就藏在上衣里袋中。清晨的哈尔滨，寒气凛冽，砭人肌骨，沿途满目皆是西式建筑，马路上熙来攘往穿着华贵的，也多是白色人种，远处隐隐传来圣索菲亚教堂的晨钟，清亮悠远。此情此景让人惶惑，辨不清这究竟是西方还是东方。此前安重根动员同胞自强,曾举例沙俄抢占中国东北,在黑龙江残杀当地居民,告诫国人如不发奋恐步后尘,此时穿行在这座满是殖民味道的俄式城市,不知会有何感想。

金家距离位于今日南岗区的哈尔滨火车站并不远,大约七点,安重根已经到达火车站。此时火车站前俄国士兵渐多,荷枪实弹,显是负责安保,但看到他们,安重根反而定下心来,这说明伊藤博文确实快到了。他走进一间街边茶棚,假意饮茶,留意车站动静。

不多久,越来越多的日本侨民出现在火车站,穿着盛装,手持太阳旗,一看便知是来欢迎伊藤的,安重根赶忙出了茶棚,随着人流一同走向车站。俄国卫兵也都已就位。本来,一年前发生过"史蒂文斯事件",即韩国政府聘请的美国顾问汤姆·史蒂文斯因赞成

伊藤博文抵达哈尔滨站

日韩协约，被愤怒的韩国留学生刺死在洛杉矶车站，轰动一时，之后相关各国对韩国刺客都严加防范。但此时，安重根高门贵胄的气质掩护了他，所谓腹有诗书气自华，又所谓神勇之人怒而色不变。他穿着得体，神情自若，不待俄国卫兵觉出异状，就已顺利混进车站。

九点钟，汽笛长鸣，火车进站，月台上的俄国仪仗队管乐齐鸣，迎候的日本侨民团翘首而望，继而欢呼，这都等于告诉安重根，目标已出现。火车停稳，科科夫切夫亲自登车迎接，大约二十分钟后，与一个矮小的老人携手走下月台。但见其人黄面白须，身着黑色长大衣，头戴小圆礼帽，身材瘦小却精悍有威，虽然谦恭多礼，不停向接站的俄中官员脱帽致意，但举手投足间派头十足，显然是位大人物。

虽没见过照片，但直觉已让安重根认定，这就是他的家国仇人，伊藤博文。

月台上，中俄仪仗各自列队，请贵宾检阅，军乐声再次大作，震天动地。忽然一股热血上涌，安重根怒发冲冠目眦欲裂，后来他在自传中回忆这一刻的心情：

突然，我火冒三丈，怒不可遏，想到：世界为什么如此不公道？强夺邻邦，残害人命者，竟然如此得意忘形，肆无忌惮；善良而弱小的无辜民族，却反倒陷入这样的困境？

正愤恨间，白须老人越走越近，检阅完中国仪仗队，已来到俄

安重根射杀伊藤博文

军队列前,进入射程。安重根当即拔枪跃出人群,连扣扳机,三颗子弹射向目标。他少时就是神枪手,哪怕此刻用的不是最称手的猎枪,依旧弹不虚发,老人中弹扑倒在地。安重根忽一转念,担心万一目标不是伊藤,于是立即又向两旁的日本官员中的四人各开一枪,四中其三,在人群惊呼中,中弹者倒卧一片。

安重根用的是弹头刻花的土制"达姆弹",这种子弹由于弹头铅心露出,射中人体的纵向穿透力减弱,但随着铅心破裂,子弹会在人体内爆炸,杀伤力极大,是以1899年的首届海牙国际和平会议将之列入禁用名单。但此时为追求必杀,安重根已无暇顾及,他相信中弹之人,势难生还。

几名俄国兵冲上前来，安重根已打光了子弹，无意再做徒劳的抗拒，投枪就缚。被人高马大的俄国大汉们扑倒在地时，一种大事已毕的轻松畅快却自他心底涌起，肉身的痛楚浑然不觉，仿佛神游物外。他躺在地上仰面望着天空，但觉明净高远，一瞬间喜不自胜，用他所会的为数不多的俄语单词纵声高呼：

Ypa Koryo!

Ypa Koryo!!

Ypa Koryo!!![1]

8.

伊藤博文三处枪伤俱在要害，回天无术，弥留之际，他问刺杀者为谁，当听说是一个朝鲜人时，低声骂了一句"混蛋"，似觉身死竖子之手，犹有不甘。这是伊藤博文留下的最后一句话，随后他便陷入昏迷，四五分钟后呼吸停止，生命终结。

当时是1909年10月26日上午十点左右。

另外几名中弹的日本官员分别是日本驻哈尔滨总领事川上俊彦、南满铁路理事田中清次郎，以及森泰二郎，均是轻伤，性命无碍。

当时哈尔滨的中方官员施肇基是一代能臣，伊藤遇刺时他就在

---

[1] 俄语"朝鲜万岁"。

现场。事发后他立即封锁哈尔滨电报局，自拟英文通稿确定言辞滴水不漏后，才将之拍发给欧美各大报，并向北京发送急电，申明事发地哈尔滨火车站归俄方管辖，中方无责，对此事表态时切不可有"保护不周"之类歉语，以免贻人口实。得益于施肇基的妥善部署，日本未能借机发难。

安重根被俄方逮捕后，很快移交日本。第一次审讯中他报上"安应七"之名，不提在韩国的家人，被问及职业时，不知是不是暗带嘲笑之意，他答道："猎人。"

但日本的刑侦网络早已遍布韩国，很快安重根的真实身份就被查出，日本人使出瓜蔓抄手法，相关人等都被调查审讯。仅在安重根少年时与他有数面之缘的金九也被盘查，而当金九得知"安应七"就是当年的神枪少年安重根后，赞叹再三。

26日当天留在蔡家沟的禹德淳、曹道先，在安重根动手前就因形迹可疑被俄国宪兵缉拿。这之前，曹道先已猜到了安、禹二人的计划，但感于其忠义，决定留下来与他们协力行动，于是也就成了共犯。而哈尔滨

被捕后的安重根

的刘东夏等人，也都被牵涉在内，金成白因入俄籍而幸免。

事已至此，安重根不再隐瞒身份，并且对日方审讯人员直陈主张，声称自己"以义兵参谋中将身份处决伊藤博文"，在被审时，提出了伊藤所犯十五款罪状：一、杀害韩国明成皇后；二、废黜韩国皇帝；三、强迫韩国缔结不平等条约；四、屠杀无辜的韩国人；五、强夺韩国政权；六、掠夺韩国经济利权；七、强制发行银行券；八、解散韩国军队；九、妨害韩国教育；十、禁止韩国人留学；十一、毁弃韩国教科书；十二、以韩国人愿受日本保护欺瞒世人；十三、搅乱东洋和平；十四、欺骗日本天皇；十五、弑杀日本孝明天皇。

这其中，第一项杀害明成皇后即闵妃的乙未事变，伊藤是时任首相，难辞其咎，但从当事人三浦梧楼事后写给伊藤的呈报来看，要说此事是伊藤主使，似乎未必确凿。最后两项则有些想当然，尤其末项，纯系捕风捉影。孝明天皇是明治天皇之父，立场保守，骤死于倒幕运动前夕的1867年，坊间风传是岩仓具视唆使宫女将其毒死，也并无实证。且不论真相如何，当时伊藤官卑职小，断无参与之可能。至于其他诸项，在日本立场，这正是伊藤之丰功伟绩，而切换到被侵害民族之视角，却是血泪控诉，日方的主审者也无言以对。

安重根被解送旅顺审判，历时近半年。审讯官和狱警中，不少人钦佩他为人坦荡豪气，并不为难他，安重根也深表感激，认识到"日本人不是全坏"。小村寿太郎等人指使法庭，务必判处他死刑。安重根早已将生死置之度外，也不挂怀，被羁期间作自传《安应七历史》，后又根据狱中所思，写下《东洋和平论》。文中，安重根呼吁同文同种的中日韩三国协作互助，由已实现现代化的日本牵头提携中韩两国，共同制衡东渐之白种人。其实，这与伊藤晚年一些关于东亚邦交的言论，乃至未来日本基于人种的"东亚共荣"论，已近殊途同归。所异者，在于日本人是以之为名行侵夺邻邦之实，未尝真为东亚同种之福祉计，属于政客之虚伪宣言；而安重根所想，则是抛开利益谈政治，书生之见亦难行之于现实。倘若安重根和伊藤博文能面对面就此问题展开交流，情形会如何，不免引人神思。

著书未毕，刑期已至，1910年3月26日，在刺杀伊藤博文整整五个月后，安重根在旅顺监狱被处以绞刑，他换上朝鲜民族服饰，一袭白袍，从容就戮，享年三十一岁。本来他的遗愿是归葬哈尔滨道里公园（今兆麟公园），待韩国独立后迁葬故乡，但日方恐怕明葬安重根会鼓励韩国复国志士，故将之秘密下葬在大连郊外山间某处，具体位置今已不可考。安重根当年离家举义前曾留诗

临刑前的安重根

云："埋骨岂肯先墓下，人间到处尽青山。"至此也算求仁得仁矣。

同案的禹德淳被判三年有期徒刑，囚于咸镜道首府咸兴，据传后来在狱中自尽。曹道先、刘东夏，各获刑一年半。

伊藤博文去世后遗体被送回国，1909年11月4日在东京日比谷公园隆重下葬，天皇皇后亲自致祭，哀荣备至。

在中国，因甲午之败痛恨伊藤者大有人在，加之感佩安重根，文人纷作诗文称快。

在韩国，同样恨伊藤入骨的下野国王李熙却不得不下诏哀悼："太子太师伊藤博文，禀英灵之气，具匡济之略。挽回时运，发展文明，不惮贤劳，匪躬自任，屹然为东洋之砥柱……"赠谥"文忠"。

但据说此时被日本皇室收养的韩国"太子"李垠，对伊藤之死十分痛心，尤其听说伊藤死于自己族人之手，深感负疚。

1910年，桂太郎宣称要继承伊藤博文遗志。该年7月，寺内正毅大将出任韩国统监，8月22日与李完用签订《日韩合并条约》，正式吞并韩国，其时距离伊藤之死十个月，距安重根之死五个月。

由于伊藤博文生前数次公开宣称应保持韩国独立，后世一直有观点认为伊藤是制衡日本内部，尤其是军方激进扩张主义的力量，并进而认为，伊藤博文之死导致激进派得势，最终吞韩侵华，故安之刺伊实为不智，"向使刺客不行存亡之理或未易量"云云。此说自不成立，如前述，《日韩合并条约》虽施行于伊藤身后，但已获他认同，是以伊藤之生死并不决定韩国之存亡。不过伊藤在同侪当中，确是多了一分知进退明大势的务实，明白日本的国力和野心都有其不得不止的极限，在手段上，较之未来那些过于操切的后辈，也多少还知注意吃相。倘若他和他的门人继续秉政，虽不足以改变日本军国化的大历史趋势，但程度和方式上或许会有所不同——当然，那样也可能让被侵的中韩等国陷入更危险的"温水煮青蛙"之境。

而安重根试图通过刺杀伊藤一举救国拯民，这个想法失之简单，也终未奏效。但随着安氏事迹哄传天下，无数后继者起而仿效。安重根最喜爱的堂弟安明根，曾来旅顺监狱探视，归国后于1910年末谋刺寺内正毅，惜乎事败；1932年，又有一位义士尹奉吉，在上海炸死日本陆军大将白川义则。其时韩国虽已被吞并，然亡国遗民一缕抗争血脉，历久而不灭，此中安重根精神之感召，实有大功焉。终于，1943年美英中三国以《开罗宣言》公示全球：

> 我三大盟国稔知朝鲜人民所受之奴隶待遇，决定在相当时期，使朝鲜自由与独立。

二战后，重获独立的朝鲜半岛虽至今南北睽隔，但都奉安重根为民族英雄。而刺杀伊藤博文的案发地哈尔滨车站，在2014年初建起安重根纪念馆。月台上，当年两人驻足之处被标记出来，似乎他们仍在隔着百年时空，遥相对望。昔时人已没，今日水犹寒。

VI.

后果很严重
——塞族青年普林西普刺杀斐迪南大公

时间 /1914 年 6 月 28 日
地点 / 波斯尼亚 · 萨拉热窝
遇刺者 / 奥匈帝国皇储弗朗茨 · 斐迪南
刺杀者 / 加夫里洛 · 普林西普

    欧洲东南部的巴尔干半岛地势起伏,层峦迭嶂。名城萨拉热窝就位于此间,环城皆山也。

    出城不远,一个个村落散布山间,彼此阡陌相连。1914 年 6 月 26 日夜里,有位赶路人,提着一只手提箱,走在乡间的小路上,行色匆匆。

    他走进这座名叫图兹拉的小村,在一户农舍前停下。小叩柴扉,一位身材瘦小的青年将他迎入屋中,接过箱子打开查验。果然,箱里的存货和此前被告知的一样——四把点 22 口径勃朗宁手枪、三枚土制炸弹,以及一个小药瓶,隐约可见里面盛着几粒胶囊。青年面露喜色,将箱盖儿盖好,小心藏进床下。来客不无担心地问他,是否再考虑一下,趁着还来得及。

"不!"青年脸色苍白似有病容,声调却斩钉截铁,透着苦大仇深:"大公是斯拉夫人的敌人,我必须杀死他!"

1.

这青年名叫加夫里洛·普林西普,时龄未满二十岁,出身波斯尼亚贫困山村奥伯列兹的一个塞尔维亚族家庭,在校学生。

他口中那位被预判了死刑的大公,名叫弗朗茨·斐迪南,五十一岁,是奥匈帝国皇帝弗朗茨·约瑟夫一世的亲侄,也是帝国的储君。

无论是从身份背景还是履历年龄来看,两人都有云泥之别,将这两个原本毫无交集的人拉扯在一起的,是巴尔干半岛及周边各国家、民族、社会阶级,以及信仰团体之间绵延千载纷乱如麻的恩怨纠葛,一言难尽。

大约公元5世纪末,斯拉夫人的祖先来到拜占庭辖下的巴尔干半岛北部,作为化外之民,在帝国边区辗转流徙。半个多世纪后,斯拉夫诸部族中被称为塞尔维亚人的一支,被拜占庭选为盟友,获准定居于巴尔干西北部山区,充当帝国屏藩。同时受邀的还有他们的亲族克罗地亚人,居住在塞族西边。

此后几百年间,塞尔维亚人和拜占庭偶有龃龉,总的来说关系良好,塞尔维亚人还从后者处接受了东正教信仰(克罗地亚人则皈依了天主教）。12世纪晚期开始，拜占庭日益衰落。14世纪，奥斯曼土耳其人崛起于小亚细亚，并侵入欧洲。截至1371年，巴尔干诸小邦大都已向奥斯曼帝国纳贡称臣。1389年6月，塞尔维亚大公拉扎尔领衔的基督教联军与土耳其人决战于科索沃黑鸟原，战事惨烈，土耳其苏丹穆拉特一世被诈降的塞族勇士米洛什·奥比利奇刺死，但最终土耳其人还是获胜，塞族自大公以下，菁华被付之一炬，残存者不得不降服。自此，兵败科索沃的6月28日就成了他们永志不忘的国难日。

又过了半个多世纪，包括拜占庭在内的巴尔干半岛都被土耳其吞并，塞尔维亚也由藩属国变为奥斯曼帝国直接领土，国家沦亡，历时凡四百余年。

19世纪，盛极一时的奥斯曼帝国已沦为列强人见人欺的"西亚病夫"，帝国辖下包括塞族人在内的各从属民族纷纷谋求独立。1876年塞尔维亚人起兵驱逐土耳其人，并于次年在俄国的帮助下获

左图：加夫里洛·普林西普
右图：弗朗茨·斐迪南

胜，1878年正式独立，1882年定国体为王国。进入20世纪，土耳其国势更衰，1912年10月，塞尔维亚、保加利亚、希腊，以及黑山四国结成"巴尔干同盟"，对土耳其宣战，是为第一次巴尔干战争。不出半年，盟军摧枯拉朽打败昔日宗主，塞尔维亚更收回了先辈为之流血的圣地科索沃，据说，当时塞尔维亚战士脱下靴子赤脚走过古战场，以免惊扰地下的亡灵。

1913年下半年，又发生了塞尔维亚等国与保加利亚争夺领土的第二次巴尔干战争，塞方再胜，疆界也随之基本定型，较战前扩大近一倍。

奥斯曼帝国时期，不少塞尔维亚人移居周边诸国，数代繁衍，已形成相当规模的族群。塞尔维亚的激进主义者亟欲将侨胞的居所纳入版图，组建一个"大塞尔维亚"，其中首要的扩张目标，就是国境西北紧邻的波斯尼亚和黑塞哥维那（以下简称波黑），尤其波斯尼亚，曾受14世纪全盛时代的塞尔维亚王国统治。然而此刻，回望故地，塞尔维亚人不得不面对新的强大对手，奥匈帝国。

2.

奥是奥地利的奥，匈是匈牙利的匈。这是一个奇怪的政治联合体，它的元首奥地利皇帝同时兼任匈牙利国王，在元首之下，是两套彼此独立的议会、政府。这样的二元君主国，像是中世纪封建欧洲向近代民族国家进化历程中的一个过渡品种。

奥匈帝国建立于 1867 年，和塞尔维亚一样算是新生国家，但皇帝宝座上坐着的却是欧洲最古老显赫的豪门——哈布斯堡家族。从 13 世纪起，这个家族就在奥地利称王，此后更长期独享神圣罗马帝国的帝座，并通过联姻，将家族领地扩展到多半个欧洲。19 世纪初，结构松散的神圣罗马帝国在拿破仑的打击下解体，但哈布斯堡王族控制的奥地利仍堪称强国，其面积和人口都在欧洲排名第二，仅次于俄国。在拿破仑战争后的欧洲政治格局中，维也纳更一度成为权力中心。

1866 年，德意志后起之秀普鲁士挑战奥地利的领袖地位，铁血立国的普鲁士对付养尊处优的奥地利，一个多月，战而胜之，并将亲奥的一干小邦收编整合，建立了统一的德意志第二帝国。至于奥地利，反被逐出德意志，另立门户。战败导致了威信动摇，哈布斯堡家族不得已与国内的另一大族群匈牙利人妥协，改组成了这样一个独特的二元帝国。

此时放眼欧洲，西北是新生的德国，西南是同样结有宿怨的意大利，东北是庞大的俄罗斯帝国，留给奥地利拓展战略空间的出口就只剩下了东南方——巴尔干半岛。

1878 年，就在塞尔维亚等巴尔干诸国赢得独立的同年，奥匈帝国也不失时机地出手抢夺土耳其人遗产，占领了波黑两地，并获列强及土方默许，实施代管。于是因为波黑，此前几个世纪里都并肩对抗土耳其的塞奥老战友反目。同时，奥匈帝国境内生活着六七百万斯拉夫人，塞尔维亚狂热的"泛斯拉夫主义"让帝国政府十分忌惮，唯恐本国的斯拉夫民族也被鼓动起来造反，因此，遏制塞尔维亚成了奥匈必然的战略选择。

1903年，塞尔维亚国王亚历山大表现出亲奥态度之后，对他积怨已久的军方激进派竟在首都贝尔格莱德发动兵变，将国王王后乱枪打死暴尸街头，改立了亲俄反奥的新君。

1908年，奥匈忽然宣布，将"委任统治"的波斯尼亚和黑塞哥维那正式收为帝国的两个新省份，此举彻底激怒了塞尔维亚人，他们向俄国求援，奈何老大哥在日俄战争新败未久，爱莫能助，塞尔维亚不得不强咽下这口气。两次巴尔干战争后的和谈中，奥匈又伙同德国从中作梗，竭力阻挠塞尔维亚的领土要求，尤其1912年以武力相胁，迫使塞尔维亚人放弃梦寐以求的出海口阿尔巴尼亚，将之封堵在内陆。经此事后，塞奥之间仇怨已难化解。

此外，如果将视角调整到更高的战略层面，就会发现奥塞之争其实是德俄博弈的一部分。奥地利人和塞尔维亚人，都不过是其背后更强大的势力德意志帝国与俄罗斯帝国争雄的棋子。

至于大家争到红眼的波黑，是多民族杂居地区，主要有塞尔维亚、克罗地亚、穆斯林三大族裔，前者人数最多，但也不及总人口之半数。各族群对奥匈的态度不一，持反奥立场的主要是塞族。由于历史原因，波黑发展较落后，塞族人中更有相当一部分处在社会底层，当他们看到相邻的同胞已建起王国，难免顾影自怜：好容易摆脱了异族的土耳其统治者，却又落入信奉天主教的奥匈异教徒之手，前门驱虎后门进狼，依旧是为人臣虏，悲惨度日。尤其许多年轻人，血气方刚，每念及此，不禁热血翻涌，恨不能"壮志饥餐'奥'虏肉，笑谈渴饮'匈'奴血"。

加夫里洛·普林西普，就是这样一位愤怒青年。

3.

1894年7月13日，波斯尼亚，宁静的小村外有一个笨小孩出生在动荡年代，这便是加夫里洛·普林西普。

和当时多数的塞族家庭一样，普林西普家务农，清贫，信仰东正教，他母亲先后育有九名子女，可惜其中六人早夭。普林西普侥幸成年，却患有肺结核，无药可救，病发死亡只是时间问题。

1907年，普林西普十三岁时，家里已无力抚养他，只好将他送到城里相对宽裕的亲戚家。他先后在萨格勒布（克罗地亚首府）和萨拉热窝的表兄弟家寄住，这两处都是在奥匈帝国统治下的斯拉夫城市。当局对斯拉夫独立思潮严厉打压，其结果就是，对帝国的怨愤早早地在普林西普这样正值叛逆期的斯拉夫青年心里埋下。

寄居期间，普林西普也和同龄人一样读书。据说他有很强的求知欲，但由于先天资质和后天的基础教育都欠佳，成绩并不理想，只好于1912年5月跨国转学，到了考试要求较低的塞尔维亚首都贝尔格莱德。正是这次转学，决定了他，以及同时代千万人的命运。

经过前述1903年的血腥政变，塞尔维亚的国际形象已十分糟糕，狂热与暴力，成了外界对这个国家的最主要印象，更有西方外交官将贝尔格莱德称为"革命者的巢穴"——在"反革命帝国主义分子"的语境中这绝不是什么褒奖之词。另一方面，外界打上的妖魔化标签，也进一步刺激了这个力量与抱负严重不符的新生国家，饱经苦难的塞族人更加敏感易怒，特别是当面对潜意识里的头号假想敌奥匈帝国时。加之当时巴枯宁、克鲁泡特金等人的无政府主义学说正流行，两位俄国远亲的思想在塞尔维亚颇有市场，"无政府"这三个字听起来就很刺激，似乎隐含着推翻一切统治秩序的豪气，对于深受帝国主义之压迫的塞尔维亚人来说极具吸引力。其实无政府主义并非倡导天下大乱，而是强调自觉与自治，但在一个外有敌国内有民愤的国家里，又有谁会在乎这些呢？

这就是1912年贝尔格莱德的政治空气，这让初到此地的普林西普很有归属感。不难理解，他出身贫苦饱历艰辛，又身染绝症来日无多，这样一个惨淡少年的苦闷与无望，只有在群体的狂热中才能得以消解。

不出半年，第一次巴尔干战争爆发，普林西普报名参加塞尔维亚军队，却没能通过体检，他很是失望。不过这场战争他注定无法真的置身事外，奥匈帝国虽未参战，但他在波斯尼亚的老家被战火波及，房屋遭毁，这使他在对帝国的国恨之外，再添家仇。

在贝尔格莱德一年多，普林西普结交的朋友也多和他一样，热心于"大塞尔维亚"事业、仇视奥匈帝国。在他们的帮助下，普林西普很快找到了组织。

4.

　　塞尔维亚的爱国主义激情被异化为戾气，在国家高层，尤其是军方，有野心家觉得民气可恃，试图操控这股力量，德拉古蒂·迪米特里耶维奇上校就是这样一位人物。他的官方身份。是塞尔维亚军方情报部门负责人，操纵着全国的特工网络，在 1903 年的政变和 1912 年的巴尔干战争中，他和他的部门都有活跃表现；暗地里，迪米特里耶维奇的角色可能更为可怕：秘密组织"黑手会"的领袖。

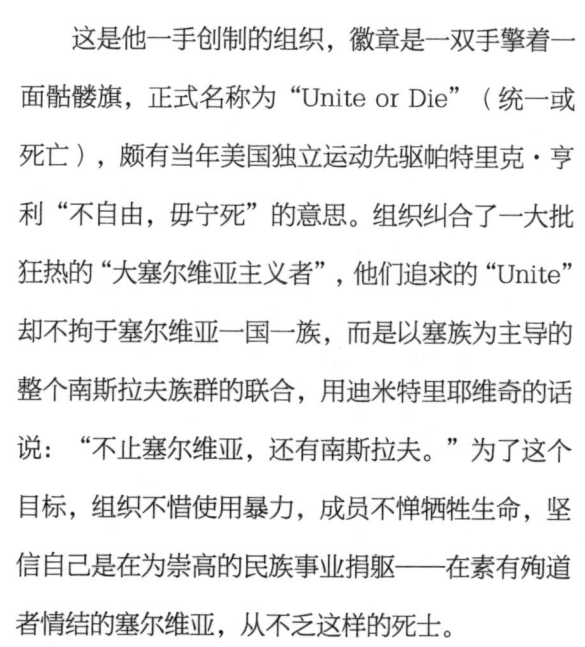

　　这是他一手创制的组织，徽章是一双手擎着一面骷髅旗，正式名称为"Unite or Die"（统一或死亡），颇有当年美国独立运动先驱帕特里克·亨利"不自由，毋宁死"的意思。组织纠合了一大批狂热的"大塞尔维亚主义者"，他们追求的"Unite"却不拘于塞尔维亚一国一族，而是以塞族为主导的整个南斯拉夫族群的联合，用迪米特里耶维奇的话说："不止塞尔维亚，还有南斯拉夫。"为了这个目标，组织不惜使用暴力，成员不惮牺牲生命，坚信自己是在为崇高的民族事业捐躯——在素有殉道者情结的塞尔维亚，从不乏这样的死士。

迪米特里耶维奇上校

迪米特里耶维奇在组织中的代号是"阿庇斯"（Apis），这是古埃及神话中神牛的名字，迪氏也确如公牛一般，精力充沛斗志旺盛。作为黑白两道跨界人物，他尝试过以合法途径推行其政治主张，但这些努力屡屡受制于时任首相尼古拉·帕西奇——一位年近七旬性格谨慎的老政治家。帕西奇在人前也一贯大讲民族主义，但区别在于，他从来都懂得姿态做到什么程度最合适，他深感迪氏的过激主义是取祸之道，于是竭力阻挠。军方的激进派曾想施压塞尔维亚国王，迫使国王罢免帕西奇，但后者的稳健风格深得俄国与法国赞赏，这两大强国是塞尔维亚赖以生存的重要盟友，在他们的力挺下，老帕相位稳固，神牛不得不更加依赖黑手会这种台面下的手段。

黑手会曾策划过数次暗杀，对象包括国内亲奥政客、奥匈驻波黑总督、奥地利皇室成员，甚至是奥匈帝国皇帝弗朗茨本人，都未获成功。但"神牛"脾气，百折不回，终于在1914年，最新的也很可能是最好的一次机会送到了他的眼前。

5.

毕竟是五十开外的人了，原本健美的身材近几年来已有些发福，6月28日这天早上，当弗朗茨·斐迪南大公费力穿上特制的防弹衣时，这种不适感格外明显。在那层紧紧裹住躯体的衣服外面，还加挂了七个形状各异的护身符，每道符咒用于祈禳不同的噩运，就像是保险公司名目繁多的各个险种。本来这些怪力乱神之物与虔心于天主教的哈布斯堡家族成员很不搭调，但千金之子，不立危墙，作为奥匈帝国的储君，大公不介意保佑自己的神明多一些。

整理停当，望向窗外，初夏的巴尔干山间一片怡红快绿，下了几天的雨，今天终于放晴，早晨的空气清冽。这令大公心情畅快，他很想扛起心爱的猎枪去山中打些猎物，这是他生平最爱的娱乐项目。对于跟他同时代的动物来说，斐迪南就是死神，他狩猎的足迹遍布五大洲，从非洲的大象到北美的灰熊，丧命于他枪下的大小猎物，据说总数达到惊人的二十万只，在他位于捷克的领地科诺皮什捷古堡中，仅整架的鹿角就藏有五千多具。

然而今天不行，他有更重要的日程安排：巡视萨拉热窝，让这个帝国新省份的首府近距离感受皇储的问候，以及威严。

斐迪南此时下榻的小城伊利扎，是萨拉热窝周边的卫星城之一，素以秀美宜居著称。大公此行，公开的使命有二：首先是以帝国陆军军事总监的身份，观摩奥军在波斯尼亚举行的军事演习；其次才是访问萨拉热窝。奥塞关系紧张以来，奥地利便对假想敌塞尔维亚加强戒备，军方也想展示力量，震慑后者，这次的军演，正是模拟进攻塞尔维亚。这项差事，斐迪南已经完成了，尽管这是他作为军官和皇储分内应为的公事，但从个人本心来讲，他并不情愿，因为此举与他的政见完全背道而驰。这位造型孔武生性严苛的大公在对待塞尔维亚人乃至帝国少数民族的问题上，却是个怀柔主义者。

如前所述，奥匈帝国所辖的民族庞杂，在其二元帝国体制下，日耳曼（奥地利）、马扎尔（匈牙利）两族享有优势地位。作为出身皇室的日耳曼人，斐迪南本人自然是既得利益者，但他已看出，在欧洲的民族国家形成这一时代潮流的冲刷下，建立在民族不平等基础上的古旧体制必难持久。大公是君主制的坚定维护者，但正因如此，他明智地看到，想让帝国和帝制免于崩溃，只有改革一途，将二元改成三元，乃至多元，提升其他民族的地位，使之与奥匈两族平等，或尽可能接近。当然，大公这个开明主张的背后，很大程度上也是为了制衡与自己不睦的匈牙利军政界。

斐迪南的构想中，将充当改革试点的，正是斯拉夫人[1]，他想先提升斯拉夫人的政治地位，将帝国改组为奥-匈-斯拉夫三元制国家，并待该模式成熟后推及捷克、斯洛伐克、波兰等其他主要民族，最终建成七元帝国。为此，不久前他还专门请美国政治学者来讲解过美式联邦制的建立和运作。

对于塞尔维亚，斐迪南也无意敌对，他曾通过机要秘书对陆军参谋长康拉德表态，他"不会同意开战，不愿意动塞尔维亚的一株树、一只羊"[2]。德皇威廉二世是斐迪南的好友，不久前他曾来科诺皮什捷，极力建议斐迪南对塞尔维亚及奥匈境内的塞族人采取强硬态度，并保证若俄国干涉，德国将站在奥匈一边。类似的话德国皇帝之前也说过不止一次，但和以往一样，斐迪南没有接受这个"善意的表态"。

---

[1] 此处"斯拉夫人"主要指南斯拉夫诸族，尤指克罗地亚，不包括西斯拉夫系的波兰等民族。

[2] 西德尼·布雷肖·费《第一次世界大战的起源》。

斐迪南（前排右一）在德奥联合皇家军演上，摄于1909年

斐迪南在斯拉夫人问题上的主张，为包括皇帝弗朗茨在内的奥匈权贵所反对，无从施展，但他有信心在自己继位之后改弦更张——以他皇伯父的年纪来看，他坚信这一天为时不远，甚至登基用的正装标准画像他都已提前备好。

斐迪南同时认为，以自己对斯拉夫人的善意，他们理应感恩戴德，视他为"斯拉夫之友"，就像他一直自居的那样。凭着这份良好的自我感觉，当波斯尼亚总督奥斯卡·波蒂奥雷克将军邀请他观兵之余来萨拉热窝访问时，他不顾皇室的反对，欣然应邀。

与大公同行的，还有他的夫人，苏菲女公爵。事实上，对大公来说，夫人此番旅行的心情，比之前面说的军国大计，其重要性有过之无不及。斐迪南对妻子的重视与在意，源自深深的亏负感，这要从夫人的身家，以及他们二人的婚恋史说起。

霍恩贝格女公爵苏菲，出身于一个没落的波希米亚贵族家庭，虽获袭爵，但家道早已中落，以至于苏菲一度要到捷克最显贵的捷欣大公爵腓特烈（斐迪南远房堂叔）家中打工，聊图衣食。作为公爵家女孩的侍女，苏菲一直待字在别人闺中，寂寞开无主，直到某次机缘巧合，她遇见了斐迪南。

从照片来看，苏菲相貌平平，脸型圆润，身材丰满，虽说不上难看，也绝不算倾国倾城。但或许就是这份朴实的亲和力，打动了斐迪南，一见之后，他就成了腓特烈公爵府上常客。为了寻机接近苏菲，斐迪南时常假装来看望公爵的女儿，后者也很欣喜，直到得知真相。公爵一家深恼斐迪南买椟还珠之愚，妒恨之下，解雇了苏菲。

当时苏菲三十岁，斐迪南三十五岁，如果忽略年龄，这简直就是现实版的灰姑娘与王子。可惜生活的残酷不同于童话，天潢贵胄的哈布斯堡皇室极重门第，对这段门不当户不对的感情十分抵触。弗朗茨皇帝尤其反对，由于他的独生子鲁多尔夫已死（1889），斐迪南早被册立为储君，皇帝不能接受自己的继承人娶一位身份低微的没落贵族之女进门。

尽管斐迪南与苏菲最后冲破了封建大家族的重重阻力，终成眷属，但也为此付出了不菲的代价：斐迪南必须发誓，继位之后苏菲不能享有皇后尊号，他们的孩子、他们孩子的孩子，日后也没资格继承帝位。这意味着，斐迪南的皇帝生涯只能一世而终，之后就得传位给他的弟弟或侄子。同时，苏菲不能享受皇储妃应有的一切待遇，只能在皇族中排位最末，礼仪场合中甚至不允许和斐迪南一同出现，而只能跟皇族血缘最疏远、品阶最低下的女眷们为伍。

除了心中暗骂"皇帝你不懂爱"外，斐迪南也别无他法，终于，将这些苛刻条件全盘接受之后，总算好事得谐。婚礼上除了斐迪南的继母和几位亲姐妹外，其他的皇室成员，连斐迪南的亲弟弟在内，全部避席。

那一天是1900年7月1日。正是在那之前三天，6月28日，他们答应了上述条件，获准成婚。

婚后，大公夫妇恩爱弥笃，很快生了三个孩子，苏菲毫不计较名分地位，也正因如此，斐迪南更觉有愧于妻子。他将她看得极重，称她为"我的妻子、挚友、助手、医生、守护天使，和全部的幸福"。

在规矩森严的维也纳，他们只能按照婚前与皇帝的约定，别扭地生活，但到了天高皇帝远的波斯尼亚，大公认为可以自行其是，让委屈了多年的夫人风风光光，享受一下皇储妃的尊荣。这也是斐迪南早早将访问萨拉热窝的日期选定在6月28日这天的原因之一，他想用一场尽兴的巡游，来弥补妻子在十四年前同一天付出的爱的代价。

然而，大公忽略了这个日子对塞尔维亚人的意义——前面提过，这天是他们悼念1389年科索沃战役死难者的国难日，圣·维托节。

6.

伊利扎和萨拉热窝离得很近，28日这天上午十点左右，斐迪南

斐迪南大公夫妇准备乘车

的专列就抵达了萨拉热窝火车站。

波蒂奥雷克总督已在此迎候，铜管乐队高奏迎宾曲，总督引领大公和随员们分别乘上四辆敞篷车，驶出车站后又有两辆加入，一前一后护卫，总计六辆。车队在城中临着米扎卡河的主干道阿佩尔码头大街行驶，前往当地市政大厅。斐迪南挽着苏菲，坐在第三辆车里，他那件防弹衣外面套着浅蓝色的元帅制服，头戴高筒军帽，饰以十分醒目的羽饰。车子开得不快，斐迪南不时向车外被当地政府组织起来的"欢迎群众"挥手致意，面带微笑，十分快意。

比他更兴奋的，是此时已经潜伏在萨拉热窝城中准备取他性命的六名杀手。

大公将出访萨拉热窝的消息，早在四五月间就已见报，并传到了贝尔格莱德。由于访问的日期敏感，塞尔维亚人深受刺激，认定奥地利人特地选这个神圣的日子来耀武扬威，存心羞辱塞尔维亚。

爱国青年敏感的神经如干柴般易燃，普林西普当时正在贝尔格莱德，得知消息后，他便与志同道合的好友纳扎里科·卡布里诺维奇一同着手制订了一个惊人的计划：刺杀斐迪南。

弱冠之年的两个学生竟谋划出这等大案，在今天看来很不可思议，但若将时间倒回至一百多年前，不难发现，在那个时代里刺杀大人物的案件比比皆是，遇刺者从美国总统到俄国沙皇，乃至法国的总统、奥地利的皇后、中国的封疆大吏、日本的功勋老臣，其中更不乏"以匹夫之力逞于一击之间"的成功先例。因此，那个年代的革命者往往将暗杀作为实现其政治抱负的必要手段。卡布里诺维奇此前曾在萨拉热窝的一家出版社勤工俭学，因参加当地激进组织，被校方开除，辗转来到贝尔格莱德，他对奥匈帝国的仇恨不亚于普林西普。在他们眼里，斐迪南大公既然是帝国皇储，那自然就是仅次于皇帝的第二号大坏蛋，除掉他，必能沉痛打击敌人，至于大公亲斯拉夫的政见，他们是不知道，也懒于了解的。

很快又有普林西普的同学特里丰·戈拉贝茨入伙，此人也来自波斯尼亚，曾因斗殴受过治安处分，通过他，普林西普等人被介绍给了黑手会。

不久后的一天，贝尔格莱德卡莱梅格丹古堡的塞国情报部门总部，尤加·坦格西奇少校敲开了迪米特里耶维奇办公室的门，向他报告说，几个来自波斯尼亚的学生在谋划刺杀斐迪南，并分析了此举的严重后果。"神牛"不以为意，黑手会这些年来一直在扶持波黑的塞族激进组织，通过他们，增强奥匈帝国境内斯拉夫人的离心倾向，从这个意义上说，奥匈内部的民族矛盾越尖锐、斯拉夫各族处境越糟糕，就越有利于塞尔维亚。而倘若斐迪南上台后果真对斯拉夫人采取怀柔，重建国家认同感，则黑手会的盘算就可能落空。因此，迪氏对斐迪南必欲除之而后快，现在既然有几个波斯尼亚小青年愿做前驱，自然不该辜负他们一片革命热忱。"神牛"指示坦格西奇，为他们提供一切便利。

就这样，普林西普等人得到了武器和训练，他们在贝尔格莱德城郊的跑步者公园（Kasom Jack Park）寻找僻静处练习射击。几人都是零基础，突击培训，效果可想而知，普林西普的枪法练得勉强过得去，卡布里诺维奇实在没有射击天分，干脆改练投弹。

转眼到了6月下旬，时间迫近，还没完全出徒的青年刺客们只能仓促上阵。6月24日，三人分两批离开贝尔格莱德，返回故乡波斯尼亚，在坦格西奇的关照下，边境士兵安排他们偷偷渡过界河越境，把他们安顿在距萨拉热窝四十英里的图兹拉村，一位名叫丘伯利洛维奇的农夫家里。

动身之前，普林西普已联系自己在萨拉热窝时的老师丹尼洛·伊里奇，他知道这位仅比自己年长五岁的老师也是个狂热的民族主义者，渴望波黑脱离奥匈帝国。普林西普约略说了自己的计划，请老师协助接应武器入境，并招募人手帮忙。其实，伊里奇早就已经是波黑激进组织"波斯尼亚青年党"的成员，该党同黑手会关系密切，他们赞同普林西普的计划，委派伊里奇予以配合。通过组织帮助，伊里奇和他的同党在塞波边境与黑手会的人接头，将黑手会提供的枪支、炸弹，以及行刺后自杀用的氰化钾胶囊带到萨拉热窝。26日深夜，独自走了半日山路的伊里奇赶到图兹拉村，将一部分武器交到普林西普手上。久违的见面后，看着学生稚气未脱的面孔，伊里奇忍不住最后一次劝他放弃这次自杀式行动，然而普林西普死志已坚，不为所动。

次日，他们一起赶回萨拉热窝，提前熟悉场地。伊里奇在当地招募的三名刺客也已到位，并领取了武器。刺杀行动的全部班底凑齐，他们是二十八岁的穆哈米德·巴西奇、二十二岁的特里丰·戈拉贝茨、十九岁的纳扎里科·卡布里诺维奇和加夫里洛·普林西普，以及只有十七岁的瓦索·卡布里洛维奇和茨维特科·波波维奇。除了穆哈米德是黑塞哥维那的穆斯林族以外，其他五人都是波斯尼亚的塞族，最年轻的两位还只是中学生。

大公车队在萨拉热窝的巡游路线此前已在报上公布，刺客团队据此部署，由穆哈米德打头阵，在大公车辆经过的第一座桥凯穆利亚桥边下手；接下来是卡布里诺维奇，埋伏在车队必经的阿佩尔码头大街路南侧，如果穆哈米德失手，则由他在此向车队掷弹袭击，然后投水；两个中学生在不远处的十字路口路北侧的奥匈银行门前，混迹在人群中，见机行事；再下来一关就是普林西普，他差强人意的枪法在这伙临时上岗的刺客中已算可观，因此他被留在最后，埋伏在车队将行经的拉丁桥一带；戈拉贝茨开着车在附近游弋,随时接应同伴,传递信息。伊里奇作为联络人和记录者,不携带武器,混在围观群众中。

这一天在奔忙演练中很快过去,天黑下来,等到再亮,就该是6月28日,行动的正日子,成功成仁,都将在这一天。紧张,期待,兴奋,不安,几个年轻人百感交集,只待黎明。

空气在颤抖,仿佛天空在燃烧——暴风雨就要来了。

7.

时间与路线,都跟事先公布的一般无二,十点十分左右,大公的车队出现在穆哈米德视野里。

车队由西南向东北驶来,为方便群众围观,车速放得很慢。十年前弗朗茨皇帝也曾造访这座城市,那时层层护卫戒备森严;这一回,想展示新领导新气象的斐迪南吩咐:出行不封路。他坚拒了军方的护送,说"斯拉夫人没有理由伤害我",甚至都不愿劳动当地警力。在他的要求下,萨拉热窝警方只派了一百二十名警察,在车行沿线巡逻,警备可谓松懈,刺客面前是大把的空隙。

全部六名刺客中,穆哈米德年纪最长,投身革命也最早,他八年前就是黑手会成员,曾参与刺杀波蒂奥雷克总督,未遂流亡,这次行动可算是他弥补当年遗憾的机会。同伴们也非常信任他,以第一枪的重任相托,从这群年轻人的热情中,穆哈米德仿佛看到了当年的自己,但没人意识到,这股热情,已在他身上流失。

车子离他更近，当年的刺杀目标波蒂奥雷克就跟大公夫妇坐在同一辆车上，与大公夫妇谈笑，声音几乎可闻。穆哈米德口袋里握枪的手几次攥紧又松开："如果当年行刺成功，又会如何？"穆哈米德不由暗想，如果当初打死了总督，自己今天当然也不可能站在这儿了，既然阴差阳错逃得残生，何苦再枉送性命，反正后面还有数位同仁等待着壮烈捐躯，成功不必在我，不如把这不负少年头的机会留给他们？

正在他迟疑的当口儿，车已开远，机会不再，穆哈米德叹气走开，消失在人群中。

浑然不觉间，斐迪南的车队驶过第一个鬼门关，穆哈米德溜得悄无声息，下一个街口的卡布里诺维奇却如闻惊雷，他的位置与穆哈米德遥遥可望，眼见团队中最值得信赖的一个临阵脱逃，失望之余，顿觉自己肩上压力陡增。

不及多想，车队已经接近。穆哈米德缺少的热血在卡布里诺维奇身上却有满腔满怀，跟普林西普一样，他也患有肺结核，自知命不久长，早决心用缠绵病中的余生换取一个不朽的机会。他枪法较弱，准备的武器是炸弹，车队进入投弹距离，卡布里诺维奇振臂一挥，冒着白烟的土炸弹飞向斐迪南的座车。

此时车上的斐迪南与苏菲正向夹道欢迎的人群频频挥手，一回头，忽见一物飞来，军人的本能让斐迪南瞬间意识到不妙，大叫司机加速。一脚油门，大公的车驶过，炸弹落在车后嘶嘶地冒烟，后面的第四辆车想刹车躲避已来不及，爆炸声中弹片飞溅，车上斐迪南的副官埃里希·梅利茨额头擦伤，血流满面，另有几个随员和路人受伤，伤者共计十二名。

人群顿时大乱，车队也停下，卡布里诺维奇知道失手，掏出氰化钾胶囊吞下，纵身跳下米扎卡河。但时值枯水期，水浅不能溺毙，黑手会提供的氰化钾更是过期产品，卡布里诺维奇服下后恶心晕厥，却不致命，加上河水一呛，他一阵呕吐，毒质多已吐出。正在他难受间，跟着跳下河的警察已拥上前来，将他生擒活拿。

卡布里诺维奇被扭送到大公跟前，后者仍顾忌着友好访问的和谐气氛，强作镇定道，此人有精神病，速速带走。接着卡布里诺维奇被押去警察局审讯，梅利茨等伤者被送去救治，车队加速赶往市政厅，庆典气氛一扫而空。

市政大厅，盛筵在堂。尚不知情的萨拉热窝市长库尔西奇仍在厅前迎候，见斐迪南到来，拿出准备好的讲稿大谈"萨拉热窝市民对大公的欢迎和友爱"，斐迪南听得火冒三丈，冲市长发作。场面的尴尬暂且不提，先说此时剩下的刺客们。

目睹卡布里诺维奇被擒，本该支援他的两个中学生早就吓慌，忘了使命。而大公遇袭的消息在城中飞速传播，另外几人也很快得知。负责接应的戈拉贝茨将身上武器丢进下水道，急速逃离，剩下的普林西普、伊里奇，和两个学生，按计划在城西北的一座公园碰面，紧急商量下一步打算。

虽说刺客们此前都各怀了殉死之志，但当牺牲由浪漫的幻想变为现实的威胁，一切就都不同了。伊里奇安抚惶恐不安的两个学生，现在，六名杀手一被擒俩逃跑，剩下的三人中，两个学生已吓傻，失去作用，只余一个普林西普，可以说行动已经失败。更令他们害怕的是，卡布里诺维奇落在警察手里，随时可能在刑讯之下将同伙供出，他们几个也是危在旦夕。

恐惧和焦躁让他们情绪失控，语无伦次。普林西普一言不发，比起其他几人，他还稍存镇定，因为他相信卡布里诺维奇绝对不会出卖他们，但同时，他为好友落难而难过，又为自己谋划良久志在必得的大事就这样被搞砸而不甘。这边几个人还在七嘴八舌，普林西普已不想再听，此时天将正午，本来根据计划，他应该已跟大公同归于尽，魂归天国了，却奈何现在仍留在这里，无所适从，原本的崇高奋激已被挫败感取代。气一泄，方想起腹中无食，普林西普打算先去填一填肚子，平复一下情绪再作打算。

信步走出公园，普林西普在街上游荡，本是漫无目的，不知不觉间却走向了原本的设伏点拉丁桥，不一会儿，就走到了拉丁桥对面的一条小巷彼得王街，前面就横着阿佩尔码头大街，他的身后则是城里另一条主要街道法兰·约瑟街。普林西普正有些累了，抬眼见一家小咖啡馆，便进店要了一份三明治。吃完出店，忽听得汽车声响，他下意识地回头一看，简直不敢相信自己的眼睛——身畔不足五英尺处一辆敞篷车上，坐的正是斐迪南夫妇。

原来，炸弹事件让大公十分败兴，强压怒火遵照基本的礼仪完成了欢迎仪式后，他不顾市长和总督挽留，执意离开市政厅的欢迎宴会，要去医院探望受伤的随员们。按照定好的日程，离开市政厅后大公本该于下午去大教堂出席活动，要行经法兰·约瑟街，车队头车的司机不知道行程已变，便寻了条去法兰·约瑟街的捷径，拐了进来。而这捷径，恰恰就是普林西普所在的小巷，彼得王街。

斐迪南的司机是自带的，不熟悉萨拉热窝的道路，也就跟上。随行的波蒂奥雷克总督知道走错了路，鸣笛示意前面的车掉头，回到阿佩尔码头大街上。巷口狭窄，一时周转不便，几辆车堵在了一起，堵车地点，距普林西普刚光顾过的那间咖啡店不远。

对大公来说，这是致命的失误，对普林西普来说，却是天赐良机，他正为刺杀行动功败垂成而懊丧，未料目标竟自己向枪口上撞来，真是冤家路窄。这一天萨拉热窝城中的猎手和猎物终于碰面，普林西普心头一阵狂喜，不假思索地掏出手枪，指向大公。

此时车停在马路右侧，大公坐在左后座，与普林西普之间隔着苏菲，右边车门踏板上，站着大公的副手哈里希伯爵。本来在市政厅他劝大公不要再贸然出行，大公不听，他就站在车门边，以身体护卫大公，可惜这位忠勇之士站错了方向。

扳机扣动，子弹出膛，连鸣两响，现场毫无准备的人们都被惊呆了。待警卫们反应过来，循声望去，只见一袭黑衣的杀手持枪立在街边，仍保持着射击姿势，他眼睛紧盯着汽车上的猎物，面带着欣喜与从容。再看车上，苏菲夫人趴在丈夫身上，手捂腹部，血从指缝中流出，大公伸臂搂着妻子，在她耳边低语，似乎并没受伤，但他一扭头，就见脖颈处，血流如注。

斐迪南伤在颈部静脉，那里正是防弹衣和护身符都照顾不到的

普林西普行刺后被捕

盲区。凭借多年猎杀活物的经验，他自知不免，但心里仍有牵挂，在失血昏迷前他一直摇着妻子的身体絮絮呼唤——据当时站在车门旁的哈里希伯爵后来回忆，大公说的是："苏菲，不要死，为了我们的孩子活下去！"

8.

唉！还没等到当上皇帝就蹬腿儿了。……这全是土耳其人干的。为了波斯尼亚和黑塞哥维那两个省干的。……土耳其在一九一二年败给塞尔维亚、保加利亚和希腊；他们想要奥地利帮个忙，奥地利没答应，所以他们就把斐迪南给杀了。……您以为皇上会容忍这种事？那您对他就太不知底细了。同土耳其这一仗非打不可，哼！你们竟敢把我的叔大人打死？！好吧，那就请尝尝我的厉害吧！仗是非打不可的，塞尔维亚和俄国会帮我们的忙。有一场好戏看哩。……也可能，在我们向土耳其宣战时，德国人会来进攻我们，因为他们和土耳其是一伙的，他们都是些头号大混蛋。我们也可以跟法国联合起来，他们从一八七一年就跟德国人结了仇。这一下，可就热闹了。

萨拉热窝事件之后数日，在奥匈帝国辖下的捷克首府布拉格，某间街边酒肆，一个闲汉正在夸夸其谈，对事件的前因后果无一言中（甚至连弗朗茨和斐迪南的叔侄关系都搞反了）。多年之后上述场景出现在捷克大作家哈谢克的小说中，主人公被命名为"好兵帅克"。当然，那时可能并不曾真有过这么一个人，说过这么一番话，但从帅克梦呓般的言谈中透出的奥匈帝国普通民众对时局认识之颠三倒四，却与当时的情形十分吻合。

6月28日，大公夫妇都被射中要害，医治无效，当天中午就相继身亡。刺客普林西普确定得手，想开枪自杀，已没有机会，一拥而上的警卫们将他控制住，收押审讯。虽然他和之前被捕的卡布里诺维奇都咬牙受刑不肯招供，警方还是通过撒网盘查，找到了与他们有过联系的伊里奇。这位老师的意志远不如学生坚定，被捕后惊慌地将全部计划供出，其余刺客以及幕后有关人员，共二十余人落网，只有最早放弃刺杀的穆哈米德·巴西奇躲过了缉捕，始终在逃。

全欧洲的目光都聚焦在这桩爆炸新闻上，早已剑拔弩张的两大军事集团德奥同盟和俄法英协约，神经都被萨拉热窝事件牵动，奥匈军方的好战分子力图将事件与塞尔维亚政府扯上关系，借此大兴问罪之师。他们的盟友德国人也乐意见此情形，极力怂恿。

德奥寻求的罪证链条不难构建，毕竟刺客们基本都是塞族人，并且有黑手会背景，塞尔维亚情报部门和黑手会这种一套班子两块牌儿的纠葛，使得政府也难自证清白。此前，帕西奇首相曾隐约得知黑手会的刺杀计划，命驻奥使节向奥方示警。但该使节是迪米特里耶维奇的支持者，内心里希望他得手，便例行公事提醒奥方注意波斯尼亚的激进分子，却又不吐露具体情报，只含糊地说："要小心那些无政府主义青年，他们可能会在手枪里装进真的子弹，而不是只放空枪。"这样语焉不详的警告，完全没有引起奥方注意，现在，则成了奥地利人手中指证塞尔维亚政府幕后主使暗杀的证据。尽管并不确凿，但对急于寻找战争借口的人来说，真相无关紧要。

塞尔维亚的盟友俄国、法国，甚至英国，也在一边斡旋，一边备战。

奥地利，巴德伊施尔的皇家行宫。

八十四岁的皇帝弗朗茨·约瑟夫坐在那里，老态龙钟，王族六百多年的岁月，仿佛都活在了他一个人身上。虽贵为皇帝，但他的人生可称多舛，不妨再次引用《好兵帅克》中的一段——

> 他儿子鲁多尔夫正当年富力强的时候就一命呜呼了；老伴儿伊丽莎白也让人用锉刀捅死了；随后他的兄弟杨·奥尔特失

了踪；他的兄弟墨西哥皇帝被处死在一个碉堡墙跟前，如今又把他的长辈叔大人给干掉了，真是祸不单行。得有一副铁石心肠才受得住。

这里说的"老伴儿伊丽莎白"就是著名的茜茜公主，不过与电影里那位英俊潇洒的男主角不同，现实中的弗朗茨木讷凉薄，反倒更接近帅克的评价：铁石心肠。如前所述，他与斐迪南从政见到私生活都颇多抵触，对侄子的死很难说他有多伤感，但此事造成的棘手局面却令垂暮的皇帝无比头疼。

他知道自己这个外强中干的帝国经不起一场大战，但此刻皇帝的意志也已左右不了局面，军方、军火商、金融巨头、德国人，以及愤怒的奥地利民族主义者和同样愤怒的少数民族分裂主义者……在重重重压下弗朗茨终于启动了战争，那之前的最后一刻他还在声称，这实非他所愿。

7月28日，奥匈对塞尔维亚宣战。7月30日，俄军总动员准备援塞。8月1日，德国对俄宣战。8月3日，德国对法宣战。8月4日，

奥匈帝国皇帝弗朗茨·约瑟夫

英国、比利时对德宣战。8月6日，奥匈对俄宣战，塞尔维亚对德宣战。8月12日，英国对奥匈宣战。8月13日，法国对奥匈宣战。

    总有一天，会有个巴尔干的蠢货，引起一场欧洲大战。

  这是大约二十年前的一句预言，出自奥托·冯·俾斯麦，已故的德国铁血宰相。但事态之严重远超出俾斯麦的设想，从巴尔干燃起的战火并未局限在欧洲，而是蔓延到多半个地球，三十余国，持续四年半，吞噬近两千万生命，耗资超过三千亿美元。这场战争，是名副其实的第一次世界大战。

  这一切都始于萨拉热窝的那一枪。

  至于始作俑者，普林西普虽是直接凶手，但案发当天他还未满二十周岁，根据奥匈帝国法律，他幸运地躲过死刑，被判二十年徒刑。同样因为年龄原因，卡布里诺维奇的量刑与普林西普相同，其他刺客分别获刑十至十六年不等。反倒是没有直接参与刺杀的伊里奇，年龄达标，绞立决。判决是在1914年10月28日做出的，战争已全面打响，但普林西普仍沉浸在成功的喜悦中，并没意识到可怕的后果。他当庭慷慨陈词，自称民族英雄，有功无罪（对苏菲的死他表示歉意），并建议法庭"最好将我钉在十字架上，焚我残躯，照亮我同胞的自由之路"。

  随后诸人入狱，普林西普被囚于捷克的特莱辛施塔特，他被捕时手臂受伤，因未获医治，伤口坏死，后来不得不截肢。1918年4

月28日，距战争结束仅剩半年多，普林西普因肺结核死在牢中，年仅二十四岁。他的病友兼难友卡布里诺维奇在1916年就已病发身亡。

1919年，萨拉热窝事件整整五年后，又是宿命般的6月28日，《凡尔赛和约》缔结，大战以塞尔维亚所在的协约国集团获胜而告终。塞尔维亚人不但如愿合并波黑及黑山、马其顿，更与克罗地亚、斯洛文尼亚一起组成了南斯拉夫王国[1]。

大敌奥匈帝国则兵败解体，不复构成威胁，弗朗茨在战事胶着的1916年病故，临终遗言："上帝拯救皇帝吧。"

尽管战争中塞尔维亚无数军民罹难，但毕竟民族宿志得偿，普林西普等为之牺牲者身后有知，想必亦当颔首九泉。然而，这个捏合起来的王国存在了二十七年后又改组为社会主义共和国，延续了半个多世纪后再度分裂，其过程和它建立之时一样充满血火浩劫。塞、克、穆三族交错的波黑尤其灾难深重，萨拉热窝城中的普林西普纪念碑也毁于战火，重建后碑文不再褒赞他的"英雄事迹"，而改为祈祷和平。

20世纪初南斯拉夫诸族为统一而洒的热血，到了世纪末，为了分裂又重新洒了一遍，回首百年身，一切归零。对此，普林西普和他的同仁们不知又将有何感想。

---

[1]1929年之前国名为"塞尔维亚人、克罗地亚人和斯洛文尼亚人王国"。

Ⅶ.

暗杀局
——沙俄贵族刺杀妖僧拉斯普廷

时间 /1916 年 12 月 29 日
地点 / 俄罗斯·圣彼得堡
遇刺者 / 俄国沙皇宫廷僧侣拉斯普廷
刺杀者 / 尤苏波夫亲王等

莫伊卡河冰冷的河水浸透了包裹着他的毡毯,流入他的鼻腔,在他沉到河底之前,就顺着气管灌进了他的肺里。

强烈的刺激,使这个陷于昏迷的垂死者本能地张大口,试图呼吸,然而又有更多的水涌进喉咙,他不自禁地一阵剧咳,伴随着咳嗽,意识也猛地恢复过来。各种痛感随之一并发作,后脑的棒创和肩上的弹孔被冷水一浸,刚有些凝结的淤创重又裂开,血汩汩地冒出,胃里的氰化物也开始起效,如火般燃烧。

药鸩、枪击、棒打、水淹,一整套完备得近乎奢侈的杀人组合套餐,行凶者不惮劳苦费此周章,不仅是因为对被害者怀着刻骨仇恨,也因为他们知道自己要杀的,确是一个极难杀死的人。

这个人就是格里高利·叶夫莫维奇·拉斯普廷，俄罗斯末代沙皇宫廷中权倾朝野的一代妖僧。

1.

诚然，人不能两次跌入同一条河，但对落水者来说，不管跌进的河有多不同，溺水时垂死挣扎的感觉，总是大同小异。

拉斯普廷对这种感觉应该并不陌生，甚至很可能还带着几分亲切，因为，他的发迹，就从一次溺水开始。

那是三十五年前，在西伯利亚西部边缘托博尔斯克地区一个名叫波克洛夫斯克耶的小村，时间和空间都已十分遥远。那时候，他还只是当地马车夫家一个十二岁的小男孩，本姓诺维赫，还没有"拉斯普廷"这个名动全俄的不雅诨号，父母都喊他"格里切卡"[1]。在那一年，也是隆冬时节的某天，格里高利与哥哥米沙掉进了小村旁边的图拉河，被救起后两兄弟都发起了高烧，不省人事。三天后米沙死了，格里高利活了下来，却像是变了另一个人，变得沉默寡言，喜欢独处，有时会莫名其妙地自言自语，不知所云，一双浅蓝色的眼睛常透出与年龄不相称的森森冷意，让当地那些常年在严酷环境里战天斗地的粗犷汉子都不寒而栗。更可怕的是，那双眼睛仿佛能洞察一切。有次小村发生了盗马案，村民们查寻窃贼毫无头绪，小格里高利当众指

---

[1] 俄语中"格里高利"的昵称。

认村中首富就是盗马贼,这个令所有人都难以置信的指控,竟然最终被查实。格里高利告诉惊叹不已的村民们,案发时自己并没看见,然而——"我就是知道。"众人无不骇然。

成年后,格里高利子承父业,也做了贩运货物的马车夫。村民们还记得他小时候表现出的神异,每有疑难病症,常请他诊视,而他不知名的草药和古怪的祈祷文,也往往真的有手到病除的效果。于是,通过种种添油加醋的口耳相传,他成了许多离奇荒诞故事的主角,声名鹊起。

同时,格里高利也和大多数俄国人一样,嗜酒如命,每当烈酒落肚,超凡脱俗的神秘光环随之褪去,此时的格里高利会变成一个放浪形骸的酒色之徒,举止粗野下流。本来,以他"无产阶级"的消费水准,要"花天酒地"是有难度的,但格里高利不择土壤,任何异性都能激发他原始的冲动,兴之所至,无论良贱,不辨妍媸,即便数次遭到被骚扰对象家人的痛骂甚至痛打,仍不改"本色"。

也正因此,他开始被人叫作"拉斯普廷"[1]——俄国俚语中大致意为放荡客。

2.

1904年,是俄国的多事之秋。国内,工人运动此起彼伏;国外,

---

[1]распутин,也译作拉斯普丁、拉斯普京等。

日俄战争爆发。举世敬畏的俄国海陆两军居然招架不住此前并未放在眼里的区区日本，尤其是海军，连战连败，损兵折舰外带丢人，沙皇尼古拉二世又气又急。

8月12日，就在俄国太平洋舰队从旅顺港突围失败，被日本联合舰队打散后的第二天，总算有桩好事，可以让焦头烂额的沙皇暂缓心情：他的皇后，亚历山德拉·费奥多罗芙娜诞下一名男婴。沙皇夫妇此前已育有四个孩子，但都是女孩，因此，这位取名为阿列克谢的小皇子降生后不久，就被册立为储君。尼古拉二世欣喜地认为，他的出世为摇摇欲坠的沙皇宝座添加了一块使之稳定下来的砝码。

然而，沙皇的弄玉之喜很快转忧：阿列克谢是带着诅咒来到人间的——他患有在当时几乎是不治之症的顽疾，血友病。这种病是因遗传性凝血因子缺乏而产生的，患者体表出血不易凝结，会血流不止，也就是说，一个小小的创口，都可能成为致命伤。血友病另一诡异之处在于，致病因子由女性携带，却只会在其男性后裔身上发作——真正的传男不传女。倘如《圣经》所说，女性专有的妊娠之痛是上帝给

沙皇尼古拉二世与皇后

她们的特殊惩罚，那么男性独有的血友病，则可视为上帝给妇女找回的一点平衡。

阿列克谢的母亲亚历山德拉皇后，出身于德意志的黑森王族，她的外婆就是英国著名的维多利亚女王，血友病正是那位"欧洲老祖母"的"宝贵遗产"。维多利亚全部九名子女中，一个儿子患病，三个女儿携病，这其中就包括亚历山德拉的母亲爱丽丝公主。并且，通过当时盛行的王室联姻，这种病症也几乎遍及欧洲各国王室。

虽然沙俄皇室试图隐瞒阿列克谢的病情，但此事还是很快传开。由于德国背景，亚历山德拉皇后本就不为俄国臣民所喜，此时，人们更视这个将血友病带进俄国皇室的女人为不祥之人，这令她十分苦恼。

3.

对本文的主角拉斯普廷来说，1904年同样是极为重要的一年。

这一年，他结了婚，更重要的是，某次机缘巧合，他结识了一位年轻修道士，后者被他的神秘气质和与众不同的神学见解深深折服，引荐他加入修道院——至此，这位马车夫兼民间巫医被组织收编，成了一名"体制内"的职业神棍。

拉斯普廷加入的宗教团体也有别于寻常，这是一个被称为赫里斯蒂派的地下教派，表面上与普通的东正教团体无异，暗地里遵奉的却是一套诡秘的教义。

赎原罪，上天堂，这对基督教任何分支来说，都可以算是核心追求，赫里斯蒂派自然也不例外，但他们寻求的上天堂之路可谓另类。他们认为，与其恪守各种清规戒律刻苦修行，不如"先犯罪，再净化"，唯有犯罪，才能获得灵魂的救赎。当然，修士僧侣没有豁免权，所谓"罪"指的不是刑事意义上，而是宗教层面上的"罪"，智利女作家伊莎贝尔·阿连德在《阿芙洛狄忒：感官回忆录》中对此介绍如下：

斯拉夫人的赫里斯蒂（khlysti）基督教派，有一套纵欲狂欢的独特仪式，与会的男女尽情杂交，借以象征耶稣与玛丽的神圣结合，并大肆饮酒、唱歌、跳舞、互相鞭笞等。

上述之于经典的基督教教义教规，无疑是离经叛道，诲盗诲淫。对此阿连德在书中认为，这正是中世纪以降严酷刻板的宗教环境对人性的长期禁锢所激发出的逆反："人类承受的压力愈大，备受折磨的想象力就编造出愈多叛逆的点子。"

另一方面，其他宗教中也不乏赫里斯蒂派这种"逆向修行"的理念，所谓"放下屠刀，立地成佛"是也，罪人偶尔迸发出的人性闪光点，往往会被认为比老实人一生循规蹈矩行善积德更有正面意义。通往天堂的窄门毕竟窄了些，想在芸芸众生中脱颖而出，必须有点独特"卖点"才行，于是就有了赫里斯蒂派这种类似今日反向营销的理论与实践。想想也有道理，当年耶稣基督在十字架上受难的时候，不就曾对一起受刑的刑事犯难友许以天堂席位吗？只因为后者在垂死之际皈依了耶稣。

可以说，赫里斯蒂派将世俗社会中屡试不爽的"杀人放火受招安"模式，移用于宗教领域，本质上是一种投机。而对拉斯普廷来说，这个教派从指导思想到"组织生活"，无不大合其脾胃。尽管只在修道院中修行了小半年，但他似乎深得神髓，离开修道院后，马车也不赶了，做了专职的游方僧侣兼巫医。据说，在西伯利亚游医期间，他还真的治愈过一些疑难杂症，因此名头愈加响亮。同时，他也更加放荡，并且经过在修道院的镀金深造，他的那些荒唐行为看起来多了一层异于凡俗的不羁和莫测高深的神秘。

接下来一年之间，拉斯普廷逐渐变成了一个半神话性质的人物。恰值是年，绕行半个地球远征日本的波罗的海舰队刚到远东就一败涂地，俄国只得认输求和。内外交困下，沙俄政府被迫搞起迟来的政改，又是召集国家杜马（议会）又是立宪，病急乱投医的沙皇更乞援于神秘力量，四处寻找"圣徒"为国祈福，一时全俄此风大盛。拉斯普廷也乘时而起，从农村进军城市，并在有官方背景的神秘主义组织"黑色百人团"的提携下，于1905年秋天来到圣彼得堡。

早在此之前，他的名声已经先行到访。这座帝都，云集着俄国最多的上层人士，有高官、勋戚、贵妇，还有俄国东正教的大牧首。不论男女教俗，这些贵人多是常年"十指不沾泥，鳞鳞居大厦"，不唯四体不勤，轻松安逸的生活中，大脑也由于长期闲置而功能退化。拉斯普廷的传奇令他们大为神驰，纷纷争睹其风采。

最初接见这位乡下来京务工人员的，是喀琅施塔得的伊万神甫，一位素以虔诚著称的东正教高级神职人员。老神甫见了拉斯普廷就激动地断言，在他粗陋的外表下潜藏着"神性"。经神甫验证之后，又有多位高级教士对拉斯普廷大加称颂。

接着就是各路贵妇蜂拥而至，这些女人大约是当时俄国最穷极无聊的一群人。狭小的圈子、种种规矩礼节的束缚、闲适却千篇一律的生活，以及由于国内阶级对立日益严重而隐隐觉出的末世气氛，使她们对一切新奇事物都抱有狂热的兴趣。当拉斯普廷出现，她们很快被其吸引。在她们看来，拉斯普廷乱蓬蓬的胡须、脏兮兮的长发、粗俗的举止、低沉的嗓音、难懂的言谈，特别是他那双深邃的、炯炯放光的蓝眼睛，都散发着独特的野性魅力。她们对他敬若神明，称他为"斯塔兹"，可以理解为"神甫""长老"，或者干脆就是"父亲"。就这样，帝国最尊贵的豪门命妇，都成了这个"西伯利亚农民"的忠实粉丝。

拉斯普廷

这其中，就包括黑山女大公米丽奇亚，皇室的密友（其父黑山大公曾被尼古拉二世公开称为"我唯一的朋友")。正是她与拉斯普廷的一次对话，改变了后者、沙皇夫妇，乃至整个俄罗斯帝国的命运。

4.

那是1906年的某个夏日，当时，拉斯普廷来到圣彼得堡已经快一年了，结识了很多上流人士，与米丽奇亚一家更是熟稔。

当天米丽奇亚将他请来府中，一反常态地沉默半晌，才开口询问拉斯普廷是否了解血友病，是否有办法治疗。对于巫师神汉来说，一大要诀就是切不可说出"我不能"三字，果然，拉斯普廷答出了血友病的症状和遗传情况，并胸有成竹地保证：能治。

米丽奇亚双眼放光，喜形于色，稍作沉吟之后，她下定决心一样地将秘密告诉拉斯普廷：太子阿列克谢患有血友病。

其实处于末世的沙俄国家机器早就千疮百孔，再无法屏蔽信息，只有自我隔绝于民众的贵族们才会把已经传遍全国的消息当重大秘密拿出来讲。但拉斯普廷闻言，还是佯装吃惊，在米丽奇亚反复恳求下，才终于点头，同意进宫去医治皇太子。

圣彼得堡的皇宫深处，亚历山德拉皇后正深锁愁眉。实行一夫一妻制的沙皇宫廷，虽然没有我们熟悉的"宫斗"戏份，但她也并没有因此轻松多少。自打嫁进这个当世第一大国的皇室，她更多感受到的不是母仪天下的风光，而是步步惊心的艰辛。1894年，她与尼古拉订婚未久，就赶上上一代沙皇亚历山大三世驾崩，迷信的俄国人都说是她克死了先帝；两年后的加冕典礼上，由于庆祝活动安排失当，发生了踩踏事件，很多平民死伤，俄国臣民又将之归咎于她。后来随着皇子患病之事传开，俄国人对她的怨望达到顶点，半公开地称她为"德国苍蝇"。

正所谓得意的人与失意的人离上帝最近，两者兼具的亚历山德拉就是如此，而且，她非但距离上帝，距离各路牛鬼蛇神也都很近。曾与李鸿章签订《中俄密约》的维特伯爵在其回忆录中提到，皇后宠信异能之士，20世纪初，曾供养一位出身法国里昂的"菲利普神甫"，以其为圣人，对其信赖有加。菲利普似乎擅长催眠术，他成功地催眠了当时求子心切的亚历山德拉，使她相信自己怀了身孕，并且是男孩，此事闹得圣彼得堡尽人皆知。但到了该"临盆"的时候，御医检查才发现，皇后其实是心理因素导致的假性怀孕，传为一时之笑谈。后来在皇后干预下，沙皇又将菲利普神甫推荐的一位东正教教士泽拉菲姆封为圣人，此人多次来宫中主持祭拜圣物等神秘仪式，沙皇全家都参加了。皇后因无子而备受非难，故而在仪式中尤为虔诚。这次的祝祷终于奏效，亚历山德拉成功怀上了皇子，也就是阿列克谢。

菲利普神甫在1905年日俄战争结束前夕故去，他的信徒宣称他已完成了帮助皇室的使命，离开人世返回天堂了。皇后今时较之往日，更加需要帮助，而看起来拉斯普廷似乎比菲利浦之流更具神通，因此当米丽奇亚将他的神迹介绍给皇后时，后者大为动心。不久后，皇后更亲近的另一位密友安娜·维鲁波娃（传说与拉斯普廷有暧昧关系）也推荐拉斯普廷，皇后再无犹疑，急忙召这位"圣人"入宫。

沙皇也亲自过问，他向圣彼得堡的头面宗教界人士太奥凡主教垂询。主教大人也是拉斯普廷的拥趸，回奏道："格里高利·叶夫莫维奇是一个普通的农民，陛下听听他的言谈是大有益处的，因为他是俄罗斯芸芸众生的代言人。我知道人们对他的各种指责。我清楚他的罪过罄竹难书，令人发指。但天主仁慈，他的身上有着极大的忏悔力量和天真单纯的信仰，所以我敢保证他能带来永恒的救赎。"[1]

终于，1907年某月某日，格里高利·叶夫莫维奇·拉斯普廷志得意满地穿着他粗糙的"西伯利亚大皮靴"踏上了帝宫的大理石台阶，就此一步登天，迈向沙皇俄国的权力之巅。

5.

朝为田舍郎，暮登天子堂。人生得意，莫过于此。出身边鄙的山野村夫，成了堂堂皇室的座上嘉宾，获得了亚历山德拉皇后的亲切接见，并给后者留下了极好的印象。

不过拉斯普廷为皇后所青睐的，并不是学识、礼仪之类，恰恰相反，拉斯普廷很清楚自己的"卖点"就在于我行我素，粗鲁不羁的作风，对于那些生活在繁文缛节中的贵族来说，这样的作风是新奇的，体现的是他不拘于世俗的狂放与超脱。在圣彼得堡的两年中，

---

[1] 皮埃尔·贝勒马尔《历史重案》。

拉斯普廷同上流圈子打交道已有相当经验，知道这种风格是他的最佳包装，因此，在皇宫中，他就像身处瓦肆勾栏一样，不加检点，时有逾矩之行。

此时拉斯普廷在圣彼得堡的信徒已有数万之众，其中也包括一些皇宫中的仆婢，拉斯普廷通过这些人，了解沙皇夫妇的近况，在获得觐见机会时，往往能言中皇后心事，似乎未卜先知。有时他还玩些手段，比如买通宫中仆人，将某座厅堂的吊灯螺丝弄松动，然后对皇后"预言"，不可接近该厅堂，以免遇险。几天后吊灯果然掉下来，"预言"应验，皇后更感其神通。

不过也不好说拉斯普廷就是一个单纯的骗子弄臣，除了装神弄鬼的伎俩外，他确有一项至今科学界都无法完全解释的异能，那就是治疗血友病。

作为天下皆知的未来沙皇，患有血友病的小阿列克谢自然是皇家头号保护对象，仆从小心翼翼，唯恐他受一点伤，出一点血。但意外总是防不胜防，有时是玩耍时不慎擦伤，有时是气候或食物引起的体内血管破裂，比如流鼻血，每遇这种情况，就是拉斯普廷大显身手的机会了。

此时他会急速赶到小皇子病床前，屏退御医和仆人，甚至沙皇夫妇也只能在远处看着。他会抚摸阿列克谢的额头，握他的手，直视他的眼睛，用柔和而坚定的语调鼓励安慰他，同时点起不知名的草药熏香。在绕室的香烟中，拉斯普廷开始用浑厚低沉的嗓音诵经，念得异常投入，含糊不清的西伯利亚方言在他齿间翻滚，如同咒语，无人能解；同时手在胸前不停地画着十字，神色癫狂，仿佛在与神明交流。

诡异的祛病仪式通常只持续不到十分钟就会结束，此时阿列克谢会昏睡过去，伤口的血也止住了。

还有更神的：1912 年，阿列克谢随尼古拉去波兰度假[1]，一次出猎，他骑马擦伤了大腿内侧，腿上长了个肿块，疼痛难忍，御医束手无策。

大约一年前，尼古拉耐不住群臣的反复劝谏，给了拉斯普廷一笔钱，以"资助朝圣"为名，打发他离开皇宫去了耶路撒冷。后者到圣城大撒金钱风光了一阵，此刻已回了西伯利亚老家，眼下心急如焚的亚历山德拉皇后急电召唤，拉斯普廷赶回来之前发了封回电，声称已经为阿列克谢向上帝祷告，皇子必将转危为安。奇迹真的发生了，皇后接到回电的当天，阿列克谢的腿就开始消肿，破皮流血处，血都止住了，人也最终痊愈。

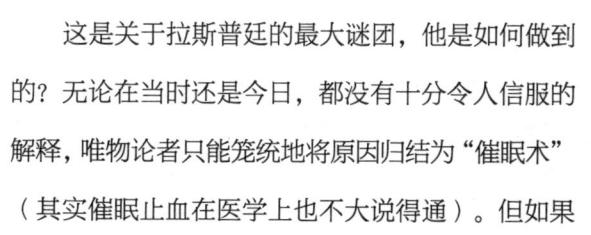

这是关于拉斯普廷的最大谜团，他是如何做到的？无论在当时还是今日，都没有十分令人信服的解释，唯物论者只能笼统地将原因归结为"催眠术"（其实催眠止血在医学上也不大说得通）。但如果

皇储阿列克谢

---

[1] 波兰早在 1795 年已被俄奥普三国瓜分。

说拉斯普廷对阿列克谢面对面的催眠是止血的关键，那这次一封千里之外的电报"治愈"了皇子，内情如何，就有待进一步研究了。总之，拉斯普廷如果靠的确实是催眠术，那他的这门技艺可以说是炉火纯青，对人的精神控制力强大得惊人。

这次事件中拉斯普廷的表现过于令人称奇，皇后对他的信服达到顶点，再不肯让他离开。她一贯作风强势，沙皇也少有拂逆。终于在皇后的力挺之下，拉斯普廷重返帝国核心圈，成了不可撼动的股肱之臣。

相形之下，御医们在皇后眼中成了无用之人，而拉斯普廷每次施术收效之后，都告诫亚历山德拉不能让御医接触阿列克谢。皇后早对拉斯普廷的"神力"五体投地，对他言听计从，就这样，拉斯普廷独自控制着他的病人阿列克谢，并通过此对皇后乃至沙皇本人施加影响。

本来，拉斯普廷的志趣也不过就是"食、色"也，这方面皇后乃至沙皇都对他十分放任，睁一只眼闭一只眼，甚至默许他将赫里斯蒂派的荒淫仪式搬进帝国的上层交际场所。但见的世面多了，拉斯普廷也逐渐移爱于更刺激、更诱人，也更危险的新玩具——权力。

6.

圣彼得堡城南的富人社区有一座堂皇的贵族府邸，屋舍傍水而建，涅瓦河的支流莫伊卡河就从左近流过，此处也因之得名莫伊卡宫。

尤苏波夫亲王

普利什凯维奇议员

巴普洛夫大公

此间的主人，是年轻的菲利克斯·菲利克维奇·尤苏波夫亲王，他不但富可敌国，更是鞑靼亲王爵位继承人、沙皇的外甥女婿。1916年11月15日这天，他正与几位客人在莫伊卡宫某个隐僻的房间密议。一干宾客非富即贵：迪米特里·巴普洛夫大公，沙皇的小堂弟；弗拉迪米尔·普利什凯维奇，国家杜马议员；马克拉科夫，内务部部长；苏霍金大尉，退伍军官；以及尼古拉斯·德·拉维佐尔，一位法国医生。他们商谈的主题就是——如何杀死拉斯普廷。

自拉斯普廷见幸于皇后，俄国政坛就隐约感觉到了他的影响，初时这影响还算轻微、可控，帝国重臣们曾不止一次劝说沙皇将他罢黜出京，赶回西伯利亚。然而1911年，拉斯普廷最忌惮的铁腕宰相斯托雷平在基辅遇刺身亡，次年拉斯普廷又通过前述的"电报祛病"事件大显神通，重获沙皇信任，地位已不可动摇。1914年，第一次世界大战爆发，虽然拉斯普廷反对与德国开战，曾为此力谏沙皇，称开战将导致亡国，但当战争不可避免地爆发，尤其是当1915年沙皇亲赴前线留下皇后署理国事之后，拉斯普廷发现，自己已经成了圣彼得堡事实上的头号人物。通过对皇后的影响，他开始插手政事，许多重要的人事安排往往由他一言而决，皇后几无违拗。从1914年到1916年，"大臣会议主席换了四个，内务大臣换了六个，陆军大臣换了四个，外交大臣换了三个，司法大臣换了四个"[1]。这些擢黜，很多都来自拉斯普廷的授意，而理由大都荒唐可笑，有时因为某官员歌儿唱得好，就将之提拔为内务大臣；有时觉得陆军大臣"皮靴声太响惹人心烦"，就将之炒掉。当时的俄国正处在战争中，这种对军方高官儿戏般的任免直接关乎前线的胜败，以及士兵的生死。

然而在皇后的保护下，弹劾拉斯普廷的官员非但奈何不了他，还无一例外反遭其咎，皇后甚至动用报纸审查机构，要求媒体对拉斯普廷的负面新闻一律"不渲染不炒作"。这样一来，不齿拉斯普廷的正派人士逐渐被排挤出权力中枢，一些趋炎附势之辈反倒获得重用，本就气息奄奄的皇室，陷入了"亲小人，远贤臣"的危险境地。

尽管这个沉溺酒色的半文盲未必有什么真正意义上的"政治野心"，但帝国政界已被他搞得乌烟瘴气，尤苏波夫等皇室勋戚无不为之心焦。1916年11月13日这天，国家杜马的会议上，弗拉迪米尔·普利什凯维奇议员以激烈的言辞抨击时政，号召"干掉那个淫僧和荡妇"——虽未点名，但这两个"尊号"所指为谁，与会者自然都心照不宣。

当时尤苏波夫亲王也正在场，会后他找到普利什凯维奇，问他

---

[1] 瓦·皮库利《邪恶势力》，蓝英年译后记。

是否真有此心，得到肯定答复后，两人联系了几位志同道合者，于两天后，也就是11月15日，聚首莫伊卡宫，共谋清君侧。经过一番讨论，计划出笼。

7.

12月29日夜半时分，一辆汽车驶进莫伊卡宫院子，在供仆役出入的侧门前停住，司机和乘客分别下车，前者身姿英挺，衣着华贵，正是尤苏波夫亲王，后者一袭黑袍，长髯飘飘，却是拉斯普廷。

拉斯普廷夤夜来访，是应尤苏波夫之邀。据亲王说，他的太太伊琳娜公主近来抱恙，想请"斯塔兹"来家里为她诊病祈福。这个邀请让阅女无数的拉斯普廷都意乱情迷，因为沙皇的外甥女伊琳娜艳名广播，是全俄数一数二的美女，拉斯普廷垂涎久矣。至于诊病云云，则是一个公开的暗语，近年来已有不止一位巴结拉斯普廷的官宦人物以此为名向他献上妻女，以为晋身之阶。拉斯普廷与尤苏波夫此前在酒桌上有过交往，虽无深交，

尤苏波夫亲王与夫人伊琳娜

但他对尤苏波夫印象还不坏，按说他应该明白以尤苏波夫的富贵，这般没来由地向自己献媚，此中必有蹊跷，但美色当前，精虫上脑的拉斯普廷也不多想，就欣然应允。尤苏波夫又说要亲自驱车来接，诚意十足，拉斯普廷更不虞有诈，还提出要夜间到访，从侧门潜入。

对于已经布置妥当要在当夜结果他的尤苏波夫等人来说，这真是主动配合。

尤苏波夫引着拉斯普廷入室，殷勤备至。此时，莫伊卡宫仍灯火通明，楼上宴会厅里传来阵阵欢歌，亲王解释说，伊琳娜正在办舞会款待朋友，还没散场，为免被闲杂人等撞见，只好请拉斯普廷屈驾，先到地下室暂坐片刻。

拉斯普廷也不介意，当下就由亲王领路，来到地下室。这里已经过精心布置，铺着厚厚的波斯地毯，墙上挂着帷幔，周遭都是名贵家具，陈设得体，壁炉里烧着松香木，暖意融融。尤苏波夫请拉斯普廷在铺着熊皮的沙发上就座，说要亲自为拉斯普廷取酒把盏，言罢上楼，去找他躲在楼上的同谋者。

一个月前他们在此密谋，现下除了内务部长马克拉科夫没来以外，其他几位都已聚在莫伊卡宫二楼，这里也根本没举行什么舞会，就是这几人在用留声机大放美国流行音乐，以麻痹拉斯普廷。至于伊琳娜，已被尤苏波夫送往乡下别墅，以防不测。众人选定的杀人手段是毒药，专业人士拉维佐尔医生已备好了氰化钾，将之涂抹在几块奶油蛋糕的夹层中，还下了一些在专为拉斯普廷准备的马德拉红葡萄酒里。

现存于莫伊卡宫的蜡像，重现了尤苏波夫刺杀拉斯普廷的场景

回到地下室中，尤苏波夫强抑着紧张的心情将餐盘端到拉斯普廷面前的茶几上，请他享用，后者酒到杯干，又吃了三块蛋糕。看见他将酒食入口，尤苏波夫一阵窃喜，拉维佐尔医生曾信心十足地保证，药的剂量"足以毒死一匹马"，尤苏波夫确信拉斯普廷很快就要命丧于此了。

时间一点点过去，尤苏波夫和拉斯普廷对坐无语，地下室内一片死寂。两个男人，这个等着看那个毒发毙命，那个却等着跟这个的妻子淫乱，这是何等尴尬的等待与沉默。

五分钟过去了，十分钟过去了，二十分钟过去了！

拉斯普廷一直坐在沙发上，看不出有何异状，尤苏波夫的心却每秒都在加快跳动，几乎要从胸腔里跳出来。显然，毒药还是没有发挥作用。尤苏波夫知道拉斯普廷此前数度遭人行刺，却每每化险为夷，以至于他的拥趸宣称拉斯普廷有神力保佑刀枪不入，这些说辞放在以往尤苏波夫自然认为荒诞不经，可面前发生的一切却如此真实，不容他不信。莫非这妖僧真有神力，莫非这世上真有杀不死的人？尤苏波夫几乎要怀疑他所熟知的整个常识系统。难熬的时间一点点流逝，压力与不安呈几何级数增长，何止度日如年，简直是度分如年、度秒如年。就在这时，拉斯普廷忽然开口，问伊琳娜怎么还不下来。尤苏波夫如蒙大赦，说这就去催催，便赶忙离开，迈步上楼时，两腿已经微微发抖。

同谋的众人听了亲王所述，都难以置信，尤其是拉维佐尔医生，发誓自己配的药剂绝无问题，但此时已来不及多纠结这些，杀机已动，回头无路，大家都认定，今夜无论如何不能容拉斯普廷生离莫伊卡宫。既然化学方法不管用，就只有试试物理攻击，巴普洛夫大公递上手枪——任你什么金石之躯，终归也挡不了枪子儿吧？

枪在手中，尤苏波夫信心恢复了几许，略定了定神，又下楼返回地下室。

刚走到门前，就听见屋里传出拉斯普廷的喘息声，浊重而急促，显是已感觉不适。是毒药终于起效了？尤苏波夫暗自高兴，但接下来看到的又让他吃了一惊：拉斯普廷并未委顿，而是走到了橱柜前，正捧着一个意大利工艺的镶水晶的银十字架在灯下把玩。

听到尤苏波夫的脚步声，拉斯普廷也不回头，就夸赞这个十字架做工精致。尤苏波夫信口敷衍，忽然再也沉不住气，抬手一枪，射向拉斯普廷的后脑。

大概是由于过于紧张，枪法失准，这一枪只击中了左肩，拉斯普廷一声闷哼，扑倒在地。楼上诸人听见了枪声，都奔下楼来，只见拉斯普廷趴在地上不动，伤口流出的血已将他身下的地毯染红了一大片。

医生上前检查脉搏，仍在跳动，但逐渐衰微。五分钟后，他宣布：人死了。

成功了，就这样干掉了这个权倾朝野的妖僧，但过程的波折让诸人忘了兴奋，反而满怀忐忑。随后，根据事先的安排，苏霍金大尉上前剥下拉斯普廷的衣服，穿在自己身上，又取过拉斯普廷的皮帽戴上。他们身形有几分相似，所以由他扮成拉斯普廷，和医生一起乘坐巴普洛夫大公的车离开，目的是使人看见，让人以为拉斯普廷是离了莫伊卡宫之后才"失踪"的。当然，在这冬夜里街上已没什么行人，这戏主要是演给遍布首都的秘密警察看的。待他们走后，亲王和普利什凯维奇议员负责毁尸灭迹，他们都是这方面的生手，想出的办法就是将尸体扔进莫伊卡河了事。为免人多嘴杂，尤苏波夫此前已将家中仆人全部支走，因此搬尸还得劳烦他们二位亲为。

折腾了一夜，此时已是12月30日凌晨三四点钟，送走大公等人，尤苏波夫回到地下室，准备处理尸体。拉斯普廷的外衣已被剥去，上身仅剩一件白色丝绸衬衫，染得尽是血污。亲王上前将趴着的尸体翻转过来，但见痛苦扭曲的表情已僵在他脸上，他两眼紧闭，造型恐怖。但毕竟他已经死了，想到这里，尤苏波夫微觉轻松，抓起尸体的双肩试图将之扛起搬走。就在这时，"尸体"的喉头忽然咕噜了一声，紧接着右眼张开了，继之左眼，刚才已暗淡如死灰的蓝色瞳仁，重又精光暴射，狠狠瞪在尤苏波夫脸上。

"他还活着！"这一惊非同小可，尤苏波夫本能地撒开手向后退去，地上的"尸体"竟一跃而起，合身扑上，一双粗粝的大手紧紧扣住尤苏波夫的脖子，长长的指甲直欲刺进肉里。"菲利克斯！菲利克斯！明天就让你上绞架！"一阵痛苦又愤激的咆哮传来，嘶哑而低沉。

地下室里的厮打呼喝之声直传到一楼大厅，等在那里的普利什凯维奇议员循声赶来，刚到门口就见一个黑影猛撞过来，夺路而走。紧接着尤苏波夫提着手枪追出，脚步踉跄，望见普利什凯维奇就对他喊："快！拉斯普廷还活着！"

那边"死而复生"的拉斯普廷向院外逃去，飞奔的步态，让人无法相信他已中毒又中枪。莫伊卡宫往南不远就是皇室的冬宫，一路都有警察和宪兵昼夜巡逻，若被他们撞见导致事情败露，后果不堪设想。普利什凯维奇从气喘吁吁的亲王手中接过枪，急追过去，连放三枪，但他的枪法实在一般，第三枪才命中目标，拉斯普廷再次跌倒。

议员和亲王上前查看，拉斯普廷倒在雪地里，胸膛还在起伏，但出气多进气少，眼见确是活不了了。尤苏波夫忽然无名火起：这妖僧活着的时候祸乱宫廷，今夜死到临头还要作祟，害得自己费神费力担惊受怕！他越想越气，忽然摸到衣袋里一根橡胶警棍，那是今晚失约的马克拉科夫部长为他准备的:"没准能用得上。"眼下果真派上用场,尤苏波夫抡起警棍冲着拉斯普廷脑袋一阵猛抽猛打,直打得鲜血迸流,溅在雪地上,雪白血红,触目惊心。

打了一阵,拉斯普廷头上脸上血肉模糊,议员阻止住已经快要脱力的亲王。拉斯普廷此时仍有呼吸,但经过这一夜的惊悚焦灼,两人已没耐心再等他咽气,就将他双手捆上,裹进备好的毯子里,抬到莫伊卡河边,准备抛尸。只要扔进那冰河之中,量他再有神通,也绝难幸免——这一夜,总算就要过去了。

8.

亲王和议员行事忙乱,弄出的响动太大,引得夜巡的警察过来查问原委,二人支吾应答。

再说此时的拉斯普廷。冰河的水,像一针强心剂,灌进拉斯普廷口鼻的同时,也激活了他最后的生命力。清醒过来的拉斯普廷虽处绝境,仍不甘就死,他猛力地挣扎,想摆脱绳索。他张大嘴巴,不知是想呼救,还是想喘息,但身在河底,口唇一动河水便猛灌进来,直呛入肺,之前所受的诸般创痛也都顺着复苏的神经末梢传来,痛不可当。

在此前四十七年的生命历程中,他曾不止一次陷于濒死状态,从本文开头所述的幼年时的溺水,到两年前因招惹一位妓女而挨了刀子肚破肠流,几次劫难最终都挺了过来。这有赖天赐的顽强生命力,可这一次,这种眷顾反成了惩罚,因为对必死之人来说,多一刻弥留,就意味着多一分痛楚。在回光返照的力气用尽之前,拉斯普廷的右臂已挣脱了束缚,伸在胸前,显是想画一个十字,这就是他生命尽头的最后一个动作。

拉斯普廷这等人物的失踪,自然不会无声无息,警察开始侦查,事发当夜尤苏波夫与普利什凯维奇面对质询时漏洞百出的对答很快被想起。接着警察在莫伊卡宫附近找到了拉斯普廷掉落的一只靴子,案情大白。

拉斯普廷的尸体被捞起,经法医检查,他的胃里有氰化物,体内有多枚弹头,但死亡原因不是子弹,也非毒药,而是肺部积水——也就是说他是被淹死的。为什么氰化钾没能毒死他,这是关于他的最后一个谜,始终没有答案。尸检报告还显示,落水后拉斯普廷仍存活了八分钟。据说人死前脑中会浮现出自己经历过的一生,拉斯普廷这一生际遇奇特,值得回顾之处较之常人自然要多得多,但不管他有多少回忆,八分钟,足够了。

亚历山德拉皇后为挚友之死痛哭,在皇村的费多罗夫斯基-索伯尔教堂为其主持盛大的葬仪,连沙皇都专程从前线赶回来出席。拉斯普廷染血的衬衣被皇室当作圣物,珍重收藏。皇后本想严惩凶手,但毕竟事涉亲贵,也不好重处。最终主谋尤苏波夫亲王,以及两位重要帮凶普利什凯维奇议员和巴普洛夫大公被判流刑,放逐西伯利亚。本来在尤苏波夫等人的计划中,干掉拉斯普廷只是第一步,借机清除拉斯普廷在政府中的势力集团,甚至总后台皇后,才是"清君侧"的终极目标,但现在这抱负显然已没机会实施。从杀人的费力表现来看,这几位也确实不是搞政变的料。

拉斯普廷得势伊始,因其出身卑微,一度被认为将向沙皇传达社会底层的呼声,颇孚人望。但他发迹以后只顾自己骄奢淫逸,丝毫没有为民请命的表现,更卖官鬻爵,间接加剧了统治阶层的腐化堕落,许多曾支持他的人发觉这并非他们预期的"庶民的胜利",对他转为失望,直至怨恨。因此从官场到民间,俄国人普遍乐见拉斯普廷之死,视杀他的尤苏波夫等人为英雄。只有拉斯普廷生前的秘书斯马诺维奇,还盼着遥借余荫,得宠于沙皇夫妇。他公开声称拉斯普廷的灵魂已与自己结合,将继续效忠沙皇——除了让人看到官场堕落之无底线以外,这出闹剧并没有产生别的什么影响。

不过拉斯普廷毕竟久享圣名,民间仍有人笃信他不是凡人,这些人搜集他生前所用器物,请回家中供奉膜拜——此辈多是浑噩于社会底层,正所谓"唯上智与下愚难移"。

沙皇本人对拉斯普廷感情复杂。收到皇后电告时,他正在前线,据说,沙皇的亲随看见他脸上露出了罕有的快意表情。这不难理解,君主多崇信方士,但当方士的蛊惑威胁到了君主的乾纲独断时,崇信总会转为忌恨,甚至产生杀机。不过尼古拉的喜色一闪即逝,他明白现在还不是高兴的时候,不光是碍着皇后的情面,更因为拉斯普廷对他说过的一段话,让他如芒在背:不久前,拉斯普廷曾致信沙皇,说预感自己不久于世,他还预言,自己死后,沙皇一家活不过两年。

果然斯言成谶。拉斯普廷死在 1916 年底，转年 3 月间就发生了二月革命（俄历二月），沙皇逊位，享祚三百多年的罗曼诺夫王朝就此终结。下半年又发生了十月革命，尼古拉全家被羁押在乌拉尔山以东的叶卡捷琳堡，境况愈下。1918 年，白军反攻猛烈，为防尼古拉被他们救出复辟，革命领袖列宁下令处决沙皇一家。沙皇、皇后、公主、王子，以及几个皇室仆役，无一幸免，被枪决之后草草掩埋。这一天是该年 7 月 17 日，距拉斯普廷之死仅过了一年零七个月，预言应验了——不论他之前的诸多预言有多少弄虚作假，这次总是扎扎实实地言中无误。甚至，沙皇全家毙命的叶卡捷琳堡，和拉斯普廷的老家波克洛夫斯克耶村，也相距不远。

冥冥之中，岂曰无因？

反倒是之前被流放的尤苏波夫等人因祸得福，避开了席卷首都的革命风暴。尤苏波夫和巴普洛夫后来都移居海外，得享天年。其中尤苏波夫移居巴黎，1967 年才以八十高龄辞世，闲居期间他撰写了回忆录《拉斯普廷之死》，后世文章中对于那个诡异夜晚的重现，多半源自此书。普利什凯维奇 1920 年死于国内，死因是私人债务引起的仇杀，无关政治。

在那之后七十余年，处死沙皇的红色政权也黯然解体，革命话语体系写就的历史被重新审视。虽然对拉斯普廷的总体评价并没有翻案，但他的形象也通过更多视角的史料、书籍及影视文艺作品，变得立体。尤其他超强的生命力令人称奇，以至于他的名字成了"杀不死"的代名词，进而派生出"拉斯普廷现象""拉斯普廷市场"

之类投资学上的准术语。

拉斯普廷的遗产还不止于此。

现今的圣彼得堡，开着一家特别的性器官博物馆，展品都是男性生殖器。其中有一具镇馆之宝，长度近二十九厘米，静静悬垂在装有福尔马林的展瓶里，雄奇伟岸，矫矫不群，吸引无数参观者驻足，女子忘返，男人兴叹。该馆创办人言之凿凿，称此物就取材于拉斯普廷，当年尸检解剖时被切下制成标本。俄国革命中拉斯普廷遗骸被损，幸得关键部位无恙，后流落海外，他几经寻访，从法国重金购回。

倘果如是，则可以解释研究者们长久以来的一个困惑：为什么那么多的俄国贵妇会为拉斯普廷这样一个粗鲁的山野村夫痴迷，甚至纡尊降贵，与之发生或保持不正当关系？历来游刃于宫闱者，必是天赋异禀，身怀"长"技，岂不闻秦之嫪毐"关桐轮而行"？只惜具体尺码史书失载矣，不能与俄人一较雄长矣，黄仁宇先生指出中国传统社会"缺乏数目字管理"，由是可见一斑矣。

同理，不难推断拉斯普廷的魅力，除却来自各种神学与巫术的外包装，想必更源于其先天的硬件条件出色吧。

教士黑袍与其所包裹之物，正可称互为表里：无论他能否引领女性追随者的灵魂上天堂，起码在尘世，它已足可为她们预支天堂的欢愉。

这不禁令人想起莎朗·奥兹的邪典诗篇，诗曰：

它深垂于他的长袍内,仿佛位于吊钟核心的

一枚精致的钟锤

他动,它则动,一尾幽灵似的鱼

游动在一片银白色海藻的光亮中,体毛

摇曳在黑暗与灼热里

而当夜晚降临

他的双眼闭了,它便立起

赞美上帝

这首诗名为《教皇的阴茎》。

阿门。罪过。

VIII.

你不暴力我暴力
——纳斯拉姆·古德斯刺杀圣雄甘地

时间 /1948 年 1 月 30 日
地点 / 印度·新德里
遇刺者 / 印度领袖圣雄甘地
刺杀者 / 纳斯拉姆·古德斯等

莫罕达斯·甘地将最后一小块印度薄饼，混同着最后一口羊奶，放在嘴里慢慢咀嚼，沉思着。当他从桌子边站起来时，薄饼和羊奶，以及之前入腹的一个苹果和几片西柚，让他的胃肠暂时摆脱了饥饿感的压迫，但他知道，这种熟悉的感觉很快就会重新来临，并且，不知道要持续多久——甚至很可能会贯穿他或许已所剩无多的生命。

房间里的两个女孩子——服侍他日常起居的侄孙女摩奴和阿巴，站在他身旁垂首不语。他的医生苏西拉·纳亚尔默默坐着，用担忧的目光注视着他，她是一个受过西式教育的印度妇女，已不再年轻，但脸上也不乏曾经漂亮过的痕迹。她们后面，还站着甘地的秘书皮亚雷拉尔·纳亚尔——苏西拉的哥哥，以及甘地最重要的追随者——

印度总理贾瓦哈拉尔·尼赫鲁。大家面上混杂着的关切与无奈，让房间里弥漫着仪式感，气氛肃穆凝重，因为他们清楚，甘地已向整个印度宣告：这将是他的最后一餐，之后他便会开始绝食，直到首都新德里，乃至全印度的印度教徒和穆斯林达成他所期待的和解。

这是1947年1月13日上午十时许，距离甘地死亡还有十七天。

1.

即便是这些最崇敬甘地的人，对他的举动也不敢抱以乐观，因为这实在是太艰巨了，他试图以一己之身化解的，是印度两个人口过亿，彼此敌对了几个世纪的族群之间的累世宿怨。

印度教的源头可以追溯到五千年前印度最早的哈拉帕文明（印度河流域文明），在公元前后形成系统的宗教，并成为印度人最主要的信仰。伊斯兰教则是外来文化，公元7世纪阿拉伯帝国崛起，不久后就攻占信德（今属巴基斯坦）建立首个印度境内的穆斯林政权。此后伊斯兰化的突厥人于13世纪在印度北部创建了以德里为首都的德里苏丹国，版图从印度河口直到孟加拉湾，统治北印度近三个世纪；之后取而代之的是另一支混合突厥和蒙古血统的穆斯林征服者，他们在其首领"老虎"巴布尔率领下，于16世纪建立了莫卧儿[1]帝国，此后近两百年一直是印度次大陆上最强大的政权。

---

[1] 波斯语，意为"蒙古人"。巴布尔是14世纪中亚枭雄"跛子帖木儿"的六世孙，帖木儿曾是成吉思汗黄金家族后裔察合台汗国的驸马，故此自称具有蒙古帝国法统。

除了外来者以外，印度的穆斯林也包括不少本土的皈依者，传统印度教社会实行种姓制，等级森严，而伊斯兰教提倡信徒一律平等，故而吸引了大量种姓制中最低贱的"不可接触者"以及第四等的首陀罗、第三等的吠舍，迅速壮大。信仰和社会形态的冲突，使两大族群不太融洽，尤其在穆斯林君主统治的北印度。例如德里苏丹国最著名的君主阿拉·乌德丁，他对待印度教徒的政策是："在把印度教徒逼入穷困之前，他们永远不会服从和驯良，因此，每年只给他们留下刚刚够吃的食物，决不能让他们存储食物和财产。"[1] 莫卧儿帝国最伟大的君主第三任皇帝阿克巴大帝曾推行宗教宽容政策，优待印度教徒以及锡克教徒、拜火教徒、天主教徒，以期促进宗教融合，可惜这个明智的善政也随着阿克巴之死而废止。继两位奢靡平庸的继任者贾汉季和沙贾汗（泰姬陵的修建者）之后，帝国第六位皇帝奥朗则布上台。这位以心狠手辣著称的君主在其长达四十九年的统治里，对印度教徒及锡克教徒横征暴敛，并无休止地征伐南方的印度教诸小邦，将他的统治版图推向巅峰，却也使国家在连年征战中奄奄一息。1707年他病死之后，只留下一个名存实亡的帝国躯壳，以及诸多彼此仇视的地方割据势力。

与此同时，一直活动在印度沿海的英国人势力坐大。英国商人早在1600年就建立了东印度公司，17世纪末英国政府参股，使之变为具有强大资本支持和大多数国家职能的准政府机构，并在18世

---

[1] 罗兹·墨菲《亚洲史》。

纪莫卧儿帝国衰落之后逐步夺取其土地，建立殖民政府，直至19世纪中叶，征服了整个印度。1857年，包括莫卧儿帝国残余在内的旧印度各派力量发动反英大起义，一度声势浩大，但终被镇压，之后英国撤销了东印度公司，转而由政府直接统治印度，英国女王维多利亚兼任印度女皇，印度[1]变为英国属地，由英王委任印度总督（Viceroy）实施统治。此时，无论是印度教徒、穆斯林，还是锡克教徒，都归为臣虏，在英国的统治下，他们之间的矛盾与仇杀被压制，但不同群体的身份界限仍然明晰。

20世纪，当"民族主义"作为一种时新思潮风行欧洲后，印度很快也被感染。印度的精英阶层开始畅想，有朝一日能摆脱从外形到文化都与自己迥异的英国人，实现民族自治。

那么问题就来了，未来的"印度民族"应该是什么样的？19世纪以来的印度宗教大师们主张以印度教来引导文化复兴，针对文化程度普遍不高的印度人，将"独立、自由、民主"这类现代政治概念，以印度教的视角加以阐释，并通过践行古老的传统，塑造民族的自我认同。

可这些印度教的传统，很多与伊斯兰文化相悖。例如，印度教中牛是神物，不可伤害，但对穆斯林来说牛是重要的肉食来源，因此当印度教徒发起宗教性质的"护牛运动"时，不可避免地与穆斯林产生冲突；又比如，印度教徒喜好歌舞，节庆时满城鼓乐大作，

---

[1] 含今印度、巴基斯坦、孟加拉国、缅甸。

而穆斯林的清真寺要求肃静,双方为此也常有摩擦[1];再比如,未来的印度该使用何种文字?北方的穆斯林要求用乌尔都语的书写体系,印度教徒则主张使用印地语[2],这又是难以调解的矛盾。

英国人有意识的分化政策,加深了印度教徒和穆斯林的隔阂,虽然他们在独立斗争中是同一战壕的盟友,但各自怀着"非我族类"的戒心,以至于当独立来临时,统一的印度也被肢解为三:印度、巴基斯坦,以及被称为东巴基斯坦的孟加拉。并且印巴两国各自境内的几大族群间彼此仇杀,甚至国家间的战争也一触即发。

这就是甘地需要面对的局面。

2.

甘地已经七十八岁,瘦骨嶙峋,无拳无勇,没钱没枪。他赖以戡乱的,只有三个字:非暴力。这是甘地的毕生绝学,他曾对来访的美国名记威廉·夏伊勒说,非暴力是威力巨大的武器。

这件绝世武器,几乎是甘地用他的一生来铸造打磨的。

1869年10月2日,莫罕达斯·卡拉姆昌德·甘地出生在印度西北卡提阿瓦半岛波尔班达港(今属印度古吉拉特邦)的一个印度教家庭。甘地家族的种姓并不高,属于吠舍中的一个副种姓(Jati)班尼亚,祖辈从商,但自甘地的曾祖父辈起,商而优则仕,连续

---

[1] 朱明忠《印度教》。
[2] 赫尔曼·库尔克、迪特马尔·罗特蒙特《印度史》。

三代中都有人历任卡提阿瓦各小邦的"迪万"（Diwan，首相）。甘地的父亲奥塔·甘地后来因故从波尔班达辞官出走，但他的家境未受太大影响。所以当 1888 年，奥塔去世三年后，十九岁的甘地仍有条件像当时印度的很多富家子弟那样，出洋留学。

甘地就读于伦敦大学学院，学习法律，通过三年的学习，他拿到了"英帝国律师资格"，但英伦生活对他更大的影响却在于：他在这里变成了一个素食主义者。起初这只是为了向族人和母亲践诺，遵守民族习俗，后来他从一些当时流行的健康书籍中发现了科学依据，但最终，饮食习惯进化成了一种形而上的哲学选择。甘地认为，作为肉源的羊，其生命与人类同样可贵，不应为了人类的身体而夺走其性命。正是在这种观念的指引下，甘地在不知不觉间走向了非暴力。

自英国学成归来，甘地在孟买做了一名律师，1893 年再度出洋去了南非。当时英国殖民者开发南非，从印度输入了大量劳工，甘地正是受雇去为这些侨民提供法律服务的。

甘地童年照片

刚一到岸，南非人对"有色人种"的浓浓恶意就扑面而来。几乎所有甘地传记里都会提到这件事：在从德班到比勒陀利亚的火车上，他明明持有一等车厢车票，却因为肤色，被勒令换到三等车厢，抗辩的结果是被赶下火车，在中途小站马里茨堡的候车室滞留一夜，又冻又饿。终于抵达目的地后，甘地被友人告知，他的遭遇对在南非的印度人来说是家常便饭，非但如此，一些针对印度人及非洲原住民的歧视性做法，更以法规形式公然行事。

感于同胞生存多艰，甘地组建了印度人大会，与歧视政策抗争。但他选择的斗争方式不是弱势民族领袖惯用的针锋相对以牙还牙，而是依照白人的游戏规则，在法律框架内据理力争。通过这种路径探索，甘地更加接近了非暴力。

在南非期间，甘地进一步"自我净化"，在吃素的基础上又开始了禁欲尝试。甘地认为，人由肉体和精神两部分组成，前者是低级的、动物性的，后者是高级的，是人内在神性的体现，而食欲和性欲都是肉体层面的低级追求，必破一分兽欲，乃近一分神性，这是甘地从印度教吠檀多学派中参悟出的结论。因此，他虽将妻子接来南非却与之分室而居，虽有些不近人情，但确是无欲则刚，弃绝了一切物质享乐的甘地变得更加坚定无畏。

1906年8月，南非的德兰士瓦当局推出了要求所有入境的印度人签署登记卡的"黑色法令"，这是对印度人的极大侮辱，印度侨民中称登记卡为"狗项圈"。

甘地的非暴力武器初试锋芒的时候到了。1907年，在与德兰士瓦当局乃至英国政府交涉都无果之后，甘地发动印度人大会，以公然违背的形式拒不执行法令。他化用了一个印度教术语，将这种非暴力的消极抵抗运动命名为"萨特亚格拉哈"（Satyagraha）[1]，意为"坚持真理"。运动成效显著，逾九成印度人没在限定期限内办理登记。甘地被作为首要煽动者投入约翰内斯堡的单人牢房，但这又刺激得印度人抗议更加激烈，无奈之下，当局只能将穿囚服戴镣铐的甘地从牢里提出，与之谈判。当局表示，只要甘地一个形式上的服从，就会取消多项对印度人的苛政。甘地相信了他们，出狱后"自愿签署"登记卡并劝同胞们效仿，为此遭到"变节"的指责，甚至挨了打，他都不为所动。而当德兰士瓦当局出尔反尔，拒绝兑现承诺时，甘地又召集大会，当众烧毁登记卡，非暴力抵抗运动再次被点燃。当局又把甘地抓回监狱，关进暴力刑事犯的牢房，唆使犯人殴打他，但这些伎俩都毫无效果。

　　1909年5月甘地再次刑满释放，不久后又赴伦敦交涉。此时他已在国际上声名鹊起，包括暮年的托尔斯泰在内，许多欧洲贤达对他表示支持，更有人到南非追随他的事业。他的仰慕者之一，

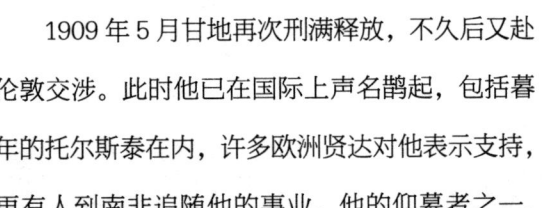

在南非期间的甘地

---

[1] 当时甘地登报征集抵抗运动的名称，从众多意见中选取了这个名字，稍加修改。

德国的犹太裔建筑师赫尔曼·卡伦巴赫在约翰内斯堡附近购置了一个庄园，供甘地使用。甘地便组织印度人大会中因抗议而被捕者的家属们同来农场，和他一起耕种维生。这里被命名为"托尔斯泰农场"。

正是在这里，甘地开发出了非暴力武器最具威力的一招：绝食。甘地要求农场的居民们都和他一样清心寡欲，对少男少女间偶尔的擦枪走火，甘地视之为自己教育的失败，以绝食来惩罚自己。这种做法通常会使"肇事者"因羞愧而被感化，洗心革面。在他领导的民权斗争中也是如此，每有暴力冲突发生，甘地就绝食自惩。到1914 年 1 月，阶段性的胜利终于到来，南非当局领导人简·史穆茨将军与甘地达成协议，于该年 6 月通过法案，取消对印度人每年三英镑的人头税，同时承认印度习俗的婚姻合法。

在南非的二十一年，甘地的努力终有收获，如同亚瑟王找到石中剑，他寻获了赖以斗争的武器——"萨特亚格拉哈"。这武器虽不能伤人，但甘地相信，它将在弱者与强者的斗争中无往不利，接下来，他要携此利器，返回祖国。

3.

1914 年 7 月 18 日，甘地与妻子等人在开普敦登船，离开南非。返回印度途中，他们取道英国，当客轮驶进英吉利海峡时，欧洲已是一片战火纷飞：第一次世界大战爆发了。甘地本想加入医疗队，但因胸膜炎发作，在英国滞留到年底。

次年1月，四十六岁的甘地再次踏上故土，受到对待英雄般的欢迎。他敬重的印度政治家、印度国民大会党[1]元老之一格拉帕·郭克雷建议他花一年时间研究印度的现状，甘地便在阔别已久的祖国各处走访。一年之期未满，郭克雷就去世了，甘地无法与他交流心得，他周游印度的脚步却并未停下来。

接下来的几年中，甘地如同一个游侠，在印度大地策杖而行，铲强扶弱，他用的武器就是非暴力。他帮助坎巴兰靛蓝种植园的佃农抗议英国的剥削政策；组织阿默达巴德的纺织工人罢工要求改善待遇；在遭受旱灾的科达发动抗税，迫使政府同意暂停课税。

其中，在阿默达巴德领导罢工时，为了鼓舞工人们，甘地采用了绝食的方式。这是他第一次在印度进行有明确诉求的绝食，当斗志涣散的织工们看见这个本来事不关己的瘦弱老人为了他们的权益忍饥挨饿，立刻惶愧无地，纷纷加入绝食行列，也不再排斥"不可接触者"与他们为伍。三天后，被感化的纺织厂厂主们向甘地投降，答应将劳资纠纷提交仲裁，事态以双方的妥协而结束。

尽管绝食是非暴力武器中最强的一招，但甘地对其使用得十分审慎。他设定了绝食的条件：首先，诉求必须是正义的，符合"萨特亚格拉哈"精神，坚持真理而不掺杂贪念和私欲；其次，绝食必须公开、虔诚，接受监督，并且不能太过轻易、频繁；最后，绝食的目的在于感化对手，激发他们心中的善念，而不能仅仅是道德胁迫。

---

[1] 简称国大党，最早最大的印度政党，创建于1885年。

因此，绝食与其说是斗争手段，更像是寻求与对方在人性层面上达成妥协。[1]

此时，全印度都知道了这位当代圣哲，他的思想被奉为圭臬，追随者影从云集。也是在这段时间，另一位印度的骄傲——大诗人泰戈尔赠给甘地一个至高的尊称：圣雄。

1918年，一战临近尾声，英国所在的协约国集团已稳操胜券。但印度在这场战争中代价不菲，在伊普尔、在索姆河、在巴格达，八万两千名印度士兵为宗主国捐躯，因此，当胜利来临，印度人有理由期待一份重赏。

然而事与愿违，英国人作为改革方案提出的《孟太古－蔡姆斯福特法案》，远远达不到印度人争取自治的预期。面对抗议声，英国于1919年2月16日出台了严酷的《罗拉特法案》，授权殖民当局可以随意逮捕涉嫌"煽颠"的印度人，并不经审判无限期羁押。粗暴颟顸的高压政策势必激起反弹，新德里和孟买等大城市抗议浪潮席卷。甘地领导的"萨特亚格拉哈"运动，是抗议活动的重镇，但也有不少地区不认同甘地的非暴力模式，特别是旁遮普和孟加拉，伴随着暴力的抗议活动，这些地区治安进一步恶化。

甘地注意到危险的苗头，以绝食呼吁印度人停止过激行为，还准备亲赴旁遮普宣讲非暴力，但迷信武力的殖民地当局没耐心等甘地的呼吁奏效。4月13日，在旁遮普的锡克教圣城阿姆利则，作为

---

[1] 黄迎虹《感化型政治：以圣雄甘地绝食的理论与实践为例》。

对之前导致五名英国人死亡的骚乱的回应，英军准将雷吉纳德·戴尔下令向聚集在公园的抗议人群进行机枪扫射，开枪前未给予任何警告。短短十分钟，公园血流成河，至少三百人被打死[1]，数千人负伤，史称"阿姆利则惨案"。至于公园里的幸存者们，戴尔下令让他们通过警戒线时匍匐在地，爬着离开。

此前，虽然致力于为印度民众争取权利，但甘地仍以英国子民自居，直到血案发生后，甘地明白了，他的非暴力武器，已到了向大英帝国亮出的时候。

4.

半裸的甘地席地而坐，摇动身前的木头纺车，几缕粗糙的麻线片刻间纺成。这就是甘地对大英帝国的回击：仍然是非暴力，但后面加了一个新词——"Non-cooperation"（不合作）。

阿姆利则惨案后，英国方面仅对肇事者戴尔处以勒令退休的象征性惩戒，对印度人来说，这无疑是二次伤害，英印裂痕已不可弥合。甘地也起而抗争，他在南非期间曾撰写《印度自治》一文，认为英国人在印度的统治权，事实上是由印度人以"合作"的形式授予的。而此时英国的暴行证明他们已变成一个邪恶政权，印度人应该停止合作，从英国人手中收回权力。这就是甘地的"非暴力不合作"理论，

---

[1] 英方称三百七十九人死亡，印度方面称死者超过千人。

他呼吁不要为惨案寻仇，要以非暴力方式，抵制英国在印度的一切：公务员辞职、雇工停止为英国雇主服务、军人放弃英国授予的荣誉（他本人就退还了在南非布尔战争期间因组织医疗队而获得的勋章）、学生离开英国人开办的学校、商人抵制英国货，尤其是英国向印度倾销的纺织品。为此他提倡印度人使用传统的手摇纺车，自己纺线织布。

这个看起来异想天开的提议，竟一呼百应。甘地在1920年3月发起纺线运动后，一时间从城市到乡野，整个印度纺车飞转，纺线似乎成了修行与救赎。无论是习惯西化生活的城市人口还是身居闭塞农村的乡民都投身其间，彼此距离也因之拉近，印度的反抗力量如线绳般越拧越粗。最终，连起初不以为意的国大党政治精英们也都换下西装革履，穿上印度土布制成的白袍。

这就是甘地的武器："英国人想逼我们和他们比机关枪，但我

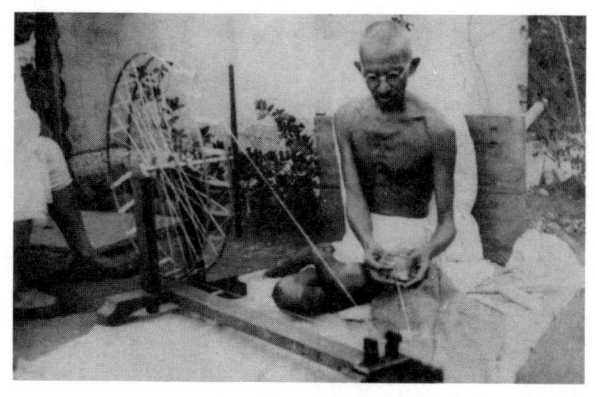

甘地发起纺线运动，自此只穿着印度土布制成的服装

们没有，所以我们若想打败他们，必须用我们拥有而他们没有的武器。"是年9月，国大党的加尔各答年会上正式通过以"非暴力不合作运动"为斗争纲领，甘地的思想成了整个印度的思想，他也乐观地宣称，一年之内就能实现自治。

1921年，甘地在印度四处宣讲非暴力，当印度人表现出暴力倾向时，他就以绝食来加以规劝。后来认识到时机尚不成熟，甘地叫停了全社会范围的不合作运动，只保持抵制英国纺织品。甘地在这一年宣布，今后放弃一切西式服饰，只穿土布织的腰布，礼仪场合在上身搭一块乡村式的披肩"恰达"。他为世人熟知的"半裸的苦行僧"[1]形象就此诞生。

可惜，人情有所不能忍者，非暴力武器并非人人都能掌握。1922年2月5日，发生了乔里乔拉村事件，警察在该村镇压示威游行时开枪伤人，村民愤而火烧警局，导致二十二名警察身亡。这让甘地深感挫败，他知道，自己推行的非暴力运动已经异化为暴力抗争，他的主张失败了。随后，已在酝酿的新一轮不合作运动取消，印度一方声势大挫，英方3月10日逮捕甘地，判处他六年监禁。

1924年，甘地因健康原因提前获释，此后几年著书讲学，蛰伏于政治第一线之外。1930年，这个瘦小的老头重返公众视野，并再次震惊世人。在甘地的家乡古吉拉特邦，总督为保证政府垄断的盐业利润，禁止人们自行从海水中提取盐。甘地就以此为突破口，宣

---

[1] 丘吉尔对甘地的形容。

布要步行到古吉拉特的丹迪海滩，捞取一块海盐。甘地拄着竹杖只身上路，很快他身后就聚集了无数自发的追随者，最终队伍浩浩荡荡，经过二百四十一英里的跋涉，4月5日抵达海滨。甘地掬起一捧海水在太阳下晒干，粗糙的盐粒留在他手上，这个简单的动作让全印度为之震撼。英国人惊恐地发现，甘地可以这样将他们的法令视若无物。英国人急忙将甘地关回监狱，但很快就再次把他放出，并与之谈判。

接下来的十余年，甘地四次入狱，七次绝食，六次取得成功，其中两次绝食时间达到二十一天。而在他频繁出入监狱的时候，视他为导师的尼赫鲁等新一代国大党领导人走上前台，甘地也渐渐转型为精神领袖。

1939年，二战爆发。这或许是几百年来最正邪分明的一场战争，但泥守于非暴力的甘地同样不赞同对法西斯政权的抗击。他曾表达过对纳粹德国屠杀犹太人的看法：纳粹固然邪恶，但犹太人不应反抗，必要的话他们应该全体自杀，以唤醒敌人的良知。因此，在二战中甘地对英国人发出"撤离印度"的要求，以此作为支持英国的条件。但"支持"也仅限于非暴力，甘地反对印度以一切形式参战，即便当1942年日本人已打到印度人家门口。

英国首相丘吉尔嘴上虽然说着"宁愿失去一个印度也不愿失去一个莎士比亚"的漂亮话，心里却知道印度作为战略大后方的作用，起莎士比亚于地下一万遍也抵不上。他对甘地等人的"作乱"断然施以重典，1942年8月甘地等国大党工作委员会成员被全体下狱。

这一回甘地付出了惨重代价，他的夫人因声援他而被捕，1944年病死狱中。同时，甘地对非暴力近乎迂腐的坚持，也让他和国大党错过了在二战中争取政治筹码和道义资源的机会。1944年5月，重病的甘地被释放，他很快发现印度的很多事情已超出他的掌控。

5.

英国人终于同意让印度人自己建国——而且不只建一个国，除了印度以外，这片土地上还将诞生一个叫作巴基斯坦的新国家。

印度国大党一直坚持世俗原则，不以宗教划线，党内包含很多穆斯林成员。但并非所有穆斯林都觉得印度是他们前途所系，如前所述，印度精英分子的早期政治活动带有太明显的印度教色彩，让被排除在外的印度穆斯林感到担心。1906年，在孟加拉的达卡成立了全印度穆斯林联盟（以下简称穆盟），1915年，这个原本的少数族裔政党迎来了改变其命运的重要人物：穆罕默德·阿里·真纳。

真纳的人生轨迹与甘地很相似，他比甘地小

巴基斯坦国父真纳

七岁，同样出身于印度西北的商人家庭，同样留学英国攻读法律，后来又同样回国从政。但较之甘地，真纳更西化，也更心高气傲，他不太看重传统与宗教，也从不是一个像甘地那样笃信精神力量的理想主义者。真纳1906年加入国大党，1913年又加入穆盟，两年后成为穆盟主席。甘地一直倡导超越种族与宗教的统一的"印度民族"，真纳也一度服膺这种"一个民族论"，主张穆盟与国大党合作。在一战后甘地的第一次不合作运动中，正逢印度穆斯林发起"基拉法运动"，抗议协约国处分名义上的伊斯兰世界领袖、由土耳其苏丹兼任的哈里发，于是在甘地和真纳的协作下，印度教徒和穆斯林联手斗争。

但真纳与甘地、穆盟与国大党的蜜月期没有维持多久。真纳的核心诉求是保障印度独立后穆斯林的权益，而这显然不是国大党的首要议题，加之双方阵营都不乏传统的敌意，因此难以长久和衷。乔里乔拉村事件后甘地宣布非暴力不合作运动失败，整个印度独立斗争陷于低潮，真纳也退出政治圈，到伦敦重操旧业当了律师。但印度政坛并没忘记他的存在，1934年的中央立法会选举上，身在英国的真纳缺席当选。此时英国已开始考虑印度的自治地位，并实施了穆斯林单独选区制，敏锐嗅到风向的真纳赶回印度，希望借此扩大穆盟的影响，对国大党待价而沽。穆盟在选举中仍未获得他所预期的足够席位，真纳决定，改走另一条路线。

此时在印度的穆斯林中已有一种呼声，即主张在印度西北建立独立的穆斯林国家。一位旁遮普的穆斯林政治家拉马特·阿里，从旁遮普（Panjab）、阿富汗省（Afghan Province）[1]、克什米尔（Kashmir）、俾路支斯坦（Baluchistan）、信德（Sindh）几个地理名词中抽取字母，生造了一个新词巴基斯坦（Pakistan），上述各地就是他设想的穆斯林国疆域[2]。侨居伦敦时真纳接触到了"巴基斯坦"说，当时他并不喜欢，但此刻为了政治抱负，他决定将其付诸实施。原本对传统不屑的真纳举起了民族和宗教的旗帜，他凭借过人的政治天赋，很快将印度各省的穆斯林团体收编麾下。如同甘地的"圣雄"称号，真纳也被穆斯林称为他们的"卡伊德·阿扎姆"——伟大领袖。二战期间，甘地和尼赫鲁等国大党要人频繁出入监狱的时候，真纳抓住真空期，成长为印度政坛不容忽视的重要人物。为避免再次沦为国大党主导的联合政府中的配角，真纳不再提"一个民族"，转而以独立建国为最高纲领，国大党的短视与自大坚定了他的主张，"巴基斯坦"终于成为印度穆斯林的共识。

1944年，出狱后的甘地与真纳有过数次谈判，尽管对国家分裂的前景痛心疾首，但现实面前甘地只能低头默认。1945年，二战结束后，英国已无力继续控制印度，印度总督魏斐尔爵士尝试组建由印度人掌管的政府，真纳反对。次年英国派来印度事务大臣领衔的内阁使团协商，提议印穆双方以及印度各土邦组建联邦制政府，真纳仍不肯让步，提出除非保证他当首届联邦政府总理……终于，印巴分家成为定局。

---

[1] 位于巴阿边界，加入巴基斯坦后称西北边境省，现已更名开伯尔－普什图省。
[2] 赫尔曼·库尔克、迪特马尔·罗特蒙特《印度史》。

剩下的就是怎么分的问题，1947年，二战中"功勋卓著"的前东南亚战区盟军总司令、英国皇亲路易斯·蒙巴顿勋爵重返印度，出任末代副王兼总督，他的使命就是使印度和巴基斯坦以"自治领"形式实现独立。经过多方协调，印巴按照八比二的比例分配印度现有财产，机关单位里，双方的职员开始为争一台打字机、一张办公桌锱铢必较。更棘手的是土地问题，共同生活了几个世纪，双方的居住地早已犬牙交错，难分彼此，最终只能根据简单多数原则，将印度教徒数量居多的地方划归印度，反之，则划归巴基斯坦。厘定这条边界线的是一位精通法律的英国情报官员西里尔·雷德克利夫，他本人从没有去过印度，或许英国方面认为由这样的人操刀才能保证客观公允。

印度、巴基斯坦，以及后来成为孟加拉国的东巴基斯坦，从地图上被圈出来，雷德克利夫知道，这将导致灾难性的后果。果然，被硬生生裁为三截的印度，很快陷入了浩劫。

6.

1947年8月15日，新德里。印度人欢庆祖国独立。此前一天，巴基斯坦人已提前感受过这种喜悦。

但幸福持续得非常短暂。8月16日，英国人向印巴双方告知了雷德克利夫的裁决，当尼赫鲁和巴基斯坦总理阿里·汗从蒙巴顿手中拿到自己国家的地图后，这两个一天前还在相互道贺、相约永为兄弟的国家元首立刻翻脸，剑拔弩张。

在这张被割裂的地图上，最严重的一刀割在了旁遮普，双方和锡克教徒在该省都有大量混居人口以及重要的宗教圣地，因此，分割方案激怒了所有人。当居住在旁遮普西北的印度教徒惊觉自己的家被划到了一个伊斯兰国家，昔日邻居都目露凶光时，只能抛弃一切逃奔印度；同样的状况也出现在印度这边，被愤怒的印度教徒和锡克教徒包围的穆斯林，战栗地变成待宰羔羊。

史无前例的人口大挪移开始了。每天，从旁遮普逃难而来的印度教徒一下火车就向同胞哭诉自己的家破人亡之惨，愤怒的印度教徒则将怒火发泄在身边与此无关的穆斯林身上。继而，族群间丧失理智的仇杀大爆发，八九月间，双方共有超过一千万人被赶出家园，至少一百万人死于相互屠杀，无论是尼赫鲁还是真纳、阿里·汗，对此都无计可施。

此时的加尔各答是英属印度的旧都，孟加拉湾最重要的港口，地位重要历史敏感，印穆混居彼此仇视，仅仅在一两年前，双方还都试图杀光对方，以使己方占到多数人口。但此时，在席卷印度的暴力浪潮中，本该处于风口浪尖的加尔各答，竟成了一个避风港。

这是因为，甘地正在这里。

一个多月前，应蒙巴顿和孟加拉方面的穆盟领导人之请，甘地来到加尔各答，他没有任何行政职务，也不是任何政党或宗教的领袖，他的公众身份只有一个：印度的良心。每天黄昏时分，在甘地主持的晚祷会上，数以十万计的加尔各答人来瞻仰圣雄风采，甘地借机呼吁团结，除了印度教的经典《薄伽梵歌》外，他也念诵伊斯兰教的《古兰经》、锡克教的《锡金圣典》，以及基督教的赞美诗。在他强大的感召下，各族群间相安无事。8月15日的独立日，甘地在住所独自向隅，他不认为一个被割裂的印度有什么值得庆祝的。果然，屠杀和暴乱接踵而至，甘地仍坚持在晚祷会上讲道，努力驱散人们心中的戾气，一连九天，印度人头滚滚，加尔各答却保持着平静，欧美报纸惊呼甘地创造了"加尔各答奇迹"。

但种族仇杀的浊浪终于涌进加尔各答，印度教极端分子从各地赶来，煽动仇恨，一次街头冲突成为导火索，8月31日，"加尔各答奇迹"破灭，印度教徒袭击了穆斯林聚居区。甘地满怀悲愤，祭出了法宝：绝食。虽然此前他曾有过两次绝食二十一天的纪录，但现在他已七十八岁，因为素食，常年营养匮乏，身体早不如前，绝食对他来说，是以命抗争，并且，这次是绝食手段中最决绝的：绝食至死。

9月1日晚上甘地开始了绝食。2日，一切如故。3日，甘地的支持者们到他的居所外游行，呼吁尽快恢复和平，以挽救甘地。4日中午，二十七名此前袭击穆斯林聚居区的暴徒来到甘地床前伏地痛哭，表示忏悔并请他责罚，甘地给他们的惩罚是，去向被他们伤害的人乞求原谅。当晚，几乎所有参与过暴力行动的加尔各答市民都来向甘地请罪，交出了装满几卡车的枪支弹药和砍刀，随后，印度教、锡克教和伊斯兰教的宗教领袖一起当着甘地的面，宣誓坚守和平。

"加尔各答奇迹"得以延续，甘地又成功了，但这次代价惨重，他的脏器已在绝食中严重受损，尤其是肾脏。但甘地顾不上调养将息，他要亲赴水深火热的旁遮普，在一线展开非暴力的战斗。9月9日，甘地抵达新德里，首都的局势让他无法继续西行。

其时，在蒙巴顿的帮助下，尼赫鲁总算稳定了新德里的局面，但比移民潮更严重的问题又摆在面前：克什米尔问题。克什米尔本是半自治的土邦，土邦主是印度教徒，但居民多数是穆斯林，故而印巴都将之视为自己应得的领土。土邦主哈里·辛格本想自己独立，既不加入印度也不加入巴基斯坦。但巴基斯坦的激进派组织了"志愿军"开进克什米尔，辛格被迫倒向印度，印度也出动伞兵。双方对峙，局势危急。为了随时可能开打的战争，印度扣留了本该移交巴方的五亿五千万卢比资金，这让双方的关系雪上加霜。

对此，甘地却有不同看法。他坚信可以用非暴力手段化解争端，同时，他要求印度政府立刻如约向巴基斯坦付钱。政府方面对他解释，巴基斯坦拿到钱后一定会用于扩军备战。但甘地坚持己见，在他看来，失信于人的后果要比这严重得多。面对近乎不可理喻的昔日精神领袖，国大党政府未予理睬，甘地只能使出他最后的一招。

1948年1月13日，在新德里的比拉尔府，甘地宣布无限期绝食。停止绝食的条件除了印度政府支付款项外，还有要新德里乃至全印度的各宗教和政治团体签署和平协议。此时他尚未从加尔各答绝食的影响中恢复，以他的年龄和健康状况，再次绝食意味着随时可能送命，对此他却毫不挂怀。甘地对苏西拉·纳亚尔说，只有神能决定他的生死，若神意如此，他甘愿为真理而殉难。

或许此时甘地还想不到，即将让他成为殉道者的那个人，已经准备动身了。

7.

新德里向南一千两百多公里，马哈拉施特拉邦，浦那。

几年前，甘地曾被英国人关押在浦那的阿迦汗宫，当时，浦那人也和其他印度人一样，将他视作为民族受难的圣徒。而如今，这座城市有了新的偶像：维纳雅克·达摩达尔·沙瓦迦尔。

他已经六十五岁，他的早期履历与甘地、真纳相似，也是在伦敦学过法律的海归，回国后投身政治，并为印度独立而斗争。所不同者在于，他投身的是最激进的民族主义和暴力革命思潮。沙瓦迦尔加入右翼政党印度大会党，凭借狂热的演说鼓动能力，成为该党领袖。1942年，沙瓦迦尔将印度大会党的核心组织印度国民志愿团改组为听命于他个人的印度国家党，确立了党内独裁地位，所有党徒都须向他宣誓效忠。

沙瓦迦尔的核心学说是"印度人至上论"，

印度国家党领袖沙瓦迦尔

主张罢黜百家，建立单纯的印度教国家，并提出以武力实现这一目标。不同于甘地反对种姓制，沙瓦迦尔推崇婆罗门精英主义，为此甚至吸纳了一部分纳粹观点，认为婆罗门作为"古雅利安人"后裔，先天高人一等。确实，甘地的怨道并非人人都有足够的慧根去领悟，简单粗暴的沙瓦迦尔式斗争哲学，很快便吸纳了一些拥趸。那些已经没落但仍自视高贵的婆罗门，从沙瓦迦尔的学说中看到希望，纷纷成为他的追随者，特别是在他的家乡浦那。1948年1月14日，甘地在新德里发起绝食的次日，就有几位来自浦那的信徒赶到沙瓦迦尔位于孟买的别墅求见。

其中一个身材矮胖，方面阔口，表情严峻似乎随时都会激动起来；另一个西式打扮，神色市侩；第三个留着印度教修行者的长发和大胡子，捧着一面手鼓，像个流浪艺人。前两位被保镖带上二楼，大胡子由于身份不够，只能把手鼓交给他们，自己候在一楼客厅。

获得接见的这两位，分别叫作纳斯拉姆·古德斯、纳拉扬·阿普特，都是印度国家党成员，也是最根正苗红的"切特帕乌安婆罗门"[1]，他们在浦那经营着沙瓦迦尔投资的《印度国家报》。时年三十七岁的古德斯，自小接受严格的婆罗门教育，很以种姓为荣，年轻时他曾是甘地非暴力运动的积极分子，以至于因之坐牢。但牢狱之灾让他转而相信非暴力是软弱无能的，于是改弦更张，投效沙瓦迦尔，

---

[1] 莫卧儿帝国时代，统治马哈拉施特拉地区的印度教政权"马拉塔联盟"贵族后裔。马拉塔联盟是印度教徒抵抗奥朗则布南侵的主力，殖民时代也与英国殖民者周旋到最后，因而被视为印度教抵抗外侮的象征。

担任了《印度国家报》的主笔。阿普特是古德斯的老朋友,与之背景相似,但他为人油滑,喜好声色,善于社交,所以负责《印度国家报》的市场工作。他们在报上强烈抨击甘地,指责甘地应为"印度分裂"负责,当一天前听说甘地绝食要求向巴基斯坦付钱,古德斯出离愤怒,认为甘地是讹诈政府,背叛民族。古德斯和阿普特决定要有所行动,阻止甘地,必要的话,杀死甘地。故而他们到孟买,求教于领袖。同行的大胡子叫迪迦巴·拜奇,是印度大会党外围党员,经营杂货店,暗地里从事武器走私,古德斯通过他搞到了一支自制

刺杀甘地的全部涉案者,站立者左起:桑加尔·吉斯塔亚、高佩尔·古德斯、马丹拉尔·帕瓦、迪迦巴·拜奇;坐者左起:纳拉扬·阿普特、维纳雅克·达摩达尔·沙瓦迦尔、纳斯拉姆·古德斯、韦什努·卡卡雷

手枪，就藏在那面手鼓里。

会面很简单，叩拜教主后，阿普特汇报了他们的计划。沙瓦迦尔不置可否——不能留下与事件有关的证据，这位伦敦法学院毕业生深谙此理——他只是检查了一下他们准备的枪械，随口嘉勉几句，就打发他们离开了。

在浦那，还有几个同谋等着古德斯一行，分别是高佩尔·古德斯——纳斯拉姆·古德斯的亲弟弟；韦什努·卡卡雷，一位旅店老板，激进印度教徒，常借开店之便窝藏暴徒；马丹拉尔·帕瓦，刚从旁遮普逃到印度的难民，家人被穆斯林残杀，因而痛恨甘地包庇穆斯林；桑加尔·吉斯塔亚，拜奇的仆人。1月15日，拜谒沙瓦迦尔的次日，几人分头出发赶往新德里。途中，拜奇主仆才被告知了行动目标，他们本来不在计划之内，但鉴于拜奇是这伙人里唯一会用枪的，也被许以重酬拉入伙。

新德里，比拉尔府。甘地躺在简陋的床榻上，对迫近的危险并无察觉。他此时面对的更大的敌人，是他自己的身体。

度过前两天的饥饿期后，体内脂肪早已耗尽，得不到食物摄入，身体的能耗只能从体内蛋白质中走账，这是真正的蚕食生命。

更令他难受的是，他感到印度的发展态势正在背离他的非暴力理想。尼赫鲁和财政部长瓦拉巴伊·帕特尔强烈反对向巴基斯坦付款，14日，两人曾率政府高官来向甘地解释。他们满口利益却罔顾信义，令甘地悲愤落泪。而一向是他坚强后盾的印度人民态度也起了变化，同一天，比拉尔府外游行队伍里响起了"让甘地去死"的呼声，圣雄听罢，怆然无语。

但接下来，"加尔各答奇迹"的一幕在新德里重演。随着甘地陷入垂危，越来越多的印度人像以前一样被感化，15日，新德里五万人游行要求政府拯救甘地。尼赫鲁也召集紧急会议，号召他的阁员们不要再顾眼前之利，要"挽救印度最伟大的灵魂"。当天下午，印度政府宣布，将马上向巴方付款。

16日，这个消息传遍印巴两国，心系甘地安危的印度人、为财政危机而头疼的巴基斯坦人、担心局势恶化的英国人，无不长出一口气，甘地在第一个回合胜利了。

但这不是终点，甘地依旧拒绝进食，他还有第二个要求：印度所有党派和宗教社团签字的和平协议。这个难度甚至大于第一项，因为这回需要买单的不只是政府，这一协议涉及每个团体甚至个人的利益。甘地开列的七项条件中，包括保护穆斯林权益、退还近来骚乱中抢占的穆斯林财产、旁遮普难民撤出他们占据的清真寺等。显然每项要求都是艰难的，不少人对甘地的固执抱有非议，但在他充满悲悯的巨大气场下，更多的人被感化。17日，上百万新德里人走上街头，穆斯林、印度教徒和锡克教徒挽手并肩，呼吁教派和解，每位宗教领袖门前都聚集着大批信众，要求自己的领袖接受甘地的条件。18日，各派代表共同签署的和平协议送到了甘地床前，签名者中也包括印度国家党在新德里的代表。

甘地的第十八次，也是最后一次绝食，持续一百二十一小时三十分钟，又以胜利告终。

此时是中午十二点四十五分,消息传出后,新德里一城欢腾,来向甘地祝福的市民仍排成长龙,充盈着比拉尔府前的街道。

在这座巨大宅院的背后某个人迹罕至的角落里,却聚着几个面露愤恨的人:正是古德斯一伙。18日,他们在新德里聚齐,听说政府在"甘地胁迫下"付钱给巴基斯坦,古德斯怒火中烧,发誓要处决这个"民族叛徒"。现在他们有两支性能糟糕的枪,以及若干炸药,但除了外围成员拜奇外,谁都没摸过枪,突击练习的效果很不理想,谁都没把握担当击毙甘地的大任,最终只能制订一个协同作战计划。

行动时间定在20日黄昏,在甘地的晚祷会上,帕瓦将最先发难,在比拉尔府门口处引爆炸药以吸引警察;高佩尔·古德斯和拜奇提前混进比拉尔府,埋伏在仆人房间,那里的窗子正对着甘地布道台的背后,他们将从那里开枪和投出雷管;卡卡雷混在接受祝福的人群中接近甘地,待拜奇二人动手后,伺机从正面掷炸弹;古德斯和阿普特负责联络指挥。

20日,几人依计而行,分头从宾馆出发。比拉尔府,门庭若市,数以万计的新德里市民排队等候在晚祷会上接受圣雄赐福,在甘地的坚持下,府门口不设安检,携带枪支弹药的几名刺客顺利混入。仆人们纷纷离开房间去准备晚祷会,拜奇和高佩尔·古德斯趁乱潜入既定的房间。拜奇在他准备藏身的房间门口,与房间主人迎面碰上,后者的造型让他心头大震:那是一个独眼人,在印度教中,肢体不全被视为大凶之兆,独眼尤为不吉。拜奇为人迷信,一种莫名的恐惧涌上心头，他没有古德斯那样的政治诉求，此行只为求财，无意干犯不祥，气馁之下，说什么也不肯进入独眼人的房间，径自开溜了。

其他人还不知道这个变故，仍按原计划行事。晚祷会刚开始，心浮气躁的帕瓦就引爆了炸药，果然现场大乱。而高佩尔·古德斯和卡卡雷等不到拜奇的枪响，也不知如何是好。帕瓦很快被人群中的便衣警察抓获，见大势已去，诸人只能各自趁乱逃走。

拜奇和仆人吉斯塔亚自顾自逃回浦那闭门不出，其他几人则连夜逃往孟买。一路上古德斯满怀懊丧，某种意义上说，他和甘地是同一类人，都怀有殉道情结，对于自己信奉的主义不惜生死以之，此次行刺他已对沙瓦迦尔立誓，实在不甘半途而废。加上帕瓦的被捕让他们担心自己已被供出，回到孟买也不会安全。商议之下，他们竟做出一个惊人的决定：返回新德里，将刺杀计划进行到底。

本来，这将是自投罗网，警方已通过帕瓦的口供锁定了古德斯和阿普特两位《印度国家报》的工作人员，循着这条线索，其他人的身份也渐渐明晰，但印度警界叠层架构的复杂关系和官僚积习，竟让疑犯从网眼间漏过。被派往浦那办案的警察选择乘火车，耽误了整整一天时间，而孟买方面，政府碍于沙瓦迦尔在当地的影响力，不准警方碰他，得益于他们的低效，古德斯等人在孟买郊区兜了一圈，又分头返回了新德里。

27日傍晚，人声嘈杂的新德里旧火车站，古德斯、阿普特、卡卡雷再度聚齐，或许是自知必死，古德斯没有再让他的弟弟参与。他们费尽周折，总算从附近的难民营搞到了一支性能可靠的手枪，这回古德斯决定亲自上阵，时间就定在三天后。

甘地本人的固执与疏忽，也帮了大忙。20日的袭击事件后，他仍坚拒警方的保护。新德里最干练的警察、副警长梅赫拉只好每天便装暗中保护，30日偏巧他重病缺席。一切都像是注定似的，在这天的早祷上，甘地念诵《薄伽梵歌》中关于生死无常的诗句，事后想来，竟像是提前交代了后事；白天，他还会见了来访的尼赫鲁和帕特尔，调解他们的政见分歧。会谈耗时漫长，甘地为此错过了晚祷开始的时间。当他在摩奴搀扶下尽可能快地挪动脚步来到会场时，已是下午五点十分，迟到了十分钟。早已等候的人群涌上前来，向甘地致以问候，此时摩奴看见"一个穿着卡其布衣服的矮墩墩的年

甘地遇刺现场

轻男人",正奋力挤过他身前的人,向讲台靠拢,很快来到近前,俯下身子,似乎是想向甘地鞠躬。

朝拜者的这种热情,摩奴并不陌生,她只是伸臂想将此人拦下,同时温和地请他先退下,毕竟甘地已经来迟了,不能再耽误时间。但话未说完,忽然她面上的表情僵住了,来人直起身子时,她看见他合十的双手中,夹着一把手枪。

来不及惊呼,电光石火间摩奴被一把推开,刚摔到地上,就听见三声脆响,再看讲台上的甘地,胸前雪白的恰达已是一片殷红,但他的面色仍保持平静,手臂抬起,似是伸向开枪者,口唇微动,用最后一丝力气说着什么,摩奴听见,那是——

"啊!罗摩……"

8.

距离弥补了古德斯枪法的不足,他的三枪全部击中甘地胸腹,风烛残年的老人当场丧命,非暴力者,死于暴力。

甘地临终的遗言玄奥难解。罗摩,是印度神话里大神毗湿奴的化身,也是甘地崇拜的神祇,因此,有人将这一句理解为单纯的"Oh My God"(哦,我的上帝)式的感叹。但也有人愿意相信,这句话代表着甘地获得圆满,往生极乐。不久前他曾对摩奴说,希望遵从神灵的意志,为真理殉难,那样才当得起"圣雄"之名,否则,就只是一个欺世盗名之徒。此刻死亡以他期待的方式来临,求仁得仁,

255

复无怨怼。

古德斯当场被擒，查实他的身份后印度政府如释重负——如果是穆斯林杀害了甘地，局面将不堪设想。大约一小时后电台向全国播发讣告，特地强调"暗杀者是一名印度教徒"。

根据印度教习俗，甘地的遗体次日便进行火化，全世界的唁电铺天盖地而来，包括英国国王、罗马教皇、美国总统，也包括他的老对手真纳、丘吉尔、史穆茨。尼赫鲁在葬礼上致辞："照亮我们生命的那盏灯熄灭了，但是，一千年后，人们都还将看到它的光亮。"

然而，这终究只能视为一种出于情感的礼赞，自尼赫鲁以降，

新德里的甘地陵园与雕像

甘地被奉为印度的民族象征，可他的精神却被束之高阁，他返璞归真式的治国理念更从未被施行。尼赫鲁政府很快用行动否定了甘地路线，发展现代工商业，追求富国强兵，印度也回到了世界列国都在竞逐的跑道上。

事实上，这样的转变可以说是印度之幸。传统的美德赋予了甘地力量，却也界定了他力量的上限。甘地重视精神世界，否定物质文明和现代科技，他理想中的印度是一个庞大的村落联盟，男耕女织，安贫乐道，以物质的匮乏来保证精神的"淳朴无邪"。从大历史的视角来看，他的追求显然是与文明发展方向相悖的。

这样便不难理解古德斯的庭上辩护，他称杀死甘地并非出于私怨，而是因为他坚信甘地的主张正在毁灭印度。他认为甘地提倡的非暴力，其实是一味牺牲印度教徒的利益来绥靖穆斯林，并导致了巴基斯坦分离及其后的一系列灾难。他还提出，甘地为了个人的信条，以绝食"胁迫政府"做出有损国家利益的决定，这已是事实上的独裁者行为，且甘地反对发展经济、国防，将使印度变成任人宰割的弱国。

这些辩词没能洗脱刑事层面的罪责，古德斯

刺杀甘地的主凶纳斯拉姆·古德斯

和阿普特于 1949 年 11 月被处绞刑，团伙其他成员分别被处三至十年徒刑及终身流放，拜奇主仆上诉后免罪，沙瓦迦尔因证据不足被判无罪。

但古德斯的观点确实引起了印度人的思考。英国籍的印度裔大作家奈保尔，曾在一则寓言式的短篇小说里调侃了以甘地继承人自居、试图践行其主张但最终一事无成的政客维诺巴·巴韦，他将该篇小说命名为《一个蠢人》，更刻薄地将主人公定性为："一个神圣的笨蛋。"

所以，圣雄甘地和他乌托邦式的理想或许更适合作为抽象的精神图腾，"巾笥而藏之庙堂之上"，而非真正指引民族道路的航标灯——毕竟，如果印度真的变成一个不事生产、充斥着十几亿苦行僧的国度，后果将是难以想象的。

"宁其死为留骨而贵乎，宁其生而曳尾于涂中乎？"对抱负远大的印度民族来说，他们必不甘心仅仅满足于后者。而对一位误入政治凡尘的圣徒来说，前者，或许反倒是他最理想的归宿。

（笔者按：本章开头部分仿自杰克·伦敦的小说《一块牛排》，谨此致敬。）

复仇之剑
——赤穗四十七浪人刺杀吉良上野介

大石内藏助良雄[1]住在赤穗城里。

那是在三百多年前，日本元禄年间。那个时代，对大石内藏助这样的武士来说，倒是可以套用狄更斯《双城记》的著名开头："这是最好的时代，这是最坏的时代。"

说最好，是因为当时的日本太平无事，结束了战国乱世的德川幕府已统治了快一百年，熬过了17世纪折腾全球的小冰河期，又用锁

---

[1] 古代日本人的完整命名规则为：苗字 + 通称 + 氏 + 姓 + 名讳。日本上古姓氏很少，后来随着人口增加和文字普及，"姓"中分化出不同的"氏"，"氏"中又分化出不同的"苗字"。我们常见的日本古人名，如德川家康、伊藤博文，德川和伊藤就都是苗字，家康、博文则是名讳。根据古代日本礼仪，名讳只能在正式场合使用，平常直呼人的名讳是失礼的行为，所以日本人又发明了"通称"，用作日常的称呼，类似于中国古人的表字。以大石内藏助良雄为例，大石为苗字，内藏助为通称，良雄为名讳，所以他更多地被称为内藏助或大石内藏助，本文中也依照这个规则，称他为内藏助。提到的其他人物，也依此例。日本明治维新之后，颁布《苗字必称令》，简化了前述复杂的命名规则，姓氏与苗字的界限才逐渐模糊，所以在今天的日本人名中，"苗字"已等同于"氏"，甚至理解为"姓"，也大抵不错。

国令把危险的西洋夷狄隔绝于国门之外，社会偃武修文，小民乐业安居，不说岁月静好，也算现世安稳，生在这个时代的武士，再也不用像一百多年前的祖辈和同行那样，时不时拎着刀跟人拼命了。

但说最坏，也正是因此——命都不拼，还算武士吗？

没错，元禄时代的日本重商兴文，富商巨贾、文艺名流取代了武士，成为新的社会偶像，而武士们遵奉的那套"死啦死啦地"武士道，已显得不合时宜，虽然仍受到表面的尊崇，但就像是博物馆里的藏品，崇高珍重，却被束之高阁，不复通行于世。

面对这样的局面，大石内藏助的一些同僚很有些不满，视之为时代的堕落。比如另一位赤穗藩士间喜兵卫光延，很早以前就在书信里抱怨说：

> 听说近来在京城吃香的都是些会打算盘的、字写得好的、头脑活络会讨人欢心的家伙……武士已经完全没落了，这世道真是让人厌烦。[1]

大石内藏助比这位喜兵卫年轻了快二十岁，却并不似后者这样是个愤青，对于如今的承平之世，他的享受多过失落。

对事物的看法不同，很多时候是因为站的位置不同。喜兵卫虽也是武士，但主要负责厨房料理，年俸只有禄米一百石，难免怨愤

---

[1]《赤穗义士史料》，转引自野口武彦《花之忠臣藏》。

生不逢时。而大石内藏助，从他太爷爷算起，他们大石家辅佐赤穗藩主浅野家担任家老（首席家臣），已历四世三人，作为标准的"官三代"，内藏助十九岁就接了爷爷的班，出任家老。赤穗藩盛产食盐，经济宽裕，家老的世袭年俸是一千五百石，妥妥的富裕阶层，加上太平时节藩务安闲，大石内藏助有大把的精力和财力用来纵情声色，流连繁华。

这样的日子，又怎会让人生厌呢？

在担任浅野家家老的二十多年间，大石内藏助一直如此，世人眼中的他，倒更像是个大方随和的土财主，而不是位高权重的藩国重臣。

本来，他也完全有机会以这样的姿态过完一生，庸碌而快乐。但是，在元禄十四年[1]，他四十二岁这一年，一场突如其来的变故扭转了他的生命轨迹，让他历经苦楚颠沛，却也迸发出或许连他自己都久已遗忘的武士本色，在靡醉浮华的元禄时代演出惊世之举，名留竹帛，垂范后世，成了武士道德

大石内藏助画像

---

[1] 元禄十四年为公元1701年，本文使用日本年号纪年，后文以此类推不再赘述，如涉及其他年号，将在括号内注明。

系统里的"忠义化身"。

这就是日本三大复仇事件中最出名的：大石内藏助良雄领衔的元禄赤穗事件。

1. 要解心头恨，拔剑斩仇人

元禄十四年三月十九日，暮春时节天将晓。

赤穗城的宅邸中，大石内藏助正沉睡未醒，忽然下人来报说，赤穗藩主浅野内匠头长矩身边的从人从江户赶回来求见，十万火急。

内藏助起身披衣，会见来客，大约他已觉出事非寻常，但他此时一定还不知道，刚才，是他余生中睡的最后一个安稳觉了。

来的两人是赤穗藩士早水和萱野，两人风尘仆仆，带来的消息更是惊人：主公内匠头在江户出了事，已被收押。原因大致是跟一位显贵吉良上野介义央起了冲突，触怒了幕府将军，目前看来，内匠头凶多吉少。

事情的原委，是这样的：

当时的日本，名义上的最高统治者仍是万世一系的天皇，但实际上天皇的影响只限于礼仪文化宗教领域；而实掌军政法财诸大权的，是德川幕府的征夷大将军，可谓"政由德川，祭则天皇"。

双方保持着表面上的君臣之仪，每逢新年，将军要派使臣到京都，给天皇拜年问安，而之后，天皇也要派出敕使，到江户向将军答礼。

虽是常规的人情往来，但时任江户幕府第五代将军德川纲吉却极为看重,每次都极尽排场。

不过对将军来说,这也是"羊毛出在狗身上",他可以指定一位或数位大名担任"御驰走役",负责招待天皇派出的敕使。当然,大名也要负担招待成本。

这项任务说起来十分荣耀,但花销不菲,谁肉疼谁知道,因此虽然大名们不敢宣之于口,私底下却人人视为畏途,都想避开这倒霉差事。

元禄十四年,被选中的年度倒霉蛋儿中,就包括浅野内匠头。

浅野内匠头长矩,时年三十五岁,是浅野家的第三代赤穗藩主,祖上是战国名将浅野长政。此时的浅野家本家在广岛,年入四十二万六千石,是排名日本前十的一线大名,内匠头一脉是浅野家旁支,领地赤穗年入五万石。

原本这个收入已足够体面,但就在几年前,幕府重铸货币,降

德川纲吉画像

浅野长矩画像

低了金银纯度，这就相当于今天的中央银行滥发纸币，结果自然是通货膨胀，钱币贬值，所以内匠头这样的中小大名也受到波及，日子变得紧巴起来。

就在这个时候，他被任命为这一年度的御驰走役。

虽说这差事他十几年前也摊上过一回，但此刻物价水平早非昔比，陈年老皇历没什么参考价值，内匠头只能重打算盘，核算招待费用，越算越是触目惊心，不得不想方设法，能省则省。

而祸不单行的是，负责为这次接待提供礼仪指导的"高家肝煎"[1]吉良上野介义央，又是出了名的尖刻难缠。

这位六十岁的老头子，曾经十余次作为使者，往返于天皇和将军之间。对于礼仪的精擅，只怕已算是当世第一，将军德川纲吉对他也礼重有加。

要说吉良家的门第，那是古老又显赫，可在江户时代，却是高而不贵，年俸只有四千二百石。而吉良上野介这样的地位，免不了讲究奢侈排场，并且他在自己的领地也确实自掏腰包办过不少造福桑梓的好事，以他的收入，实在不敷开销。虽然上野介的妻子娘家是战国枭雄上杉谦信的后裔米泽上杉家，财雄势大，常有贴补，但毕竟身为男人，软饭吃多了也难免有心理负担，故而上野介总是会设法假职务之便，创点小收。

按惯例，担任御驰走役的大名，除了要供奉敕使的一应开支外，

---

[1] 职务名，负责代表将军觐谒天皇，并在陪同敕使回访将军的过程中，指导招待礼仪。

还需额外付给高家肝煎一笔费用,作为他提供礼仪指导的酬谢,虽无明文,却算是当时的潜规则。

可问题是这一回,有捞钱需求的吉良上野介碰上了有省钱需求的浅野内匠头。双方都是刚需,没办法,只能正面硬杠。

据传说,内匠头没付这笔钱,另据传说,他付的钱不够数儿。总之上野介十分不满,横挑鼻子竖挑眼,折腾得内匠头苦不堪言。

元禄十四年三月十四日,这天天气阴沉,令人心情压抑。

这天是将军向敕使还礼的正日子,仪式定在江户城白书院举行。书院墙外的花园一侧,有一条回廊,一半是木板走廊,另一半是房间,用隔扇隔开,隔扇上绘着松树纹样,因此被称为松之廊下。隔扇背后的房间,被辟为御驰走役待命室,内匠头等人就在房中休息,等候差遣。烦琐的接待工作已近尾声,只待将军答谢礼毕,御驰走役护送敕使出城,就算完事大吉,可内匠头脸上却不见终于可以交差的轻松感。

走廊上有两人正在谈话,谈的内容已失于记载,不过听声音,说话的其中一人分明就是吉良上野介。

听着这个声音,屋里的浅野内匠头眉头紧蹙,咬肌抽搐,脸上的表情似乎在说:忍一时越想越气。终于他起身,对同伴说:"我去去就来。"言罢拉开隔扇出屋,疾步走到上野介身后,恨恨地说:"你还记得吧?"[1]

不等上野介明白过来,但听金刃破风,内匠头腰间的佩刀已然

---

[1] 野口武彦《花之忠臣藏》。关于内匠头袭击上野介时的言语,有诸多不同版本。

出鞘，劈面挥来，仿佛携着不共戴天之仇，非杀此人，难解心头之恨。

电光火石之间上野介本能一避，所幸内匠头按照规矩只携带了短刀，威力有限，这一刀虽然伤了上野介的额头，却未能致命，但恐变生不测，上野介不敢迎战，转身奔逃。

内匠头追过去，又刺伤了上野介后背。正待继续补刀，之前与上野介谈话的人冲上前来双臂环抱，紧紧箍住了内匠头。此人是旗本武士梶川与总兵卫，素以力大著称，正是当天的安保负责人，他将内匠头死死制住，同时在内匠头耳边大喊："浅野殿请看在武士情分上，手下留情。"

其他安保人员闻声赶来，上野介也已逃远，内匠头只得弃刀就缚。

这就是著名的"松之廊下事件"，也是之后一系列故事的开端。消息很快传开，正在沐浴更衣的将军纲吉大怒，驻江户的赤穗藩一干家臣大急，连忙派了干练得力的藩士早水和萱野火速赶回本藩，商议善后事宜。

两人乘坐最快的轿子，五天飞奔六百多公里，赶回赤穗。

听到消息的内藏助急忙召集赤穗众藩士开会商议，然而还不等众人从错愕中缓过神来，这天下午，又有第二批信使从江户赶回，带来了真正的晴天霹雳：主公死了，被将军勒令切腹自杀。

2. 何以至此

内匠头死了。

就在他于松之廊下怒劈吉良上野介的当天，愤怒的将军纲吉以宫禁行凶的重罪，判了他死刑。

按说这并不太合流程，但在将军盛怒之下，也没人敢表示异议，最高指示不能过夜，内匠头当晚就得死。

当时在纲吉手下掌权的，是以逢迎上意著称的一代佞臣柳泽吉保，他主动对纲吉的命令额外加码，违反常例，命令内匠头在室外切腹。而根据品阶，内匠头原本是可以享受在室内切腹的优待的。

对于这个带有折辱性的判决，连幕府方面派来的传令之人都觉得过分，但内匠头并没有争辩，就在被羁押的一关藩藩主田村家宅邸的一株樱花树下，跪坐在草席上，解衣开切。

当时已是傍晚时分，晚风徐来，落英飘飞。内匠头临刑前口占日本俳句一首曰：

风吹拂兮花惜春，我犹胜花兮，无计留春驻。[1]

十足的武士美感，死得也算有范儿。

随后内匠头被葬入江户的泉岳寺。关于为什么甘冒重刑，也要袭击上野介，内匠头在审问中绝口不提，只说自知罪重，但求按律处治，这也是标准的武士做派，敢作敢当不解释。

而上野介那边，对为什么挨砍坚称不知，说并没有得罪过内匠头，

---

[1] 吉原健一郎主编《元禄忠臣藏》。

不知他为什么这么恨自己，想必是疯了云云。

于是，关于两人之间到底有什么仇恨，引发了日本全民大猜想，直到今天也没有定论。

在一堆靠谱或不靠谱的猜测中，史学家认为最有可能接近事实的原因有两个，而这两个原因，又都可以用当年克林顿竞选时的名言来概括：笨蛋，是经济问题！

一个原因就是前面说的，献金问题，说内匠头该给的孝敬没给，或是没给足，上野介怀恨在心处处刁难，以至积怨。

另一个原因，视野要宏观一点。赤穗藩靠海，制盐技术先进，赤穗盐行销全日本，获利颇丰。而吉良上野介也想涉足制盐业，曾经向浅野家求教过赤穗盐的制造秘诀，可自古同行是冤家，内匠头又怎么肯把秘诀告诉想横插一杠的潜在竞争对手，于是婉拒，双方也就此结下梁子。

此外，性格矛盾、央地冲突，乃至桃色新闻，各种假说也都被提出来，不一而足，不复赘述。总之，随着内匠头身死，他的行凶动机也就此成了谜。

而在这起事件中另一个令人费解的地方是，将军纲吉为何会如此处置双方。

其实纲吉的判决，最大争议还不在于内匠头切腹，而在于冲突的另一方上野介居然没事，甚至还受到将军亲口嘉勉，理由是他挨了两刀，却没还手，足见识大体顾大局。

这就违反了幕府的"喧哗两成败"原则，这条原则简单来说就是，发生冲突，双方都有错，都要担责。以今天的眼光来看，这是不问是非，标准的懒政，但在当时的行政水平之下，这种做法却能以最低的管理成本，形成一种无差别威慑，类似"打赢坐牢，打输住院"，确实能对冲突起到一定约束。

按这个原则，内匠头固然罪不容诛，上野介也需接受相应惩处，虽然不能让他也对等切腹，但毫无追究就显得太过偏袒，这也为后来的事件埋下伏笔。

要探究这个问题，或许需要近距离观察一下德川纲吉，这位元禄时代的掌枢者，从他的身心当中寻找答案。

德川纲吉的上位，可以说是一个意外。

他的母亲出身贫寒，曾是德川幕府第三代将军德川家光侧室的仆人，后被家光看上，纳为侧室，生下了纲吉，是为家光最幼之子[1]。

按说生于将军之家，营养绝对跟得上，但纲吉好像还是没发育好，据说他只有一米二四，即便在男子平均身高不足一米六的江户时代日本，也算是微生物级别了。

德川家光去世后，纲吉的异母兄长德川家纲继任为第四代将军，纲吉之母也依惯例落发出家，尊称桂昌院。

非嫡非长，纲吉原本没什么机会担任将军之位，但他这届兄弟不行，班辈中三个夭折，一个早逝，继任将军的家纲也体虚多病，一直没能诞育子嗣，年仅四十岁就重病缠身，而家纲此时在世的兄弟，

---

[1] 后来德川家光又诞有一子，但早夭。

也就剩了纲吉一人。家纲只好把这个仅比自己小五岁的异母弟弟收为养子，从此我管你叫弟，你管我叫爸，各论各的。

当时很多有影响力的家臣都不看好纲吉，甚至谋划从天皇的亲族中择人另立为将军，彻底取代德川家。病重弥留的家纲硬是吊住一口气，交代一定要让纲吉接班，后者这才有惊无险，当上了德川幕府第五代将军。

这就是说，从出身到人望，甚至到外形，纲吉几乎没有拿得出手的，最后仅凭血统和"实在没别人了"才得以上位，属于典型的"德薄而位尊"。这样的人，难免会有一个问题，就是自卑。

而权力正是自卑者最佳的解药，行使权力，甚至不加节制地行使权力，可以对人立威，可以为己壮胆，又恰巧，作为将军，他就拥有这样的权力。于是纲吉拼命抓紧权柄，早期励精图治，后来逐渐独断专行。

其中最有代表性的举措就是他颁布了"生灵悲悯令"。

这是一项放在今天能让最极端的动物保护人士都摇头的法令，其中规定不得虐杀动物，这尚属善法；但规定不得让动物在劳役中受伤，违者重罚，这就属于过犹不及了，这也是赤穗藩的报信使者要坐人抬的轿子飞奔六百多公里而不敢骑马的原因；更过分的是，法令还规定养狗的人家必须登记造册，所养的狗定期接受检查，一旦发现有死伤，严惩不贷，结果逼得养狗人不得不赶在登记之前偷偷把狗遗弃，一时间日本野狗泛滥成灾。

生灵悲悯令让日本怨声载道，人们在背后都叫纲吉"犬公方"，意即"狗将军"。但纲吉浑然不觉，仍是乾纲独断，脑袋一拍就是一条"英明"决策，包括这次他不走流程，处死内匠头，也是这种作风的一以贯之。总之，他就是在拼命用专横来消解自卑，用权力来治愈童年。

除了权力带来的满足感以外，他还需要另一种加持：虚荣的加持。

纲吉很爱自己的母亲桂昌院，却也以她的出身为耻，因此一直希望抬高她的门第。元禄十四年这一次如此高规格地接待天皇敕使，也是因为想向天皇为母亲讨封，希望天皇授予她女性所能获得的最高品级：从一位。

至少名义上，桂昌院已经遁入空门，对世俗名利本该不再萦怀，所以，很难说纲吉此举是想体现对母亲的孝心，还是满足自己的虚荣心。而要想办成这事，作为礼仪专家的吉良上野介，又是不可或缺的人物，所以在松之廊下事件之后，纲吉经过简单问讯，就做出了不顾常例的裁决，没有处理上野介。

总之，将军纲吉"自卑—专断—虚荣"的三角形行为动机，或许才是推动事件发展的深层动力。

3．生存还是死亡

死者长已，存者还需偷生。此时赤穗城中，尚有各级藩士近三百人。接到凶讯的大石内藏助召集众人，研究如何应对接下来的各种局面。

根据惯例，内匠头的死并不算完，而很可能仅仅是个开始，随后幕府必定还会对赤穗藩施以惩罚。尤其是当他们听说，幕府没有惩处冲突的另一方上野介，这更是已经明示了其态度，所以接下来赤穗的麻烦绝不会小。

最严重的惩罚可能是没收藩地城堡，将赤穗藩转授他人——六十多年前，浅野家也是从上一任被褫夺封地的主人手中接掌了赤穗。

一旦到了那一步，不但赤穗浅野家就此被销号，他们这些浅野家的家臣，也将下岗失业，变成无主的浪人。

对武士来说，这是最绝望的前景，甚至比死还难堪。变成浪人，不但意味着丢掉饭碗，更意味着将不得不放下武士的骄矜，要么去从事之前看起来很卑贱的职业，要么就像黑泽明《七武士》里的落魄浪人那样，明明都混到快吃土了，仍然端着架子吃五喝六，这不干那不干——武士的和服，比孔乙己的长衫更难脱下。

尽管这样的惨淡前景几乎就在眼前，但身为首席家老，内藏助不得不为最后一线生机做出努力。他准备向幕府上书请愿，请求由内匠头的兄弟浅野大学长广来继任赤穗藩主，以此保住浅野家和一众藩士。同时，请愿书中委婉言及对幕府处理上野介方式的不满。

内藏助派出的信使，携请愿书赶赴江户。

而此时，江户方面派来的两位"受城目付"，也就是接收专员，正与他们相向而行，还带着几千兵马，以备不测。

被内藏助等人寄予厚望的内匠头之弟大学，也被幕府勒令"隐居",这表明幕府已经决定在政治上根绝赤穗浅野一系。

在这种局面下,常驻江户的赤穗藩家老甚至不敢把请愿书递交上去,唯恐再触怒纲吉。毫无悬念,请愿还没开始,就失败了。

此时已没有更多的幻想空间,接收大军已兵临城下,留给赤穗藩士们的选择其实就只剩下了"To be, or not to be"(生存,还是死亡)。

这是一个问题。

内藏助再次召集会议,内匠头平素很得人心,因此最激进的藩士决心以死报主,提出据城自守,以武抗拒。

这些激进的藩士多是青壮年,有着一腔血勇,但稍一冷静,就连他们自己都看得出,这个方案全无可行性。年长位高的藩士们则多倾向稳健,主张认怂到底,恭顺献城——毕竟以他们的身家资历,再找下家也并非无望,给谁打工不是打,哪犯得着拼命呢。

作为首席家老,大石内藏助的态度此时至为关键,而这位一向随和恬淡、无可无不可的家老,这一回语出惊人,他说,城要献,但不能平白地献,大家做好准备,在受城目付入城之时,集体在他们面前切腹自杀。

内藏助解释说,他的目的是用"死谏"的方式来打动幕府,让其收回成命,以重振浅野家。

这个建议,得到了多数人的赞同,毕竟几百个人一起切腹,何其壮观!画面真是想想就刺激。

可是稳健派的代表,另一位家老,财务专家大野九郎兵卫表示反对,理由是这种抗议不会打动幕府,只会被视为挑衅,进一步惹怒幕府,

夜讨吉良

不但切了白切，还可能连累浅野大学，甚至连累广岛的浅野本家。

原本大野九郎兵卫的发言权远比不了内藏助，但此时赤穗城中内匠头之死的消息已经传开，眼看藩国即将易主，商铺钱庄都忙着找上门结清欠款，众藩士也需要结算俸禄典卖家产，作为破产清算操盘手的大野，话语权也就大了起来，舍不得切腹的稳健派就以他的意见为凭，推翻了内藏助的提议。不过仍有二百八十余人，共同签署了一份誓约书，盟誓献城之后，仍将各自努力，重振浅野家。

随后各人忙着处理善后事宜，料理干净的陆续离开，就此别过。四月十二日夜里，大野九郎兵卫父子竟也卷好铺盖，连夜出逃，据说，还卷走了不少财物。[1]

内藏助无比失望,四月十八日,在约定的开城时间前一天,他又联系两位受城目付,请求他们转奏将军,允许重振浅野家,或是惩处吉良上野介。两位受城目付虽对赤穗的遭遇深表同情,但爱莫能助。

次日,如约交割,众藩士离城,各奔东西。大石内藏助最后看了一眼赤穗城,他在这里降生、长大、入仕、成家,原本还将有意料之中的死亡和家业传承,可以说跟这座城休戚与共,血肉相连。

可此刻,人生翻篇,熟悉的一切变得与他无关。天昏地暗,世界可以忽然什么都没有。天地辽阔,前路茫茫,更不知何处可寄余生。

不过感怀之余,离开赤穗的内藏助也暗下决心——这事没完。

4. 复仇者联盟

离赤穗献城已过去了两个月有余。这期间内藏助一直住在城外的远林寺中,料理未尽事宜,为内匠头修建灵塔,祭奠招魂;同时仍然竭尽全力,托各种关系走动游说,希望幕府能在放归浅野大学和处置吉良上野介这两件事上重新考虑。

尽管他自己也知道,这两件事都多半无望。

赤穗的藩士们,如今已变成浪人。他们中有的另投新主,有的

---

[1] 关于大野父子的出逃是否盗走了赤穗藩的财物,有学者认为这是后世戏剧中为了突显内藏助等人,故意把大野描述得如此不堪,未可尽信;另有说法称他们其实是在配合内藏助,自己甘受污名,躲到暗处积蓄实力,如果内藏助的复仇无法成功,则由他们另组人手发起第二轮行动。

放下身段改行经商，但更有人不肯善罢甘休，决心要为故主、为赤穗讨回公道。

内匠头切腹时，赤穗江户藩邸中除了那几个尸位素餐的家老以外，还有他这次带来的手下。他们算是近距离亲历了主公之死，悲愤之情也比留在赤穗的众藩士来得更强烈，因此他们也更坚定决心，要讨一个说法。不过他们最在意的并不是赤穗藩能否重回浅野家，而是"累死"了主公的吉良上野介必须付出代价！

他们此时就成了赤穗最坚定的复仇派，代表人物有三：堀部安兵卫、奥田孙太夫、高田郡兵卫。

堀部安兵卫是蜚声日本的大剑客，打过一场著名恶仗：高田马场决斗。

当时他还叫作中山安兵卫，本是新发田藩主的儿子，父亲死后封地被幕府收回，安兵卫流落江湖，以武会友，结识了一些赤穗人物。有一次他的朋友跟人约架，本想请他助拳，却没能及时通知到，只好只身前往，结果安兵卫听到消息，赶到决斗地点高田马场时，友人已被砍死。他愤而拔剑，一人砍翻对方十八人，就此一战成名，人称"勇猛安"。

赤穗老藩士堀部弥兵卫听说了安兵卫的英勇事迹，非要招他做上门女婿，甚至答应让他保留姓氏中山，在自己死后继承全部遗产，重振中山家。安兵卫盛情难却，就同意入赘，并且还是改名为堀部安兵卫，他也凭借弥兵卫这层关系，成为赤穗藩士。

在赤穗献城前，安兵卫等人自江户兼程赶回，参加了会议，最激进的据城自守意见就是他提出的。

另外两人,奥田孙太夫、高田郡兵卫,也与安兵卫背景、立场相近,力主复仇。他们几人的坚定和高调,吸引了一批血气方刚的赤穗浪人,以他们为核心形成了一个激进派别,催促内藏助尽早主持复仇大计。

而内藏助的态度一直是观望,自来慷慨杀身易,从容就义难。作为前任首席家老,内藏助此时仍寄望于浅野大学或是浅野本家,但凡还有一丝机会,他都愿意忍辱负重,为此他不断派人去约束激进派。

元禄十四年八月,果然风云再变——却不是朝着内藏助期待的方向。幕府解除了浅野大学长广的隐居令,却又命他到广岛的浅野本家,终身软禁。

浅野本家倾向息事宁人,浅野大学似乎也已经认命,并且他们都知会内藏助等人,切不可生事。

赤穗众士原本同仇敌忾,打算拼将一死,酬答君臣之义,而为君者,却是驽马恋栈豆,好死不如赖活着。这实在令人丧气。

内藏助随后在京都的圆山召集赤穗旧臣,宣布了这个令人失望的消息。他重申为主复仇的计划不变,同时也将献城之前诸人签署的盟书一一返还,告诉大家,去留听便。

虽然仅过了半年,却已物是人非,当初立约时,二百八十多人个个愤激,可经过半年的冷却与磨砺,此时多数人默默取回盟书,更有的根本就没来赴会。一多半人脱盟,剩下坚守誓言的,只有一百二十余人了。

内藏助本人似乎也深受打击,不久,他就搬到了京都的山科,将怀着身孕的妻子和子女等家眷送回妻子的娘家,自己则在山科寻欢作乐,夜夜笙歌,一待就是一年多。

这期间他曾亲赴江户,与安兵卫等人约定,在次年(元禄十五年)三月十四日,内匠头周年忌日时有所行动,可到了时候,他又再次将行动推后。

这些举动,让不少同侪心灰意冷,连之前江户激进派三人组的高田郡兵卫都脱盟离开,回家继承家业去了,更有人以死明志,希望能激励内藏助有所作为。

但也有人依然信任内藏助,在这个低潮时期仍逆势投效。比如三村次郎左卫门,他本是一介庖人,俸禄只有区区七石,因为身份低微,内藏助曾经拒绝让他入盟,但他不轻言放弃,屡屡要求加入组织。再比如不破数右卫门,他在内匠头生前就被开除藩籍,成了浪人,原因是此人是个武痴,为了练习剑法,盗挖尸体来喂招,被告发后内匠头明面上将他开除出门,私下却送给他一笔钱安身。他深感此恩,苦求内藏助务必带他一起为主报仇,内藏助拒之再三,才终于接纳。

有人走,有人来,心志不坚者逐渐离场,而剩下的矢志不移者,就组成了新的复仇者联盟。

至于仍被联盟视为主心骨的内藏助,他是在韬光养晦、隐忍待时,还是真的打算消残壮志、苟且偷生?

当时的人普遍认为是后者,连当时的童谣都讥讽内藏助忘主贪生,说他"大石之轻,其轻如纸"。而后来事情的发展,又让后世演绎多倾向于前者,把这段放浪岁月说成是内藏助在麻痹上野介,使他放松警惕。

事实上，当时醉生梦死的内藏助，自己也未必清楚自己的内心。

后来鬼才作家芥川龙之介用短篇小说《大石内藏助的一天》，推演了他此时的内心活动。芥川用20世纪人文主义的理解之同情，认为内藏助是在逃避，想说服自己找一个理由活下去，享受人生。[1] 但一番天人交战，还是"武士道精神"的超我战胜了"贪恋俗世欢愉"的本我。这个演绎也让内藏助的形象更加有血有肉。

事实如何自然已无法考证，但最终，在内藏助的心中，必然有某种东西觉醒了。元禄十五年十月，内藏助带同身边仅剩的几名同道，再次东下江户，这次一走，便是永诀。

5．风雪吉良宅

元禄十五年十二月十四日，夜。

江户城连下了一天大雪，不久前才停住，天地素裹，四望皎然。

江户城东北郊的本所一区，一队黑衣人正踏着那乱琼碎玉而来。各人头戴斗笠，缨穗飘洒，上身穿半截和服，袖口腰间系着白布，下着绑腿草鞋。一行人看似是消防人员的打扮，但细看不难发现，他们的外衣之下，无一例外都暗藏着诸般兵器。

---

[1] "毫无疑问，他曾无怨无悔地生活在记忆中所有的放浪生活中，也曾在放浪的生活中完全忘却了复仇的义举，而享用着短暂的惬意瞬间。……因此当人们称赞自己，或将自己所有的放浪行为说成是实现忠义的手段时，他便会感觉到不快和负疚。"见芥川龙之介《大石内藏助的一天》。

这便是大石内藏助率领的复仇者联盟——赤穗浪人团。此时的人数，连同内藏助，也仅剩了四十七人，比赤穗献城之时盟誓的人数少了十之七八，比圆山聚会也少了一多半，就连最近的一次行动动员之后，都又有人背盟脱逃。

故人星散，却也是淘沙见金，此刻余下的，都坚如铁石，再无犹疑，再无等待。这一夜，就是赤穗浪人期盼已久的猎杀时刻。

他们此行的目的地，就是位于本所一区的吉良上野介宅邸。

元禄十四年的松之廊下事件之后，上野介原本被将军纲吉安置在江户城的吴服桥内，毗邻南町奉行所。奉行所是治安机构，相当于今天的警察局，纲吉把上野介放在奉行所眼皮子底下，显然是意存保护，这也是潜伏江户的赤穗浪人们一直无法动手的原因之一。

但此后朝野舆论多是同情浅野家，以及一干沦为浪人仍不忘故主的赤穗旧臣。人们不敢指责纲吉，便归怨于上野介，不论之前他与内匠头的矛盾到底错在哪方，此刻，上野介存活于世本身，就像是一个巨大的错误，世人都觉得他理当遭到赤穗浪人的复仇。传说就连上野介的夫人都嫌他丢人，离开他回了娘家上杉家。

纲吉也感到了风向，自然他不会反省自身，反倒觉得是上野介连累了他承受压力，越看上野介越觉得碍眼。

上野介也觉察出纲吉的态度日趋冷淡，于是以退为进，向幕府请辞。他本意半是试探，半是提醒，希望幕府注意到他的境况，却没想到幕府很是痛快，立马照准，安排他搬出吴服桥内，并为他指定了新的居所：本所一区。

本所，就是今天的东京墨田区，东京地标之一"天空树"的所在地，寸土寸金。但在元禄时代，这里还未经开发，属于城乡接合部，人烟寥寥，鬼气森森，江户时代著名的灵异怪谈"本所七不可思议"就发源于此。

上野介被安置的新宅，是之前另一位旗本武士的故居，这家搬走后便一直空着，已经撂荒。宅院西侧是一座寺庙，东、北两面相邻的几座院落也都是武士府邸，但这些新邻居见到上野介，就像躲瘟神一样避之唯恐不及。南面临街，有少许商铺，再往南就是流经本所的小河立川，河岸尽是灌木芦苇，尽显荒凉。

这下上野介不免傻眼，原本他期待幕府纵然不加慰留，至少也会安排他住到妻族上杉家附近，好有个照应，谁知却将他打发到这个鬼地方。内藏助在山科故作姿态的纵情声色之举，并没有让上野介放下戒备，他相信赤穗浪人迟早会来报仇，便躲在新宅里深居简出，唯恐泄露行踪。

这座新宅虽然地处偏僻，但好在够大，南北纵深三十多间，东西宽七十多间，上野介召集的护院者据说有上百人。[1] 想攻进来，并在这座大宅里找到上野介，也确非易事。

不过赤穗浪人中，有几位有心机之辈，早就隐姓埋名，盘下了吉良宅邸附近的商铺，扮作商人，每日监视宅中动向，几经周折，终于从宅邸前任主人的建筑师处，探得了院落的布局图。

---

[1] 山本朝常《叶隐闻书》。

元禄十五年十月底，内藏助一行秘密潜入江户，在平间村建立聚点，作为指挥部。期盼已久的众人纷纷聚拢而来，布在吉良宅邸周围的情报网也加速运转。经过一个多月的打探，十二月十日这天，赤穗浪人大高源吾带来一条关键情报：十二月十四日，吉良家将举行茶会。这种礼仪场合，主人不可能缺席，这也意味着，届时上野介必定在家中。

十四日，不正是内匠头切腹的日子！诸人百感交集，相信定是故主亡魂冥冥中的助佑，内藏助传令：复仇就在这一夜。

现在还有四十七人，这也就是参与行动的最终人数。

内藏助拟定行动方略：根据计划，诸人分为两队，分别从吉良宅前后门攻入；每队又分指挥、屋内、屋外三组。指挥组各有三人，负责发号施令协调部署，前门队指挥自然由内藏助亲自担任，后门队则交给曾担任赤穗步兵首领的吉田忠左卫门；屋内组负责攻入宅院，袭杀上野介及其子吉良义周；屋外组负责设伏拦截，防止重要目标脱逃。各组人员，遇有抵抗，一律格杀勿论。虽然复仇目标是吉良父子二人，但鉴于谁也不识他们的面貌，在极端情况下，为免漏过，满门诛杀！如能复仇成功，则所有人集体向幕府自首，听凭其发落；如天亮之前未能杀死上野介，则纵火焚烧宅邸，然后所有人原地切腹自尽。总之这一夜，不成功便成仁。

计划还规定，诸人穿着统一服饰，各携称手兵刃，准备好讨吉良檄文。他们约定了联络的口哨信号、撤退的路线，以及如果幕府或上杉家出兵干涉的应对方案，可说算无遗策。

十四日转瞬即至，此前一天，江户城降下鹅毛大雪，在武士美学里,雪是复仇故事的最佳背景,赤穗众士都觉此乃天公助力,以壮行色。入夜,众人分头从各自的聚点,踏雪出发,在本所立川河的二之桥前汇合,过桥不远,就是吉良宅。

内藏助做最后的动员和部署,前门智取,假扮成消防员,以报火警为名,将门卫都吸引到大门处,能直接骗开大门最好,否则也可趁门卫聚拢,从其他地方翻墙;后门强攻,待前门得手发出信号,后门队由杉野十平次和前面提到的庖人三村次郎左卫门两名大力士,用大木锤砸开门,直冲上野介的寝居。安排停当,内藏助拔出太刀,低声道:"望诸位竭尽全力,拼死一搏!"

接着依计而行,前门的门卫听到门外高呼失火,却不见火光,料想来者不善,坚决不肯开门,但他们没想到来者有数十人之多,

赤穗城

正在隔门对峙之际，另一边，赤穗浪人已逾墙而入。

当先的是少年间十次郎，他其实并不是赤穗藩士，也无俸禄，是随其父间喜兵卫光延同来的。十次郎善使长枪，当者披靡，跟着大高源吾等人从墙头跃下，很快制住门卫，斩开大门。年老无力翻墙的，则骑在墙头向院子里放箭，提供掩护。随后内藏助等人一拥而入，高呼："赤穗浅野内匠头家臣，为主报仇，来取上野介性命！"

吉良宅的守卫人数原比赤穗浪人多得多，但见敌方气势汹汹，霎时间砍翻己方数人，更兼哨声大作，墙头上箭如飞蝗，黑暗中也不知来了多少敌人，不免气为之夺，纷纷退入屋中自守。

此时后院赶来几人，当先的也是个少年，赤穗浪人中冲出一人，迎面一刀，那少年大惊转身逃跑，赤穗浪人见他如此怯懦，也不屑追赶。此人名叫武林唯七，在赤穗众士中身份特殊，他本是中国后裔，中文姓孟，杭州（旧称武林）人氏，故而改姓武林，其家谱上更自称是孟子后人。武林唯七生性莽撞，被他一刀砍跑的少年就是吉良家少主——上野介之子义周[1]。吉良义周一个照面就逃跑，没引起注意，随后逃到上杉家求助，躲过一劫，而武林唯七后来知道此事，懊悔不已。

很快后门组也得手，堀部安兵卫、不破数右卫门等高手都在那一组，势如破竹。

吉良家自然也有忠心勇悍的家臣拼力抵抗，但更多的人怯战躲避，空有地利之便人数之优，却抵不过个个抱着必死决心的赤穗浪人。

---

[1] 吉良义周的生父，是上野介过继给上杉家的儿子上杉纲宪。后来吉良义周又被过继给上野介当养子和继承人，所以吉良义周名义上是上野介之子，事实上则是上野介之孙。

不出一个时辰，满院的刀光剑影渐渐止息，战局已见分晓，整场战斗吉良家伤亡四十余人，赤穗一方只有两人负了轻伤。[1]

后门组踢开上野介的寝居，突入室内。此时早已人去屋空，但榻榻米上的被子尚存余温，显然人没有走多远，多半是藏起来了。众人四下搜寻，忽然有人瞥见厨房存放杂物的小炭屋内似乎有人影一晃，搜索过去，果见两个护卫正护着一个白衣老者，躲在屋内。

间十次郎和武林唯七赶上来，刀砍枪刺解决掉护卫，老者也被刺伤，拖将出来，众人喝问姓名，老者咬牙不答。

内藏助忽然灵机一动，命人拨开老者头发，检看是否有伤疤，果然这一下验明正身，老者正是他们苦寻的吉良上野介义央，其头上的伤疤，则是松之廊下事件中内匠头那一刀所留。仇人见面，不须多言，众人将复仇机会交给了内藏助——这件事理当由他完成。

上野介毙命刀下，内藏助命间十次郎斩下上野介首级，以白布包裹，用长枪挑了，携着这件战利品，去内匠头墓冢所在的泉岳寺，告慰故主。

此时天色渐明，众人都卸去消防队的伪装，露出衣带上"内匠头家来某某"的文字，列队前行，来时藏行潜踪，去时反倒声势招摇，受伤的几人也忍着痛，勉力跟住队伍。

一干人中只有身份最低，甚至不是武士的原赤穗步兵（足轻）

---

[1] 一说四人负伤。

小头目寺坂吉右卫门，在途中离队，而从内藏助等人后来在审讯中众口一词地为他打掩护来看，很可能是他们有意安排他走脱，或是让他帮诸人料理未尽的后事，或是希望留下一个活的亲历者，来传颂赤穗浪人的义烈英名。

吉良宅被袭时，邻近的几户非但没有伸出援手，甚至在自家院墙上挂起灯笼，暗中为赤穗浪人照明鼓劲，足见人心背向。江户百姓也是一样，虽然本所地处偏僻，但"赤穗浪人袭杀仇人上野介"这一新闻的爆炸性实在太强，以不可思议的速度传遍江户，从吉良宅邸到泉岳寺，沿途百姓夹道围观，似是欢迎凯旋的王师。

幕府的大队治安人员也很快赶到，在后尾随。内藏助等人潜入江户之时，其实奉行所已经察觉，但他们也都暗中同情赤穗浪人，是以睁一只眼闭一只眼，放任他们完成复仇，此时来收拾局面，无非例行公事而已，自然不为已甚，容他们祭拜了内匠头，再来抓人。

而大事已毕的赤穗众士也无意抗拒，束手就擒，至此，他们此生已经圆满无憾，无论接下来将会面对何等结局，这正是——年来万事足，所欠唯一死。

6．武士自有武士的死法

理所当然地，这起事件成了轰动江户乃至全日本的大新闻。

大石内藏助等四十六人，被分为四组，分别关押在细川、松平、毛利、水野四位顶级大名的宅邸，等候发落。各家敬重内藏助等人，非但不加为难，还多有优待。

前面提到的芥川龙之介的《大石内藏助的一天》，写的就是内藏助等人羁留细川家时的片段。

而接下来怎么处置他们，却成了将军纲吉的难题。

按照法律，赤穗浪人理当被处死，这个没有什么争议空间。

但是舆论本来就同情赤穗浅野家，此次事件之后，"赤穗浪人一腔孤忠为主复仇"成了感动日本的年度头条。内藏助等人被视为忠义的化身，特别是在武士道精神渐渐淡漠的元禄时代，更是大振民风，因此舆论几乎一边倒，希望将军能赦免赤穗浪人。如果能顺应舆情，从宽处理，也必能帮助纲吉挽回一些德望人心。

连刚愎自用的德川纲吉，也一度觉得众怒难犯。他甚至吹风暗示天皇方面，希望能有重量级人物出来说个情，给个台阶，他好借坡下驴。

但皇族方面，回以沉默。

而舆论发酵一阵之后，真正能影响纲吉的智囊团队，提出了不同意见。

如当时深受柳泽吉保信用的文臣兼名儒荻生徂徕就认为，必须处死赤穗浪人，因为他们的复仇虽然是冲着吉良上野介，但往深一层看，则暗含着对幕府处置浅野家的不满。若不杀他们，则等于昭告全国，原来将军的裁决可以被质疑，届时将何以立将军之威？何以儆效尤之众？

让人怀德，还是让人畏威？

纲吉还是选择了后者,他做出判决:大石内藏助以下诸浪人,切腹。

不过不知是不是吸取了上次的教训,这回纲吉的裁处注意了平衡。当夜在武林唯七刀下侥幸逃生的吉良义周成了这起事件中真正的倒霉蛋,本是受害者,却被幕府以"敌人来袭时逃跑,致使家宅失陷父亲被杀,事后又没有自杀谢罪"的罪名,判处流放,由大名谏访家监管。三年后,义周郁郁而终。

内藏助等人接到判决,却非常欣喜。之前他们最期待的结果,就是能被允许切腹,因为武士自有武士的死法,切腹,就是最体面的一种。对他们来说,这个判决不像刑罚,倒像是嘉奖。

刑期被定在元禄十六年[1]二月四日。由于切腹人数众多,地点只能安排在细川家书院的庭院中,不过掌刑官员在院子里竖起了帷幔,三面环绕,这样众人就不算死于露天,也算是法外施恩了。

在庭院一侧的回廊上,已换好麻衣收拾整洁的大石内藏助等十七人坐在隔间里,就如同当年内匠头坐在松之廊下的隔间里,心中已做出决定,要如何走完人生的最后一程。

掌刑官员似乎仍期待着"刀下留人"的奇迹在最后时刻降临,迟迟不肯下令行刑,因为确有风声说,将军仍在考虑赦免众人。

但也有人催促,正因为将军在考虑赦免,所以更要抓紧时间让义士们切腹,以全他们节义之名——言下之意,气氛已经烘到这儿了,

---

[1] 公元1703年。

不切就不合适了。

直到午后临近黄昏，眼看已不可能再有转机，掌刑官员终于吩咐开始。

第一个被叫到的，自然是大石内藏助。他起身正要走出隔间，身后的一位同伴潮田又之丞说了一声："请大人安然上路，我等很快也随大人而来。"

内藏助回过头，向潮田郑重点头，似是承诺，又似是勉励。潮田又之丞比他小了十岁，跟他师承同一剑道流派，两人算是同门师兄弟，潮田又是他的表妹夫。他从山科来江户的一路上，潮田追随在侧，相处日久，可说心意相通。果然潮田对他此刻心境的解读十分准确，他的心中，无悔无愧，不喜不悲，唯有一片安然。

就如他本人留下的辞世诗：

舍身真一快，我心晴如浮世月，未有纤云在。[1]

这既是终于达成心愿的欣慰，也是卸下沉重使命的解脱。

片刻，只听屋外监刑的小吏小人目付高声禀报：

"内藏助大人顺利切腹！"

接下来是一直充当内藏助副手，在袭杀上野介之夜担任后门队指挥的吉田忠左卫门。

---

[1] 原文为「あらたのし 思ひは晴るる 身は捨つる 浮世の月に かかる雲なし」。

他已是六十四岁的老人,同样是带着从容与满足走出,一刀下去,"老怀足慰"。

"忠左卫门大人顺利切腹!"

……

同一日,堀部安兵卫、内藏助之子大石主税等十人,在松平宅邸切腹;"孟子后人"武林唯七等十人,在毛利宅邸切腹;斩下上野介首级的间十次郎等九人,在水野宅邸切腹。

赤穗四十七义士,除了此前走脱下落不明的寺坂吉右卫门外,余者从最年长的七十六岁的堀部弥兵卫,到最年少的大石主税,四十六人,同年同月同日死。

他们的遗骨,被归葬于泉岳寺,环绕着故主内匠头的墓冢,一如生前。

是夜,江户城狂风大作,终宵不停。

江户百姓大多深信,这风乃是赤穗义士魂魄幻化的,便纷纷在家中叩拜祝祷,祝他们往生极乐。

后记

在后世,赤穗事件被传为美谈。

起初,作为被幕府定性的罪案,文艺界还只敢用虚构的人名,悄悄地歌颂。随着纲吉的时代渐行渐远,越来越多的相关作品问世,事件的主角大石内藏助,也被称为"元禄忠臣藏"。现代以来,这个故事被无数次翻拍成影视剧，甚至文化输出到了好莱坞。

不过在江户时代，内藏助等人及其行为受到过不少非议。

同时代稍后的"武士道圣经"《叶隐闻书》中，作者山本常朝对内藏助提出批评，认为他本不该拖这么久，上野介年龄已经不小，万一赤穗浪人们没来得及动手，让他自然死亡了，众人岂不要终身忍辱抱憾。

这还是技术层面的批评，更有前面提到的荻生徂徕及其学派，根本否定赤穗浪人的复仇具有正义性。该学派还有一位门人具体分析说，赤穗浪人自以为忠义，但其实他们杀的上野介并不是导致内匠头之死的人，所以杀害上野介只是泄愤而已，如何能称为义举呢？

这倒是言之有理，但顺着这个逻辑再细究，真正的"仇人"是谁，赤穗浪人又该找谁报仇呢？显然，问题到这儿就没法往下聊了。

在明治时代赤穗事件被官方定性为正面事件之后，新渡户稻造在《武士道》中试图用"为亲人复仇是普世认同的正义，而日本人认为为君上复仇是同等正义的"这个理论来解释，但这个逻辑似乎也难广受认同。后来接触到日本文化的外国人，如著名的《菊与刀》的作者美国人本尼迪克特，就觉得赤穗事件的逻辑及其代表的日本复仇观念不可理喻。

其实追溯这起事件的起因，浅野内匠头未必正义，吉良上野介也未必邪恶，赤穗浪人的行为，确实如荻生徂徕等人所说，更像是泄私愤，甚至还兼有"捡软柿子捏"之嫌。

但民间的价值判断为何会出现如此严重的割裂，还是要放到德川纲吉所处的时代背景下来理解。

纲吉执政凡二十九载，先期或有励精图治，中期、后期却是弊政迭出，民怨早就沸腾，所以即便他的决断出现少许偏差（比如松之廊下事件的处置），仍会被放大；而相对应的，带有挑战将军权威意味的举动，即便是赤穗浪人这种"反仇敌不反将军"的极其有限的挑战，也会被民间视为重大义举，似乎他们连带着也帮自己出了一口恶气。

在糟糕的政治环境下，就会出现这样的社会价值撕裂，庙堂之是非，天下必反之。这岂非就是今天所谓"塔西佗陷阱"者乎？

附表：赤穗四十七浪人名单

姓名	原职	年俸	年龄（袭杀吉良时）	备注
大石内藏助良雄	首席家老	一千五百石	四十四	赤穗事件领头人，世称"忠臣藏"
大石主税良金	（未出仕）	无	十六	内藏助长子，赤穗浪人中最年轻者
原惣右卫门元辰	马回[1]	三百石	五十五	从江户赶回赤穗，报知内匠头死讯者
间濑久太夫正明	大目付[2]	二百石	六十二	
间濑孙九郎正辰	（未出仕）	无	二十二	间濑久太夫之子

---

[1] 骑兵近卫。

[2] 执法官员。

姓名	原职	年俸	年龄（袭杀吉良时）	备注
堀部弥兵卫金丸	已退休	（退休工资）二十石	七十六	堀部安兵卫岳父，行动中年纪最长者
堀部安兵卫武庸	驻江户藩邸家臣	二百石	三十三	著名剑客，人称"勇猛安"，自始至终力主复仇的激进派代表人物
松村喜兵卫秀直	驻江户藩邸家臣、扶植奉行[1]	二十石、五人侍奉	六十二	
村松三太夫高直	（未出仕）	无	二十六	松村喜兵卫之子
贝贺弥左卫门友信	侍从	金十两，三人侍奉	五十三	
片冈源五右卫门高房	小姓[2]头目	三百五十石	三十六	
富森助右卫门正因	驻江户藩邸家臣	二百石	三十三	
武林唯七隆重	侍从	金十五两	三十二	本姓渡边，父系为中国裔，姓孟，其家谱记载为孟子后代
奥田孙太夫重盛	驻江户藩邸家臣、武器奉行[3]	一百五十石	五十六	与堀部安兵卫同为激进派代表人物
奥田贞右卫门行高	（未出仕）	无	二十五	奥田孙太夫养子

[1] 行政助理。

[2] 负责主公安保和起居的近侍。

[3] 负责武器管理。

姓名	原职	年俸	年龄（袭杀吉良时）	备注
冈岛八十右卫门常树	札座勘定[1]	二十石、五人侍奉	三十七	
矢田五郎右卫门助武	驻江户藩邸家臣	一百五十石	二十八	
胜田新左卫门武尧	侍从、札座横目[2]	十五石、三人侍奉	二十三	
吉田忠左卫门兼亮	足轻头[3]、加东郡代[4]	二百石	六十二	内藏助副手，夜袭吉良宅后门队指挥
吉田泽右卫门兼定	（未出仕）	无	二十八	吉田忠左卫门侄子
大高源吾忠雄	腰物方[5]、金奉行[6]	二十石、五人侍奉	三十一	探知吉良宅茶会时间者
小野寺幸右卫门秀富	（未出仕）	无	二十七	大高源吾忠雄之弟
早水藤左卫门满尧	侍从	一百五十石	三十九	松之廊下事件后第一批赶回赤穗报信的使者之一
神崎与五郎则休	横目	金五两、三人侍奉	三十七	
矢头右卫门七教兼	（未出仕）	无	十七	其父为赤穗藩士，赤穗献城后去世，右卫门代父参与复仇

[1] 负责生产在本藩流通的纸钞。

[2] 负责监督纸钞生产。

[3] 步兵头领。

[4] 地方治理官员。

[5] 负责管理领主的刀剑配饰。

[6] 财务官员。

姓名	原职	年俸	年龄（袭杀吉良时）	备注
近松堪六行重	侍从	二百五十石	三十三	
间喜兵卫光延	侍从、负责厨房料理	一百石	六十七	
间十次郎光兴	（未出仕）	无	二十五	间喜兵卫长子，斩下上野介首级者
间新六郎光风	（未出仕）	无	二十三	间喜兵卫次子
冈野金右卫门包秀	（未出仕）	无	二十三	其父为赤穗藩士，赤穗献城后去世，包秀代父参与复仇。包秀是美男子，传说他通过吉良宅建筑师的女儿，获得了宅院布局图
横川堪平宗利	徒士 [1]	金五两、三人侍奉	三十六	
小野寺十内秀和	驻京都藩邸家臣	一百五十石	六十	
矶贝十郎左卫门正久	侍从	一百五十石	二十四	与内匠头关系亲近，内匠头死后迎回其尸首，后隐姓埋名潜伏在吉良宅附近开店，打探消息
仓桥传助武幸	驻江户藩邸家臣	二十石、五人侍奉	三十三	
杉野十平次次房	侍从	金八两、三人侍奉	二十七	化名假扮商人监视吉良宅动向，在江户的居所成为赤穗浪人聚点；大力士，砸开吉良宅后门者之一
赤埴源藏重贤	驻江户藩邸家臣	二百石	三十四	

[1] 新投奔的家臣，尚无具体司职。

姓名	原职	年俸	年龄（袭杀吉良时）	备注
三村次郎左卫门包常	厨房官、酒奉行	七石、二人侍奉	三十六	大力士，砸开吉良宅后门者之一，此前因身份低微，一度被拒绝入盟
菅谷半之丞政利	侍从首领	一百石	四十三	
大石濑左卫门信清	侍从	一百五十石	二十六	内藏助亲族
潮田又之丞高教	侍从、绘图奉行[1]	二百石	三十四	内藏助表妹夫
中村勘助正辰	马回、书务役[2]	一百石	四十四	
千马三郎兵卫光中	侍从	三十石	五十	
茅野和助常成	横目	金五两、三人侍奉	三十六	
木村冈右卫门贞行	侍从	一百五十石	四十五	
前原伊助宗房	驻江户藩邸家臣	十石、三人侍奉	三十九	
不破数右卫门正种	（浪人）	无	三十三	曾被内匠头开除藩籍，内匠头死后，数度恳求入盟复仇，内藏助破例同意
寺坂吉右卫门信行	足轻小间小头[3]	金三两二分、二人侍奉	三十八	赤穗四十七浪人中身份最低者，袭击吉良宅后脱队，成为赤穗四十七浪人中唯一存活者

[1] 画师。

[2] 负责管理文书。

[3] 步兵小头目。

年 代 表

年份	本书所述		世界其他地区	
公元前514	希腊	雅典公民刺杀僭主之弟希帕科斯	中国	此前一年,春秋名刺客专诸刺杀吴王僚
公元前44	罗马	马可·布鲁图等人刺杀恺撒	埃及	克娄帕特拉(埃及艳后)杀弟自立
1702	日本	赤穗四十七浪人刺杀吉良上野介	欧洲/北美	英国新任女王安妮参加西班牙王位继承战争,战争波及北美,称"安妮女王之战"
1792	瑞典	雅各布·安卡斯特罗姆刺杀古斯塔夫三世	英国	遣马戛尔尼出使中国商谈贸易
1793	法国	夏绿蒂·科黛刺杀马拉	俄国/普鲁士	俄普第二次瓜分波兰
1865	美国	约翰·布思刺杀林肯	中国	浩罕国将领阿古柏入侵中国新疆
1909	韩国/日本	安重根刺杀伊藤博文	中国	清廷宣布预备立宪
1914	奥匈帝国	加夫里洛·普林西普刺杀斐迪南大公	日本/中国	一战爆发后,日本对德宣战,登陆中国青岛并强占之
1916	俄国	沙俄贵族刺杀拉斯普廷	阿拉伯	反奥斯曼土耳其起义爆发,起义领袖侯赛因·伊本·阿里自立为王
1948	印度	纳斯拉姆·古德斯刺杀圣雄甘地	以色列	以色列建国,第一次中东战争爆发

后记

古往今来的暗杀事件可谓多矣，本书何以选择以上这几桩作为题材？

可能是十几年媒体编辑的职业积习使然，总是习惯将性质类似的事件归纳整合在一起，虽然这样概括起来可能有些牵强，但笔者认为这八起暗杀事件（开场小段儿《刺僭主者》不计在内）有一个共同性，那就是案件中的刺客们大都是怀有强烈信念的。他们的刺杀行动尽管也多有组织背景，但更大程度上是自发，而非组织委派，更不是受雇行事；换言之，他们在行刺时，发自内心地相信自己是在服务于一个崇高目标，这个目标可能是社会制度、宗教、革命、民族、国家前途……他们的杀人动机，不是利益驱动，而主要是信念驱动。

或许是得益于这样强大的精神动力，这些暗杀、刺杀事件全都成功，或者说得逞了，然而，驱动这些刺客的初始目的却鲜有达成。布鲁图等人刺杀恺撒，本是想挽救罗马的共和制，却加速了其消亡；

科黛想消灭她心目中制造恐怖的暴君马拉,却导致大恐怖时代全面到来,吉伦特党惨遭血洗;普林西普刺杀斐迪南大公引发了一场世界大战;古德斯刺杀甘地,解决不了印度穆斯林和印度教徒间的隔阂问题;布思刺杀林肯、安重根刺杀伊藤博文、沙俄贵族刺杀拉斯普廷,同样无法挽回美国南方邦联与奴隶制的失败、朝鲜半岛被日本吞并、沙皇被推翻,即便是被奉为复仇典范的"元禄赤穗事件",赤穗义士们其实也没能伤及真正意义上的杀主仇人幕府将军……可以说,本书中只有安卡斯特罗姆刺杀古斯塔夫三世确实达到了促进瑞典君主专制向君主立宪转型的目的,其他,都于事无补,甚至适得其反。

所以说,"刺杀"这种看似直取症结的"肉体消灭"法其实是"头痛医头,脚痛医脚",即便刺杀行动本身成功,也未必能实现解决症结的终极诉求,有时甚至还会将"肉体"直接葬送。

但"血流五步"就可致"天下缟素",这样的低投入高产出又是绝对诱人的,所以即便进入现代社会,暗杀这种行为依然存世。而对于实施暗杀者来说,小人物干掉政治巨头这种"大卫打倒歌利亚"式的成就感更难以抗拒,故而,当使命感与这种成就感的诱惑结合,他们便陶醉其中,怀着崇高的自我感觉去杀死目标,忽视一切后果,也懒于计较是否有更合适的解决方案,更不会怀疑自己的行为是否真的合乎道义。

当然不能要求这些刺客为前述那些严重后果负全责,比如恺撒不死古罗马的共和制也已经维持不下去了,这是由当时的技术条件决定的。而即便没有萨拉热窝事件,当时已成为火药桶的巴尔干危局,迟早也会被别的火星儿引爆。

但这些刺客的心理模式却具有普遍性,放大来看不难发现,人类历史上的多数灾难,都源自那种激进意念的灼烧,当人心被某种自认为至高无上的感觉占满,也就无法容纳其他的东西,诸如生命、道义、理智。

有时候,这种感觉是会要命的,所以,对这种东西,真的需要格外审慎。

《暗杀局》第一季完

参考书目

〔古希腊〕希罗多德:《历史》,王一铸译,北京:商务印书馆,2005

〔古希腊〕修昔底德:《伯罗奔尼撒战争史》,谢德风译,北京:商务印书馆,2008

〔古希腊〕亚里士多德:《雅典政制》,日知力野译,北京:商务印书馆,1959

〔古罗马〕普鲁塔克:《希腊罗马名人传》,陆永庭、吴彭鹏等译,北京:商务印书馆,1990

〔美〕路易斯·亨利·摩尔根:《古代社会》,杨东莼、马雍、马巨译,北京:商务印书馆,2012

〔德〕利奇德:《古希腊风化史》,杜昌忠、薛常明译,北京:海豚出版社,2012

〔古罗马〕恺撒:《内战记》,任炳湘、王士俊译,北京:商务印书馆,2009

〔德〕特奥多尔·蒙森:《罗马史》(第五卷),李稼年译,北京:商务印书馆,2014

〔英〕汤姆·霍兰:《卢比孔河:罗马共和国的胜利与悲剧》,杨军译,上海:上海远东出版社,2006

〔荷兰〕菲克·梅杰:《古罗马帝王之死》,张朝霞译,桂林:广西师范大学出版社,2009

〔日〕盐野七生:《罗马人的故事:恺撒时代》,张伟、谢茜译,北京:中信出版社,2012

李世祥编译:《凯撒的剑与笔》,北京:华夏出版社,2009

宫秀华：《罗马：从共和走向帝制》（第二版），北京：高等教育出版社，2006

〔英〕尼尔·肯特：《瑞典史》，吴英译，北京：中国大百科全书出版社，2010

〔英〕塞缪尔·芬纳：《统治史》（卷三），马百亮译，上海：华东师范大学出版社，2014

〔苏联〕阿·列万多夫斯基：《马拉传》，陈森、张锦霞译，北京：商务印书馆，1997

〔法〕马迪厄：《法国革命史》，杨人楩译，北京：商务印书馆，2011

〔法〕路易·马德林：《法国大革命史》，伍光建译，长春：时代文艺出版社，2014

〔英〕阿克顿：《法国大革命讲稿》，姚中秋译，北京：商务印书馆，2012

〔法〕勒诺特尔：《法国历史轶闻》（第二卷），王鹏、陈祚敏译，北京：北京出版社，1985

〔法〕贝纳尔·勒歇尔博尼埃：《刽子手世家》，张丹彤、张放译，北京：新星出版社，2010

〔法〕马丁·莫内斯蒂埃：《人类死刑大观》，袁筱一、方颂华、陈惠儿、徐岚译，桂林：漓江出版社，1999

张弛：《法国革命恐怖统治的降临（1792年6月—9月）》，杭州：浙江大学出版社，2014

〔美〕亚伯拉罕·林肯：《林肯选集》，朱曾汶译，北京：商务印书馆，2010

〔德〕艾密尔·鲁特维克：《林肯》，赵倩译，北京：国际文化出版公司，1999

〔美〕比尔·奥瑞利、马丁·杜佳德：《刺杀林肯》，张建伟、彭秋实译，武汉：长江文艺出版社，2013

〔美〕赫恩登、魏克：《亲历林肯》，胡雍丰、邢尧、王晓刚等译，北京：商务印书馆，2012

〔美〕杰西·温杜拉、迪克·拉塞尔：《美国阴谋：谎言！谎言！政府撒下的肮脏谎言！》，卢欣渝译，北京：中国青年出版社，2011

〔美〕埃里克·方纳：《给我自由！一部美国的历史》，王希译，北京：商务印书馆，2011

王金虎：《南部奴隶主与美国内战》，北京：人民出版社，2006

王旸：《美国的第一个100年》，北京：中国水利水电出版社，2011

金宇钟、崔书勉主编：《安重根（论文·传记·资料）》，沈阳：辽宁民族出版社，1994

〔韩〕金九：《白凡逸志》，宣德五、张明惠译，重庆：重庆出版社，2006

韩国国家报勋处、黑龙江省安重根研究会：《韩国独立运动史》，哈尔滨：黑龙江人民出版社，1994

华文贵主编：《安重根研究》，沈阳：辽宁人民出版社，2007

〔日〕佐木隆三：《伊藤博文与安重根》，朴龙根译，长春：吉林人民出版社，2003

〔日〕中野泰雄：《安重根为何刺杀伊藤博文》，安重哲译，哈尔滨：黑龙江人民出版社，1999

〔美〕悉德尼·布拉德肖·费伊：《第一次世界大战的起源》，于照俭译，北京：文化发展出版社，2019

〔德〕福尔克尔·贝恩哈恩：《自杀的欧洲：1914年6月28日萨拉热窝》，朱章才译，北京：中国城市出版社，1999

〔美〕梅尔：《一战秘史：1914—1918》，何卫宁译，北京：新华出版社，2011

〔美〕胡克：《历史上的狂人》，吴依俤、黄若容译，沈阳：辽宁教育出版社，2001

〔俄〕尤苏波夫：《拉斯普廷之死》，侯焕闳译，北京：商务印书馆，1986

〔法〕亨利·特罗亚：《末代沙皇尼古拉二世》，胡尧步译，北京：世界知识出版社，2000

〔法〕皮埃尔·贝勒马尔：《历史重案：惊动西方的三十个大案》，侯镱琳译，北京：凤凰出版社，2010

〔印度〕甘地：《我体验真理的故事：甘地自传》，叶李、简敏译，武汉：长江文艺出版社，2012

〔印度〕拉吉莫汉·甘地：《我的祖父圣雄甘地》，邓俊秉、周刚、周巨洪译，北京：国际文化出版公司，2009

〔印度〕克里希纳·克里帕拉尼：《甘地传》，张罗、陆赟译，成都四川人民出版社，2017

〔印度〕纳扎里斯：《甘地：杰出的领袖》，尚劝余等译，北京：商务印书馆，2012

〔意〕詹尼·索弗里：《甘地与印度》，李阳译，北京：生活·读书·新知三联书店，2006

〔美〕威廉·夏伊勒：《甘地的武器：一个人的非暴力之路》，汪小英译，北京：中国青年出版社，2012

〔美〕拉莱·科林斯、〔法〕多米尼克·拉皮埃尔：《自由与荣耀：1947年印巴独立实录》，李晖译，海口：海南出版社，2012

〔德〕库尔克、罗特蒙特：《印度史》，王立新、周红江译，北京：中国青年出版社，2008

〔美〕爱德华·耐普曼：《世界要案审判：有史以来最重大法庭论战实录》，赫长虹、王燕译，北京：新华出版社，2009

黄迎虹：《感化型政治：以圣雄甘地绝食的理论与实践为例》，上海：上海人民出版社，2012

朱明忠：《印度教》，福州：福建教育出版社，2013

〔日〕野口武彦：《花之忠臣藏》，张秀梅译，北京：社会科学文献出版社，2019

〔日〕吉原健一郎主编：《元禄忠臣藏》，李中芳译，长春：吉林出版集团，2011

〔日〕山本朝常：《叶隐闻书》，李冬君译，桂林：广西师范大学出版社，2007

〔日〕新渡户稻造：《武士道》，张俊彦译，北京：商务印书馆，1993

〔日〕茂吕美耶：《江户日本》，桂林：广西师范大学出版社，2006

〔美〕鲁思·本尼迪克特：《菊与刀：日本文化的类型》，吕万和、熊达云、王智新译，北京：商务印书馆，1990